进出口通关实务

Import and Export
Customs Clearance
Practices

匡增杰 主　编
李　凌 副主编

上海交通大学出版社
SHANGHAI JIAO TONG UNIVERSITY PRESS

内容提要

本书对进出口通关业务进行了全面梳理,涵盖了通关管理和企业管理、对外贸易管制相关法律法规、进出口通关流程、进出口商品归类知识及进出口货物报关单填制等内容,旨在反映目前海关最新的通关实践、全面系统地介绍我国进出口通关业务知识,提高相关人员进出口通关的技能,为社会培养高素质的关务人才。

图书在版编目(C I P)数据

进出口通关实务 / 匡增杰主编. —上海:上海交通大学出版社,2021(2024 重印)
ISBN 978-7-313-24303-4

Ⅰ.①进… Ⅱ.①匡… Ⅲ.①进出口贸易-海关手续-教材 Ⅳ.①F752.5

中国版本图书馆 CIP 数据核字(2021)第 110084 号

进出口通关实务
JINCHUKOU TONGGUAN SHIWU

主　　编：匡增杰
出版发行：上海交通大学出版社　　　　地　　址：上海市番禺路 951 号
邮政编码：200030　　　　　　　　　　电　　话：021-64071208
印　　刷：上海景条印刷有限公司　　　经　　销：全国新华书店
开　　本：787mm×1092mm　1/16　　印　　张：16.75
字　　数：332 千字
版　　次：2021 年 7 月第 1 版　　　　　印　　次：2024 年 1 月第 4 次印刷
书　　号：ISBN 978-7-313-24303-4
定　　价：58.00 元

　　随着世界经济一体化进程的加快和我国对外开放的不断深入,我国的进出口贸易规模迅速增长,世界货物贸易第一大国地位日益巩固。2020年,尽管面对前所未有的困难和挑战,我国外贸规模再创历史新高,货物贸易进出口总值达32.16万亿元,比2019年增长1.9%,成为全球唯一实现货物贸易正增长的主要经济体。进出口通关是我国对外贸易中的一个重要环节,直接关系到一国进出口贸易的发展。近年来,海关持续全面深化业务改革,不断创新通关管理模式、提高通关效率,企业的通关成本也逐步降低。在这样的背景下,社会迫切需要大量熟悉我国进出口货物通关政策、知晓我国进出口货物通关作业流程、掌握我国进出口通关操作技能的应用型人才。基于我国进出口通关业务的最新发展实践和现实需要,上海海关学院国际商务教研室组织了长期从事进出口通关教学、对进出口通关领域有丰富研究的教师编写了《进出口通关实务》这本书,旨在反映目前海关最新的通关实践、全面系统地介绍我国进出口通关业务知识,提高相关人员进出口通关的技能,为社会培养高素质的关务人才。

　　与同类书相比,本书力求体现以下特色:

　　1. 全面性。本书对进出口通关业务进行了全面梳理,全书共分六章。本书内容全面涵盖了进出口通关的相关知识,如通关管理和企业管理、对外贸易管制相关法规和政策,进出口通关流程,进出口商品归类知识,进出口货物报关单填制等实务。总体来看,本书篇章布局合理、体例结构完整、内容全面系统。

　　2. 前沿性。本书紧紧围绕奋力建设新时代中国特色社会主义新海关的要求,结合海关最新深化业务改革的相关内容,坚持理念创新,将海关前沿理论与改革实践、政策法规与操作流程尽可能完美结合在一起,让学生能够掌握相关知识。

　　3. 应用性。根据进出口通关实务课程的特点,本书注重实际操作能力的训练,着重对进出口通关流程、进出口税费的计算、进出口货物报关单填制的要点进行了详细的介绍、突出传授进出口通关实务技能。

　　本书由上海海关学院匡增杰副教授任主编,李凌博士任副主编。编写人员具体分工如下:第一章由李凌博士编写,第二章、第五章由匡增杰副教授编写,第四章由金宏彬博士编写,第三章由行业兼职教师陈磊编写,第六章由兼职教师龙国旗编写。此外,上海海关蒋雪敏科长和上海科越信息技术股份有限公司的徐炜总经理对本书编写提出了许多宝贵意见,在此向他们表示衷心的感谢!在编写过程中,编者参阅了国内大量学者的相关教材以及国家有关部门公布的和外贸及通关业务相关的法律法规,在此,编者向所有相关学者、相关政策制定者和通关业务实践者表示感谢!

本书适合国际贸易专业、报关与国际货运专业、物流管理、商务英语等相关专业的学生使用,也可作为相关从业人员培训和学习的参考用书。

由于时间仓促和编者水平有限,书中难免有疏漏和错误之处,敬请读者批评指正,以便再版时修订完善。

编 者

2021 年 1 月

目录
CONTENTS

第一章

通关管理与企业管理

本章主要包括两部分内容:通关管理和企业管理。通关管理包括进出口通关相关概念,企业管理分为企业信用管理和企业资质管理。

第一节　进出口通关概述

一、进出口通关的含义

进出口通关,是指进出口货物收发货人、进出境运输工具负责人、进出境物品所有人或其代理人向海关申请办理货物、物品或运输工具进出境手续及相关海关事务,海关对其申报的单证、数据信息与实际进出口货物、物品依法进行安全准入判别、单证信息审核、检验检疫查验、后续监管处置和放行的全部过程。

《中华人民共和国海关法》(简称《海关法》)明确规定:"进出境运输工具、货物、物品,必须通过设立海关的地点进境或者出境。"由此,经设立海关的地点进出境并办理规定的海关手续是运输工具、货物、物品进出境的基本规则,也是进出境运输工具负责人、进出口货物收发货人、进出境物品的所有人应履行的一项基本义务。

二、报关及报关的分类

在进出境活动中,我们还经常使用"报关"这一概念。《海关法》对海关行政管理相对人办理运输工具、货物、物品进出境等海关事务表述为"办理报关纳税手续""办理报关手续""从事报关业务""进行报关活动"或者直接称为"报关"。"通关"与"报关"既有联系又有区别。联系在于二者都是针对运输工具、货物、物品的进出境而言的,区别在于"报关"是从海关行政管理相对人的角度定义的,仅指向海关办理进出境手续及相关手续,而"通关"不仅包含海关行政管理相对人向海关办理有关手续,还包括海关对进出境运输工具、货物、物品依法进行监督管理,核准其进出境的管理过程。

根据所涉及的报关对象、报关目的及报关性质的不同,报关可以按以下方式进行分类。

（一）按报关对象分类

按照报关对象的不同,报关可以分为运输工具报关、货物报关和物品报关三类。由于海关对进出境运输工具、货物、物品的监管要求各不相同,上述三类报关的具体手续也存在较大差异。其中,进出境运输工具的报关手续较为简单。作为货物、人员及其携带物品的进出境载体,进出境运输工具的报关主要是向海关直接交验随附的符合国际商业运输惯例,能反映运输工具进出境合法性及其所承运货物、物品情况的合法证件、清单及其他运输单证。进出境物品由于其非贸易性质,且一般限于自用、合理数量,其报关手续也较为简单。进出境货物的报关在三类报关中最为复杂,为此,海关根据对进出境货物的监管要求,制定了一系列报关管理规范,并要求必须由具备一定的专业知识和技能的报关人员代表报关单位专门办理。

（二）按报关目的分类

根据报关目的的不同,报关可分为进境报关和出境报关。对于运输工具、货物、物品的进境和出境,海关分别制定了不同的管理规定,运输工具、货物、物品根据进境或出境的目的分别形成了进境报关手续和出境报关手续。

（三）按行为性质分类

进出境运输工具、货物、物品的报关是一项专业性较强的工作,尤其是进出境货物的报关比较复杂,一些运输工具负责人、进出口货物收发货人或者物品的所有人,由于经济、时间、地点等方面的原因,不能或者不愿意自行办理报关手续,而委托代理人代为办理,从而形成了自理报关和代理报关两种类型。我国《海关法》规定,对接受进出境物品所有人的委托,代为办理进出境报关手续的代理人没有特殊要求,但对于接受进出口货物收发货人的委托,代为办理进出境货物报关手续的代理人则有明确的规定。因此,通常所说的自理报关和代理报关主要是针对进出境货物的报关而言的。

1. 自理报关

自理报关是指进出口货物收发货人自行办理报关业务。我国《海关法》现行规定,进出口货物收发货人必须依法向海关注册登记后方可自行办理报关业务。

2. 代理报关

代理报关是指接受进出口货物收发货人的委托,代其办理报关业务的行为。我国相关法律把有权接受他人委托办理报关业务的企业称为报关企业。报关企业必须依法取得报关企业注册登记许可并向海关注册登记后方能从事代理报关业务。

根据代理报关法律行为责任承担者的不同,代理报关可进一步分为直接代理报关和间接代理报关。直接代理报关是指报关企业接受委托人（即进出口货物收发货人）的委托,以委托人的名义办理报关业务的行为。间接代理报关是指报关企业接受委托人的委托,以报关企业自身的名义向海关办理报关业务的行为。在直接代理中,代理人代理行为的法律后果直接作用于被代理人;而在间接代理中,报关企业接受进出口货物收发货人的委托,以自己的名义办理报关手续时,应承担与收发货人相同的法律责任。目前我国的报关业务中,经营快件业务的营运人等国际货物运输代理企业适用于间接代理报关。除此之外,报关企业大多采取直接代理形式。

三、报关单位的概念

报关单位是指在进出口通关过程中,向海关申请办理货物、物品或运输工具进出境手续及相关海关事务的报关企业和进出口货物收发货人。依法向海关注册登记是法人、其他组织或者个人成为报关单位的法定要求和前提条件。未依法经海关注册登记的企业和未依法取得报关从业资格的人员,不得从事报关业务。

(一)报关企业

报关企业是指依法经海关准予注册登记,接受进出口货物收发货人的委托,以进出口货物收发货人的名义或者以自己的名义,向海关办理代理报关业务,从事报关服务的中华人民共和国关境内的企业法人。

办理货物进出境海关手续是一项专业性较强的工作,海关对这一专业技能提出了较高的要求。有些进出口货物收发货人由于经济、时间、地点等方面的原因不能或者不愿自行办理报关手续,便在实践中产生了委托报关的需求,由此也就产生了接受委托代为办理货物进出境海关手续的报关企业。

目前,我国从事报关服务的报关企业主要有两类:一类是主营代理报关业务的报关公司或报关行等;另一类是经营国际货物运输代理等业务,兼营进出口货物代理报关业务的国际货物运输代理公司等。

(二)进出口货物收发货人

进出口货物收发货人,是指直接进口或者出口货物的中华人民共和国关境内的法人、其他组织或者个人。进出口货物的收发货人经向海关注册登记后,只能为本单位进出口货物报关。

进出口货物收发货人主要指的是依法向国务院对外贸易主管部门(即商务部)或者其委托的机构办理备案登记的对外贸易经营者。一般而言,除法律、行政法规、部门规章规定不需要备案登记的,对外贸易经营者未依法办理备案登记的,海关不予办理其货物进出境海关手续。

对于未取得对外贸易经营者备案登记表但按照国家有关规定需要从事非贸易性进出口活动的单位,如境外企业、新闻、经贸机构、文化团体等依法在中国境内设立的常驻代表机构,少量货样进出境的单位,国家机关、学校、科研院所等组织机构,临时接受捐赠、礼品、国际援助的单位等,在进出口货物时,海关也视其为进出口货物收发货人。

四、报关单位的注册登记

报关注册登记制度是指报关企业、进出口货物收发货人依法向海关提交规定的注册登记申请材料,经注册地海关依法对其申请注册登记的材料进行审核,准予其办理报关业务的管理制度。

考虑到两类报关单位的不同性质,海关对其规定了不同的报关注册登记条件。对于报关企业,海关要求其必须具备规定的设立条件并取得海关报关注册登记许可。对于进出口货物收发货人则实行备案制,其办理报关注册登记的手续比报关企业简单,资格要求也相对较低。凡是依照《中华人民共和国对外贸易法》(简称《对外贸易法》)经向对外贸易主管部门备案登记,有权从事对外贸易经营活动的境内法人、其他组织和个人(个体工商户)均可直接向海关办理注册登记。

为贯彻落实《深化党和国家机构改革方案》工作部署,海关总署于2018年4月16日发布了《关于企业报关报检资质合并有关事项的公告》(简称《公告》),对企业报关报检资质进行了优化整合,明确了企业报关报检资质合并范围、新企业注册登记或者备案业务办理方式,以及已办理注册登记或者备案企业的处理方式。《公告》明确规定,将检验检疫自理报检企业备案与海关进出口货物收发货人备案合并为海关进出口货物收发货人备案,企业备案后同时取得报关和报检资质;将检验检疫代理报检企业备案与海关报关企业(包括海关特殊监管区域双重身份企业)注册登记或者报关企业分支机构备案,合并为海关报关企业注册登记和报关企业分支机构备案,企业注册登记或者企业分支机构备案后,同时取得报关和报检资质;将检验检疫报检人员备案与海关报关人员备案,合并为报关人员备案,报关人员备案后同时取得报关和报检资质。企业向海关办理其他注册登记或者备案业务的,暂时按照原有模式办理。

(一)报关企业的注册登记

报关企业提供的报关服务是一项专业性、技术型很强的工作。为此,海关对报关企业规定了具体的设立条件。报关企业注册登记应依法获得报关企业注册登记许可。

1.报关企业的设立条件

报关企业注册登记应当具备的条件包括:

(1)具备境内企业法人资格条件;

(2)法定代表人无走私记录;

(3)无因走私违法行为被海关撤销注册登记许可的记录;

(4)有符合从事报关服务所必需的固定经营场所和设施;

(5)海关监管所需要的其他条件。

2. 报关企业注册登记的程序

报关企业注册登记程序包括报关企业提出注册登记许可申请、海关受理申请、海关审查申请和作出行政许可四个环节。

1)报关企业注册登记许可申请

报关企业注册登记业务既可以现场申请,也可通过互联网办理。申请报关企业注册登记许可,应当提交《报关单位情况登记表》。申请人应当到所在地直属海关对外公布受理申请的场所提出申请。根据海关总署 2018 年 4 月 16 日发布的《公告》,企业在互联网上办理注册登记或者备案的,应当通过"中国国际贸易单一窗口"标准版"企业资质"子系统填写相关信息,并向海关提交申请。企业申请提交成功后,可以到其所在地海关任一业务现场提交申请材料。

申请人可以委托代理人提出注册登记许可申请。申请人委托代理人代为提出申请的,应当出具授权委托书。

2)申请的受理

对申请人提出的申请,海关应当根据下列情况分别作出处理:①申请人不具备报关企业注册登记许可申请资格的,应当作出不予受理的决定;②申请材料不齐全或者不符合法定形式的,应当当场或者在签收申请材料后 5 日内一次告知申请人需要补正的全部内容,逾期不告知的,自收到申请材料之日起即为受理;③申请材料仅存在文字性或者技术性等可以当场更正的错误的,应当允许申请人当场更正,并且由申请人对更正内容予以签章确认;④申请材料齐全、符合法定形式,或者申请人按照海关的要求提交全部补正申请材料的,海关应当受理报关企业注册登记许可申请,并作出受理决定。

3)申请的审查

所在地海关受理申请后,应当根据法定条件和程序进行全面审查,并且于受理注册登记许可申请之日起 20 个工作日内审查完毕。直属海关未授权隶属海关办理注册登记许可的,应当自收到所在地海关报送的审查意见之日起 20 个工作日内作出决定。直属海关授权隶属海关办理注册登记许可的,隶属海关应当自受理或者收到所在地海关报送的审查意见之日起 20 个工作日内作出决定。

4)许可决定

申请人的申请符合法定条件的,海关应当依法作出准予注册登记许可的书面决定,并将其送达申请人,同时核发"中华人民共和国海关报关单位注册登记证书"。申请人的申请不符合法定条件的,海关应当依法作出不准予注册登记许可的书面决定,并且告知申请人享有依法申请行政复议或者提起行政诉讼的权利。

(二)进出口货物收发货人的注册登记

1.进出口货物收发货人注册登记的程序

申请人办理工商注册登记时,需要同步办理"报关单位注册登记证书"(进出口货物收发货人)的,应按照要求勾选进出口货物收发货人的备案登记,并补充填写相关备案信息。市场监管部门按照"多证合一"流程完成登记,并在总局层面完成与海关总署的数据交换。海关确认接收到企业工商注册信息和商务备案信息后即完成企业备案,企业无需再到海关办理备案登记手续。

企业可以通过中国国际贸易"单一窗口"标准版(以下简称"单一窗口",网址:http://www.singlewindow.cn/)"企业资质"子系统或"互联网＋海关"(网址:http://online.customs.gov.cn/)"企业管理"子系统查询海关进出口货物收发货人的备案登记结果。

2.临时注册登记单位的注册登记

未取得对外贸易经营者备案登记表,需要按照国家有关规定从事非贸易性进出口活动的,应当办理临时注册登记手续。临时注册登记单位在向海关申报前,应当向所在地海关办理备案手续。特殊情况下可以向拟进出境口岸或者海关监管业务集中地海关办理备案手续。办理临时注册登记,应当持本单位出具的委派证明或者授权证明以及非贸易性活动证明材料。对于临时注册登记的,海关可以出具临时注册登记证明,但是不予核发注册登记证书。

已经办理报关注册登记的进出口货物收发货人,海关不予办理临时注册登记手续。

(三)报关单位注册登记的有效期

"中华人民共和国海关报关单位注册登记证书"长期有效。

临时注册登记有效期最长为1年,有效期期满后应当重新办理临时注册登记手续。

五、报关单位的报关行为规则及法律责任

(一)报关企业的报关行为规则

报关企业应当于每年1月1日至6月30日通过企业信用信息管理系统向海关提交《企业信用信息年度报告》。

报关企业应当在每年6月30日前向注册地海关提交《报关单位注册信息年度报告》。

报关企业所属人员从事报关业务的,报关企业应当到海关办理备案手续,海关予以核发证明。报关企业应当对其分支机构及所属报关人员的报关行为承担法律责任。

报关企业向海关提交的进出口货物报关单应当加盖本单位的报关专用章。报关企业及其在海关备案的分支机构可以在全国办理进出口报关业务。

（二）进出口货物收发货人的报关行为规则

进出口货物收发货人在海关办理注册登记后可以在中华人民共和国关境内口岸或者海关监管业务集中的地点办理本企业的报关业务。

进出口货物收发货人应当于每年1月1日至6月30日通过企业信用信息管理系统向海关提交《企业信用信息年度报告》。进出口货物收发货人所属人员从事报关业务的,进出口货物收发货人应当到海关办理备案手续,海关予以核发证明。

进出口货物收发货人向海关提交的进出口货物报关单应当加盖本单位的报关专用章。进出口货物收发货人及其在海关备案的分支机构可以在全国办理进出口报关业务。

进出口货物收发货人应当通过本单位所属的报关人员办理报关业务,或者委托海关准予注册登记的报关企业,由报关企业所属的报关人员代为办理报关业务。

进出口货物收发货人应当对其分支机构及所属报关人员的行为承担法律责任。

（三）报关单位的报关法律责任

报关单位的法律责任是指报关单位违反海关法律规范所应承担的法律后果,并由海关及有关司法机关对其违法行为依法予以追究,实施法律制裁。报关单位在办理报关业务时,应遵守国家有关法律、行政法规和海关的各项规定,并对所申报货物、物品的真实性、合法性负责,承担相应的法律责任。

第二节　海关管理概述

一、我国海关的性质与任务

我国《海关法》规定:"中华人民共和国海关是国家的进出关境监督管理机关。海关依照本法和其他有关法律、行政法规,监管进出境的运输工具、货物、行李物品、邮递物品和其他物品,征收关税和其他税、费,查缉走私,并编制海关统计和办理其他海关业务。"

（一）海关的性质

1.海关是国家行政机关

我国的国家机关包括享有立法权的立法机关、享有司法权的司法机关和享有行政管理权的行政机关。海关是我国国家行政机关之一。国务院是我国最高行政机关,海关总署是国务院直属机构。

2. 海关是国家进出境监督管理机关

海关履行国家行政制度中的进出境监督管理职能,是国家宏观管理的一个重要组成部分。海关依照有关法律、行政法规并通过法律赋予的权力,制定具体的行政规章和行政措施,对特定领域的活动开展监督管理,以保证其按国家的法律规范进行。

海关实施监督管理的范围是进出关境及与之有关的活动,监督管理的对象是所有进出关境的运输工具、货物和物品(包括行李物品、邮递物品和其他物品)。其中,关境是世界各国海关通用的概念,指适用于同一海关法或实行同一关税制度的领域。关境与国境既有区别又有联系。

我国的关境范围是除享有单独关境地位的地区以外的中华人民共和国的全部领域,包括领水、领陆和领空。目前我国的单独关境有香港、澳门和台湾、澎湖列岛、金门岛、马祖岛单独关税区。在单独关境内,其各自实行单独的海关制度。因此,我国关境小于国境。

3. 海关的监督管理是国家行政执法活动

海关依照法律赋予的权力,对特定范围内的社会经济活动进行监督管理,并对违法行为依法实施行政处罚,以保证这些社会经济活动按照国家的法律规范进行。因此,海关的监督管理是保证国家有关法律、法规实施的行政执法活动。海关执法的依据是《海关法》和其他有关法律、行政法规。海关事务属于中央立法事权,立法者为全国人民代表大会及其常务委员会和国务院。海关总署也可以根据法律和国务院的法规、决定与命令制定规章,作为执法依据的补充。省、自治区、直辖市人民代表大会和人民政府不得制定海关法律规范,地方性法规、地方规章不是海关执法的依据。

(二) 海关的任务

我国《海关法》明确规定海关有四项基本任务,即监管进出境的运输工具、货物、行李物品、邮递物品和其他物品(简称监管),征收关税和其他税费(简称征税),查缉走私(简称缉私)和编制海关统计(简称统计)。

1. 监管

海关监管是指海关运用国家赋予的权力,通过一系列管理制度与管理程序,依法对进出境运输工具、货物、物品的进出境活动所实施的一种行政管理。海关监管是一项国家职能,其目的在于保证一切进出境活动符合国家政策和法律的规范,维护国家主权和利益。海关监管不是海关监督管理的简称,海关监督管理是海关全部行政执法活动的统称。

根据监管对象的不同,海关监管分为运输工具监管、货物监管和物品监管三大体系,每个体系都有一整套规范的管理程序与方法。监管作为海关四项基本任务之一,除了通过备案、审单、查验、放行、后续管理等方式对进出境运输工具、货物、物品的进出境活动实施监管外,还要执行或监督执行国家其他对外贸易管理制度的实施,如进出口许可制度、外汇管理制度、进出口商品检验检疫制度、文物管理制度等,从而在政治、经济、文化道德、公众健康和安全等方面维护国家利益。

2. 征税

关税是国家中央财政收入的重要来源,是国家宏观经济调控的重要工具,也是世界贸易组织允许各缔约方保护其境内经济的一种手段。关税的征收主体是国家,《海关法》明确将征收关税的权力授予海关,由海关代表国家行使征收关税的职能。因此,未经法律授权,其他任何单位和个人均不得行使征收关税的权力。海关征税工作的基本法律依据是《海关法》《中华人民共和国进出口关税条例》(简称《关税条例》)以及其他有关法律、行政法规。

征税工作包括征收关税和进口环节海关代征税。关税的课税对象是进出口货物和进出境物品。进口货物、物品在办理海关手续放行后,允许在国内流通,应与国内货物同等对待,缴纳相应的国内税。为了节省征税人力,简化征税手续,严密管理,进口货物、物品的国内税由海关代征,即我国海关对进口货物、物品征收关税的同时,还负责代其他机关征收若干种类的进口环节税。目前,由海关代征的进口环节税包括增值税和消费税。

3. 缉私

缉私是指海关依照法律赋予的权力,在海关监管场所和海关附近的沿海沿边规定地区,为发现、制止、打击、综合治理走私活动而进行的一种调查和惩处活动。它是海关为保证顺利完成监管和征税等任务而采取的保障措施。

走私是指进出境活动的当事人或相关人违反《海关法》及有关法律、行政法规,逃避海关监管,偷逃应纳税款、逃避国家有关进出境的禁止性或者限制性管理,非法运输、携带、邮寄国家禁止、限制进出境或者依法应当缴纳税款的货物、物品进出境,或者未经海关许可并且未缴应纳税款、交验有关许可证件,擅自将保税货物、特定减免税货物以及其他海关监管货物、物品、进境的境外运输工具在境内销售的行为。它以逃避监管、偷逃税款、牟取暴利为目的,扰乱经济秩序,冲击民族工业,对国家危害性极大,必须予以严厉打击。

《海关法》规定:"国家实行联合缉私、统一处理、综合治理的缉私体制。海关负责组织、协调、管理查缉走私工作。"这一规定从法律上明确了海关打击走私的主导地位以及与有关部门的执法协调。海关是打击走私的主管机关,缉私是海关的一项重要任务。海关通过查缉走私,制止和打击一切非法进出境货物、物品的行为,维护国家进出口贸易的正常秩序,保障社会主义现代化建设的顺利进行,维护国家关税政策的有效实施,保证国家关税和其他税、费的依法征收,保证海关职能作用的发挥。为了严厉打击走私犯罪活动,根据党中央、国务院的决定,国家在海关总署设立专司打击走私犯罪的海关缉私警察队伍,负责对走私犯罪的侦查、拘留、执行逮捕和预审工作。

根据我国的缉私体制,除了海关以外,公安、工商、税务、烟草专卖等部门也有查缉走私的权力。这些部门查获的走私案件,必须按照法律规定,统一处理。各有关行政部门查获的走私案件,应当给予行政处罚的,移送海关依法处理;涉嫌犯罪的,应当移送海关侦查走私犯罪公安机构或地方公安机关,依据案件管辖分工和法定程序办理。

4.统计

海关统计是海关依法对进出口货物贸易的统计,是国民经济统计的组成部分,是国家制定对外经济贸易政策、进行宏观经济调控、实施海关严密高效管理的重要依据,是研究我国对外贸易经济发展和国际经济贸易关系的重要资料。

海关统计以实际进出口货物作为统计和分析对象,通过搜集、整理、加工处理进出口货物报关单或经海关核准的其他申报单证,对进出口货物的品种、数(重)量、价格、国别(地区)、经营单位、境内目的地、境内货源地、贸易方式、运输方式、关别等项目分别进行统计和综合分析,全面、准确地反映对外贸易的运行态势,及时提供统计信息和咨询,实施有效的统计监督,开展国际贸易统计的交流与合作,促进对外贸易的发展。我国海关的统计制度规定,实际进出境并引起境内物质存量增加或者减少的货物,列入海关统计;进出境物品超过自用、合理数量的,列入海关统计。对于部分不列入海关统计的货物和物品,则根据我国对外贸易管理和海关管理的需要,实施单项统计。

1992年,海关总署以国际通用的《商品名称及编码协调制度》(Harmonized Commodity Description and Coding System,简称《协调制度》或 HS)为基础,编制了《中华人民共和国海关统计商品目录》(简称《统计商品目录》),把税则与统计目录的归类编码统一起来,规范了进出口商品的命名和归类,使海关统计进一步同国际惯例接轨,满足了我国对外开放和建立社会主义市场经济体制的需要。

海关的四项基本任务是一个统一的有机联系的整体。监管工作通过监管进出境运输工具、货物、物品的合法进出,保证国家有关进出口政策、法律、行政法规的贯彻实施,是海关四项基本任务的基础。征税工作所需的数据、资料等是在海关监管的基础上获取的,征税与监管有着十分密切的关系。缉私工作则是监管、征税两项基本任务的延伸,对在监管、征税工作中发现的逃避监管和偷漏税款的行为,必须运用法律手段予以制止和打击。统计工作是在监管、征税工作的基础上完成的,它为国家宏观经济调控提供了准确、及时的信息,同时又对监管、征税等业务环节的工作质量起到检验把关的作用。

二、我国海关的法律体系

法律体系是指一个国家的全部现行法律规范按不同部门、层次所组成的有机整体。海关法作为我国现行法律的一个分支,具有相对的独立性和完整性。海关法不仅综合性强、数量多、内容繁杂,而且具有分支清楚、层次明显和相互协调、联系密切的特点。各分支、各层次的海关法律既相互区分又相互联系,构成了独立、完整、严密的海关法律体系。根据制定的主体和效力的不同,海关法律体系可分为法律、行政法规、海关规章、规范性文件四个部分。

(一)海关法律

1.《中华人民共和国海关法》

《海关法》是我国现行法律体系的一个重要组成部分,是管理海关事务的基本法律规范,以中华人民共和国主席令的形式颁布实施。我国《海关法》于1987年1月22日由第六届全国人民代表大会常务委员会第十九次会议通过,同年7月1日起实施。此后,为了适应形势发展的需要,我国《海关法》分别于2000年、2013年和2017年进行了四次修正。2000年7月8日第九届全国人民代表大会常务委员会第十六次会议审议通过了《关于修改〈中华人民共和国海关法〉的决定》,对《海关法》进行了第一次较大范围的修改。2013年6月29日第十二届全国人民代表大会常务委员会第三次会议审议通过了《关于修改〈中华人民共和国文物保护法〉等十二部法律的决定》,对《海关法》进行了第二次修正。2013年12月28日第十二届全国人民代表大会常务委员会第六次会议作出第三次修正。2017年11月4日第十二届全国人民代表大会常务委员会第三十次会议作出第四次修正。

2.《中华人民共和国进出口商品检验法》

1989年2月21日,第七届全国人民代表大会常务委员会第六次会议通过《中华人民共和国进出口商品检验法》(简称《商检法》)。2002年4月28日,第九届全国人民代表大会常务委员会第二十七次会议通过《中华人民共和国进出口商品检验法修正案》,并于2002年10月1日起实施。2013年6月29日,第十二届全国人民代表大会常务委员会第三次会议对《商检法》作出修改。2018年4月27日,第十三届全国人大常务委员会第二次会议对《商检法》作出修改。

3.《中华人民共和国进出境动植物检疫法》

《中华人民共和国进出境动植物检疫法》于1991年10月30日第七届全国人民代表大会常务委员会第二十二次会议通过,1991年10月30日中华人民共和国主席令第53号公布,自1992年4月1日起施行。

4.《中华人民共和国国境卫生检疫法》

《中华人民共和国国境卫生检疫法》于1986年12月2日第六届全国人民代表大会常务委员会第十八次会议通过,2007年12月29日第十届全国人民代表大会常务委员会第三十一次会议作出修改。

5.《中华人民共和国食品安全法》

在1995年颁布的《中华人民共和国食品卫生法》的基础上,2009年2月28日第十一届全国人民代表大会常务委员会第七次会议通过了《中华人民共和国食品安全法》。2015 年 4 月 24 日,第十二届全国人民代表大会常务委员会第十四次会议审议修订了《中华人民共和国食品安全法》。

(二) 行政法规

国务院根据《中华人民共和国宪法》和法律,制定行政法规,以国务院令的形式颁布实施。目前,海关管理方面主要的行政法规有《中华人民共和国进出口关税条例》《中华人民共和国海关稽查条例》(简称《海关稽查条例》)、《中华人民共和国知识产权海关保护条例》(简称《知识产权海关保护条例》)、《中华人民共和国海关行政处罚实施条例》(简称《海关行政处罚实施条例》)、《中华人民共和国海关统计条例》(简称《海关统计条例》)、《中华人民共和国进出口货物原产地条例》(简称《原产地条例》)、《中华人民共和国进出口商品检验法实施条例》(简称《商检法实施条例》)、《中华人民共和国进出境动植物检疫法实施条例》(简称《进出境动植物检疫法实施条例》)、《中华人民共和国国境卫生检疫法实施细则》(简称《国境卫生检疫法实施细则》)、《中华人民共和国食品安全法实施条例》(简称《食品安全法实施条例》)等。

(三) 海关规章

海关规章是海关总署根据海关行使职权、履行职责的需要,依据《中华人民共和国立法法》的规定,单独或会同有关部门制定,是海关日常工作中引用数量最多、内容最广、操作性最强的法律依据,其效力等级低于法律和行政法规。海关行政规章以海关总署令的形式对外公布,如《中华人民共和国海关报关单位注册登记管理规定》等。

(四) 规范性文件

规范性文件是指海关总署及各直属海关按照规定程序制定的对行政管理相对人权利、义务具有普遍约束力的文件。海关总署制定的规范性文件要求行政管理相对人遵守或执行的,应当以海关总署公告形式对外发布,如《海关总署关于发布〈中华人民共和国海关报关单位注册登记管理规定〉所涉及法律文书和报表格式的公告》等。规范性文件不得设定对行政管理相对人的行政处罚。直属海关在限定范围内制定的关于本关区某一方面涉及行政管理相对人权利义务的行政管理规范,应当以公告形式对外发布。

此外,我国签订或缔结的属于海关法律渊源之一的海关国际公约或海关行政互助协议也适用于我国海关。海关国际公约是指世界海关组织(World Customs Organization,WCO)成员方缔结的多边协议,如《京都公约》《伊斯坦布尔公约》,以及世界贸易组织(World Trade Organization,WTO)的有关公约,如《海关估价协议》等。海关行政互助协议是两国之间订立的双边协议,我国已与俄罗斯等几十个国家缔结了海关行政互助协议。

三、海关的权力

《海关法》在规定海关任务的同时,为了保证任务的完成,赋予了海关许多具体权力。海关权力,是指国家为保证海关依法履行职责,通过《海关法》和其他法律、行政法规赋予海关的对进出境运输工具、货物、物品的监督管理权能,属于公共行政职权,其行使受一定范围和条件的限制,并接受执法监督。

(一)海关权力的内容

根据我国《海关法》及有关法律、行政法规,海关权力主要包括:检查权,检验权,检疫权,查阅、复制权,查问权,查验权,查询权,稽查权,行政处罚权,佩带和使用武器权,以及行政强制权。

1. 检查权

海关有权检查进出境运输工具,有权检查有走私嫌疑的运输工具和有藏匿走私货物、物品嫌疑的场所,有权检查走私嫌疑人的身体。海关对进出境运输工具的检查不受海关监管区域的限制;对走私嫌疑人身体的检查,应在海关监管区和海关附近沿海沿边规定地区内进行;对有走私嫌疑的运输工具和有藏匿走私货物、物品嫌疑的场所,在海关监管区和海关附近沿海沿边规定地区内,海关人员可直接检查,超出此范围,在调查走私案件时,须经直属海关关长或者其授权的隶属海关关长批准,才能进行检查,但不能检查公民住处。

2. 检验权

海关负责对列入法定检验商品目录内的进出口商品实施法定鉴定和检验,对《食品安全法》《危险化学品安全管理条例》等法律法规规定的需由海关实施检验的进出口食品接触材料、食品添加剂、危险化学品等实施检验,对政府双边协议规定需由海关检验出证的进出口商品实施检验,等等。对进口的缺陷消费品、进口的缺陷汽车有权召回。

3. 检疫权

对进出境动植物及其产品的检验检疫;对出入境转基因生物及其产品、生物物种资源的检验检疫;对出入境人员、交通工具、集装箱、尸体、骸骨及可能传播检疫传染病的行李、货物、邮包等实施检疫查验;对出入境的微生物、生物制品、人体组织、化妆品的检验检疫,以及进出口食品生产、加工、储存、经营等单位(场所)的日常检验检疫等。

4. 查阅、复制权

查阅进出境人员的证件,查阅、复制与进出境运输工具、货物、物品有关的合同、发票、账册、单据、记录、文件、业务函电、录音录像制品和其他有关资料。

5. 查问权

海关有权对违反《海关法》或者其他有关法律、行政法规的嫌疑人进行查问,调查其违法行为。

6. 查验权

海关有权查验进出境货物、个人携带进出境的行李物品、邮寄进出境的物品。海关在查验货物时如有必要,可以径行提取货样。

7. 查询权

海关在调查走私案件时,经直属海关关长或者其授权的隶属海关关长批准,可以查询案件涉嫌单位和涉嫌人员在金融机构、邮政企业的存款、汇款。

8. 稽查权

海关在法律规定的年限内,对企业进出境活动及与进出口货物有关的账务、记账凭证、单证资料等有权进行稽查。

9. 行政处罚权

海关有权对违法当事人予以行政处罚,包括对走私货物、物品及违法所得处以没收,对有走私行为和违反海关监管规定行为的当事人处以罚款等。

10. 佩带和使用武器权

海关为履行职责,可以依法佩带武器,海关工作人员在履行职责时可以使用武器。

1989 年 6 月,海关总署、公安部联合发布了《海关工作人员使用武器和警械的规定》。根据该项规定,海关使用的武器包括轻型枪支、电警棍、手铐以及其他经批准可使用的武器和警械;使用范围为执行缉私任务时;使用对象为走私分子和走私嫌疑人;使用条件必须是在不能制服被追缉逃跑的走私团体或遭遇武装掩护走私,不能制止以暴力掠夺查扣的走私货物、物品和其他物品,以及以暴力抗拒检查、抢夺武器和警械、威胁海关工作人员生命安全(非开枪不能自卫)时。

11. 行政强制权

海关行政强制,包括海关行政强制措施和海关行政强制执行。

1)海关行政强制措施

海关行政强制措施是指海关在行政管理过程中,为制止违法行为、防止证据损毁、避免危害发生、控制危险扩大等情形,依法对公民的人身自由实施暂时性限制,或者对公民、法人或者其他组织的财物实施暂时性控制的行为。包括:

（1）限制公民人身自由。

A. 在海关监管区和海关附近沿海沿边规定地区,对走私犯罪嫌疑人,经直属海关关长或者其授权的隶属海关关长批准,可以扣留,扣留时间不得超过 24 小时,在特殊情况下可以延长至 48 小时。

B. 个人违抗海关监管逃逸的,海关可以连续追至海关监管区和海关附近沿海沿边规定地区以外,将其带回。

C. 受海关处罚的当事人或者其法定代表人、主要负责人、在出境前未缴清罚款、违法所得和依法追缴的货物、物品、走私运输工具的等值价款,又未提供担保的,海关可以通知出境管理机关阻止其出境。

（2）扣留财物。

A. 对违反海关法的进出境运输工具、货物、物品以及与之有牵连的合同、发票、账册、单据、记录、文件、业务函电、录音录像制品和其他资料,可以扣留。

B. 在海关监管区和海关附近沿海沿边规定地区,对有走私嫌疑的运输工具、货物、物品,经直属海关关长或者其授权的隶属海关关长批准,可以扣留。

C. 在海关监管区和海关附近沿海沿边规定地区以外,对有证据证明有走私嫌疑的运输工具、货物、物品,可以扣留。

D. 有违法嫌疑的货物、物品、运输工具无法或者不便扣留,当事人或者运输工具负责人未提供等值担保的,海关可以扣留当事人其他等值财产。

E. 海关不能以暂停支付方式实施税收保全措施时,可以扣留纳税义务人其价值相当于应纳税款的货物或者其他财产。

F. 进出口货物的纳税义务人、担保人自规定的纳税期限届满之日起超过 3 个月未缴纳税款的,经直属海关关长或者其授权的隶属海关关长批准,海关可以扣留其价值相当于应纳税款的货物或者其他财产。

G. 对涉嫌侵犯知识产权的货物,海关可以依申请扣留。

（3）冻结存款、汇款。

进出口货物的纳税义务人在规定的纳税期限内有明显转移、藏匿其应税货物以及其他财产迹象,不能提供纳税担保的,经直属海关关长或者其授权的隶属海关关长批准,海关可以通知纳税义务人开户银行或者其他金融机构暂停支付纳税义务人相当于应纳税款的存款。

（4）封存货物或者账簿、单证。

A. 海关进行稽查时,发现被稽查人的进出口货物有违反《海关法》和其他法律、行政法规嫌疑的,经直属海关关长或其授权的隶属海关关长批准,可以封存有关进出口货物。

B. 海关进行稽查时,发现被稽查人有可能篡改、转移、隐匿、毁弃账簿和单证等资料的,经直属海关关长或其授权的隶属海关关长批准,在不妨碍被稽查人正常的生产经营活动的前提下,可以暂时封存其账簿、单证等有关资料。

(5)其他强制措施。

A. 进出境运输工具违抗海关监管逃逸的,海关可以连续追至海关监管区和海关附近沿海沿边规定地区以外,将其带回。

B. 对于海关监管货物,海关可以加施封志。

2)海关行政强制执行

海关行政强制执行是指在有关当事人不依法履行义务的前提下,为实现海关的有效行政管理,依法强制当事人履行法定义务的行为。包括:

(1)加收滞纳金。

A. 进出口货物的纳税义务人逾期缴纳税款的,由海关征收滞纳金。

B. 进出口货物和海关监管货物因纳税义务人违反规定造成少征或者漏征税款的,海关可予追征并加征滞纳金。

(2)扣缴税款。

进出口货物的纳税义务人、担保人自规定的纳税期限届满之日起超过3个月未缴纳税款的,经直属海关关长或者其授权的隶属海关关长批准,海关可以书面通知其开户银行或者其他金融机构从其暂停支付的存款中扣缴税款。

(3)抵缴、变价抵缴。

A. 当事人逾期不履行海关的处罚决定又不申请复议或者提起诉讼的,海关可以将其保证金抵缴或者将扣留的货物、物品、运输工具依法变价抵缴。

B. 进出口货物的纳税义务人、担保人自规定的纳税期限届满之日起超过3个月未缴纳税款的,经直属海关关长或者其授权的隶属海关关长批准,海关可以依法变卖应税货物,或者依法变卖其价值相当于应纳税款的货物或者其他财产,以变卖所得抵缴税款。

C. 海关以扣留方式实施税收保全措施,进出口货物的纳税义务人在规定的期限内未缴纳税款的,经直属海关关长或者其授权的隶属海关关长批准,依法变卖所扣留货物或者其他财产,以变卖所得抵缴税款。

D. 进口货物的收货人自运输工具申报进境之日起超过3个月未向海关申报的,其进口货物由海关提取依法变卖处理。

E. 确属误卸或者溢卸的进境货物,原运输工具负责人或者货物的收发货人逾期未办理退运或者进口手续的,由海关提取依法变卖处理。

（二）海关权力行使的基本原则

作为国家行政权的一部分,海关权力运行起到了维护国家利益、维护经济秩序、实现国家权能的积极作用。然而,由于海关权力范围较广、自由裁量权较大以及海关执法者个人主观原因,海关权力在行使时存在由于权力滥用导致管理相对人的合法权益受到侵害,并进而对行政法治构成威胁的风险。因此,需要对海关权力的行使加以规范和约束。一般来说,海关权力行使必须遵循一定的基本原则。

1. 合法原则

合法原则是指海关权力的行使要符合法律的相关规定。这是行政法的基本原则——依法行政原则的基本要求。按照行政法理论,行政权力行使的合法性至少包括:

(1)行使行政权力的主体资格合法,即行使权力的主体必须有法律授权。例如,涉税走私犯罪案件的侦查权,只有缉私警察才能行使,海关其他人员则无此项权力。又如,《海关法》规定海关行使某些权力时应"经直属海关关长或者其授权的隶属海关关长批准",如未经批准,海关人员不能擅自行使这些权力。

(2)行使权力必须有法律规范为依据。《海关法》第二条规定了海关的执法依据是《海关法》和其他有关法律、行政法规。无法律规范授权的执法行为,属于越权行为,应属无效。

(3)行使权力的方法、手段、步骤、时限等程序应合法。

(4)一切行政违法主体(包括海关及管理相对人)都应承担相应的法律责任。

2. 适当原则

行政权力的适当原则是指权力的行使应该以公平性、合理性为基础,以正义性为目标。因国家管理的需要,海关在验、放、征、减、免、罚的管理活动中拥有很大的自由裁量权,即法律仅规定一定原则和幅度,海关关员可以在法律授权范围内,根据具体情况自行判断和选择,采取最合适的行为方式及其内容来行使职权。因此,适当原则是海关行使行政权力的重要原则之一。为了防止自由裁量权的滥用,目前我国对海关自由裁量权进行监督的法律途径主要有行政监督(行政复议)和司法监督(行政诉讼)程序。

3. 依法独立行使原则

海关实行高度集中统一的管理体制和垂直领导方式,地方海关只对海关总署负责。海关无论级别高低,都是代表国家行使管理权的国家机关,海关依法独立行使权力,各地方、各部门应当支持海关依法行使职权,不得非法干预海关的执法活动。

4. 依法受到保障原则

海关权力是国家权力的一种,应受到保障,才能实现国家权能的作用。《海关法》规定:海关依法执行职务,有关单位和个人应当如实回答询问并予以配合,任何单位和个人不得阻挠;海关执行职务受到暴力抗拒时,执行有关任务的公安机关和人民武装警察部队应当予以协助。

(三)海关权力的监督

海关权力的监督即海关执法监督,是指特定的监督主体依法对海关行政机关及其执法人员的行政执法活动实施的监察、检查、督促等,以此确保海关权力在法定范围内运行。

为确保海关能够严格依法行政,保证国家法律、法规得以正确实施,同时也使当事人的合法权益得到有效保护,我国《海关法》专门设立《执法监督》一章,对海关行政执法实施监督。海关履行职责,必须遵守法律,依照法定职权和法定程序严格执法,并接受监督。这是海关的一项法定义务。

海关执法监督主要指中国共产党的监督、国家最高权力机关的监督、国家最高行政机关的监督、监察机关的监督、审计机关的监督、司法机关的监督、管理相对人的监督、社会监督,以及海关上下级机构之间的相互监督、机关内部不同部门之间的相互监督、工作人员之间的相互监督等。

四、海关的管理体制与机构

海关机构是国务院根据国家改革开放的形势以及经济发展战略的需要,依照海关法律而设立的。改革开放以来,随着我国对外经济贸易的发展和科技文化交流与合作的深化,海关机构的设置不断扩充和完善。机构的设立从沿海沿边口岸扩大到内陆和沿江、沿边海关业务集中的地点,并形成了集中统一管理的垂直领导体制。这种领导体制为海关从全局出发,坚决贯彻执行党的路线、方针、政策和国家的法律、法规以及贯彻海关"依法行政,为国把关,服务经济,促进发展"的工作方针提供了保证。

(一)海关的管理体制

海关作为国家的进出境监督管理机关,为了履行其进出境监督管理职能,提高管理效率,维持正常的管理秩序,必须建立完善的管理体制。

《海关法》规定,"国务院设立海关总署,统一管理全国海关","海关依法独立行使职权,向海关总署负责",确定了海关总署作为国务院直属机构的地位,进一步明确了海关机构的隶属关系,将海关集中统一的垂直领导体制以法律的形式予以确立。海关集中统一的垂直领导体制既适应了国家改革开放、社会主义现代化建设的需要,也适应了海关自身建设与发展的需要,有力地保证了海关各项监督管理职能的实施。

我国《海关法》以法律形式明确了海关的设关原则:"国家在对外开放的口岸和海关监管业务集中的地点设立海关。海关的隶属关系,不受行政区划的限制。"其中,"对外开放的口岸"是指由国务院批准,允许运输工具及所载人员、货物、物品直接出入国(关)境的港口、机场、车站,以及允许运输工具、人员、货物、物品出入国(关)境的边境通道。国家规定,在对外开放的口岸必须设置海关、出入境检验检疫机构。"海关监管业务集中的地点"是指虽不是国务院批准设立的对外开放的口岸,却是海关某类或者某几类监管业务比较集中的地方,如转关运输监管、保税加工监管等。这一设关原则为海关管理从口岸向内地,进而向全关境的转化奠定了基础,同时也为海关业务制度的发展预留了空间。"海关的隶属关系,不受行政区划的限制",表明了海关管理体制与一般性的行政管理体制的区域划分无必然联系,如果海关监督管理需要,国家可以在现有的行政区划之外考虑和安排海关的上下级关系和海关的相互关系。

(二)海关的组织机构

海关机构的设置为海关总署、直属海关和隶属海关三级。隶属海关由直属海关领导,向直属海关负责;直属海关由海关总署领导,向海关总署负责。此外,为了更好地适应反走私斗争新形势的要求,充分发挥海关打击走私的整体效能,根据党中央、国务院的决定,由海关总署、公安部联合组建缉私局,设在海关总署。缉私局既是海关总署的一个内设局,又是公安部的一个序列局,实行海关总署和公安部双重领导,以海关领导为主的体制。

1. 海关总署

海关总署是国务院的直属机构,在国务院领导下统一管理全国海关机构、人员编制、经费物资和各项海关业务,是海关系统的最高领导部门。海关总署下设广东分署,在上海和天津设立特派员办事处,作为其派出机构。海关总署的基本任务是在国务院的领导下,领导和组织全国海关正确贯彻实施《海关法》和国家的有关政策、行政法规,积极发挥依法行政、为国把关的职能,服务、促进和保护社会主义现代化建设。

2. 直属海关

直属海关是指直接由海关总署领导,负责管理一定区域范围内海关业务的海关。目前直属海关共有 42 个,除香港、澳门、台湾地区外,分布在全国 31 个省、自治区、直辖市。直属海关就本关区内的海关事务独立行使职权,向海关总署负责。直属海关承担着在关区内组织开展海关各项业务和关区集中审单作业,全面有效地贯彻执行海关各项政策、法律、法规、管理制度和作业规范的重要职责,在海关三级业务职能管理中发挥着承上启下的作用。

3. 隶属海关

隶属海关由直属海关领导,负责办理具体海关业务,是海关进出境监督管理职能的基本执行单位。隶属海关一般设在口岸和海关业务集中的地点。

4.海关缉私警察机构

海关总署缉私局下辖广东分署缉私局、各直属海关缉私局,直属海关缉私局下辖隶属海关缉私分局。国家赋予缉私警察侦查、拘留、逮捕和预审职责,按照海关对缉私工作的统一部署和指挥开展工作,执行任务。缉私警察队伍的组建不仅是我国反走私斗争的需要,也突出显示了海关镇守国门的职责和作为国家经济安全钢铁长城的重要地位。

第三节 企业信用管理

为了推进社会信用体系建设,建立企业进出口信用管理制度,保障贸易安全与便利,根据我国《海关法》及其他有关法律、行政法规的规定,海关根据企业经营管理、内控规范、守法守信等能够反映企业信用的客观情况建立了企业信用分类管理体制,明确了认证企业、一般信用企业和失信企业的认定标准及管理措施。其中,认证企业享受海关通关便利措施,一般信用企业适用常规管理措施,失信企业将受到海关严密监管。

一、企业信用信息采集和公示

信息采集是企业信用管理制度建立的基础。海关根据社会信用体系建设和国际合作需要,与国家有关部门及其他国家或者地区海关建立合作机制,推进信息互换、监管互认和执法互助。海关采集能够反映企业进出口信用状况的各类信息,建立企业信用信息管理系统。这些信息包括:企业在海关注册登记信息;企业进出口经营信息;经认证的经营者(authorized economic operator,AEO)互认信息;企业在其他行政管理部门的信息;其他与企业进出口相关的信息。

海关在保护国家秘密、商业秘密和个人隐私的前提下,公示企业如下信用信息:企业在海关注册登记信息、海关对企业信用状况的认定结果、企业行政处罚信息,以及其他应当公示的企业信息。海关对企业行政处罚信息的公示期限为5年。

公民、法人或者其他组织认为海关公示的企业信用信息不准确时,可以向海关提出异议,并提供相关资料或者证明材料。海关应当自收到异议申请之日起20日内复核。公民、法人或者其他组织提出异议的理由成立时,海关应当采纳。

二、企业信用状况的认定标准和程序

1.认证企业

认证企业是中国海关经认证的经营者,中国海关依法开展与其他国家或者地区海关的AEO互认,并给予互认AEO企业相应通关便利措施,充分体现了与国际海关接轨的要求。

"经认证的经营者"在世界海关组织制定的《全球贸易安全与便利标准框架》中被定义为"以任何一种方式参与货物国际流通,并被海关当局认定符合世界海关组织或相应供应链安全标准的一方,包括生产商、进口商、出口商、报关行、承运商、理货人、中间商、口岸和机场、货站经营者、综合经营者、仓储业经营者和分销商"。经双方海关认证的 AEO 企业进口货物,可以享受通关便利措施。

企业向海关申请成为认证企业的,海关按照《海关认证企业标准》对企业实施认证。《海关认证企业标准》分为一般认证企业标准和高级认证企业标准。

1)一般认证企业标准

一般认证企业认证标准分为内部控制、财务状况、守法规范、贸易安全和附加标准,共 5 类 18 条 29 项。其中,前 4 类为基础标准,第 5 类为附加标准。

企业向海关提出适用认证企业管理申请前,应当按照该认证标准进行自我评估,并将自我评估报告随认证申请一并提交海关。

除该认证标准第 9、10、11、12、14、19、20 项外,其他项不达标或者部分达标的,允许企业规范改进。规范改进期限由海关确定,最长不超过 90 日。根据企业规范改进情况,海关认定其是否通过认证。

2)高级认证企业标准

高级认证企业认证标准分为内部控制、财务状况、守法规范、贸易安全和附加标准,共 5 类 18 条 32 项。其中,前 4 类为基础标准,第 5 类为附加标准。

企业向海关提出适用认证企业管理申请前,应当按照该认证标准进行自我评估,并将自我评估报告随认证申请一并提交海关。

除该认证标准第 12、13、14、15、17、22、23 项外,其他项不达标或者部分达标的,允许企业规范改进。规范改进期限由海关确定,最长不超过 90 日。根据企业规范改进情况,海关认定其是否通过认证。

海关或者申请企业可以委托具有法定资质的社会中介机构对企业进行认证;中介机构认证结果经海关认可的,可以作为认定企业信用状况的参考依据。

海关自收到企业书面认证申请之日起 90 日内作出认证结论。特殊情形下,海关认证时限可以延长 30 日。

企业有下列情形之一的,海关终止认证:发生涉嫌走私或者违反海关监管规定的行为被海关立案侦查或者调查的;主动撤回认证申请的;其他应当终止认证的情形。

2. 失信企业

企业有下列情形之一的,海关认定为失信企业:

(1)有走私犯罪或者走私行为的;

(2)非报关企业1年内违反海关监管规定行为次数超过上年度报关单、进出境备案清单等相关单证总票数千分之一,且被海关行政处罚金额累计超过100万元的;

报关企业1年内违反海关监管规定行为次数超过上年度报关单、进出境备案清单总票数万分之五的,或者被海关行政处罚金额累计超过10万元的;

(3)拖欠应缴税款、应缴罚没款项的;

(4)上一季度报关差错率高于同期全国平均报关差错率1倍以上的;

(5)经过实地查看,确认企业登记的信息失实且无法与企业取得联系的;

(6)被海关依法暂停从事报关业务的;

(7)涉嫌走私、违反海关监管规定拒不配合海关进行调查的;

(8)假借海关或者其他企业名义获取不当利益的;

(9)弄虚作假、伪造企业信用信息的;

(10)其他海关认定为失信企业的情形。

当年注册登记或者备案的非报关企业、报关企业,1年内因违反海关监管规定被海关行政处罚金额分别累计超过100万元、30万元的,海关认定为失信企业。

3. 一般信用企业

企业有下列情形之一的,海关认定为一般信用企业:

(1)首次注册登记的企业;

(2)不再符合《海关认证企业标准》,且未发生失信企业所列情形的;

(3)自被海关认定为失信企业之日起连续2年未发生失信企业规定情形的。

4. 企业信用状况的调整

海关对企业信用状况的认定结果实施动态调整,海关对高级认证企业每3年重新认证一次,对一般认证企业不定期重新认证。未通过认证的企业,不再适用认证企业管理,1年内不得再次申请成为认证企业;未通过高级认证但符合一般认证企业标准的,适用一般认证企业管理。

自被海关认定为失信企业之日起连续2年未发生《中华人民共和国海关企业信用管理办法》(简称《信用办法》)第十二条规定情形的,海关应当将其调整为一般信用企业管理。

失信企业被调整为一般信用企业满1年的,可以向海关申请成为认证企业。

三、管理原则和措施

1. 认证企业适用的管理原则和措施

1)一般认证企业适用的管理原则和措施

（1）进出口货物平均查验率在一般信用企业平均查验率的50%以下；

（2）优先办理进出口货物通关手续；

（3）海关收取的担保金额可以低于其可能承担的税款总额或者海关总署规定的金额；

（4）进出口货物平均检验检疫抽批比率在一般信用企业平均抽批比率的50%以下（法律、行政法规、规章或者海关有特殊要求的除外）；

（5）出口货物原产地调查平均抽查比率在一般信用企业平均抽查比率50%以下；

（6）优先办理海关注册登记或者备案以及相关业务手续，除首次注册登记或者备案以及有特殊要求外，海关可以实行容缺受理或者采信企业自主声明，免予实地核验或者评审；

（7）海关总署规定的其他管理措施。

2）高级认证企业适用的管理原则和措施

高级认证企业除适用一般认证企业管理原则和措施外，还适用下列管理措施：

（1）进出口货物平均查验率在一般信用企业平均查验率的20%以下；

（2）可以向海关申请免除担保；

（3）减少对企业稽查、核查频次；

（4）可以在出口货物运抵海关监管区之前向海关申报；

（5）海关为企业设立协调员；

（6）AEO互认国家或地区海关通关便利措施；

（7）国家有关部门实施的守信联合激励措施；

（8）因不可抗力中断国际贸易恢复后优先通关；

（9）进出口货物平均检验检疫抽批比率在一般信用企业平均抽批比率的20%以下（法律、行政法规、规章或者海关有特殊要求的除外）；

（10）出口货物原产地调查平均抽查比率在一般信用企业平均抽查比率的20%以下；

（11）优先向国家（地区）推荐食品、化妆品等出口企业的注册；

（12）海关总署规定的其他管理原则和措施。

高级认证企业适用的管理措施优于一般认证企业。

2. 失信企业适用的管理原则和措施

（1）进出口货物平均查验率在80%以上；

（2）不予免除查验没有问题企业的吊装、移位、仓储等费用；

（3）不适用汇总征税制度；

（4）除特殊情形外，不适用存样留像放行措施；

（5）经营加工贸易业务的，全额提供担保；

（6）进出口货物平均检验检疫抽批比率在80%以上；

（7）提高对企业稽查、核查频次；

（8）国家有关部门实施的失信联合惩戒措施；

（9）海关总署规定的其他管理措施。

因企业信用状况认定结果不一致导致适用的管理措施相抵触的，海关按照就低原则实施管理。认证企业涉嫌走私被立案侦查或者调查的，海关暂停适用相应管理措施，按照一般信用企业进行管理。

企业名称或者海关注册编码发生变更的，海关对企业信用状况的认定结果和管理措施继续适用。海关注册登记或者备案的非企业性质的法人和非法人组织及其相关人员信用信息的采集、公示，信用状况的认定、管理等比照《信用办法》实施。企业主动披露且被海关处以警告或者 50 万元以下罚款的行为，不作为海关认定企业信用状况的记录。

第四节　企业资质管理

企业资质级标就是企业在从事某种行业经营中，应具有资格及与此资格相适应的质量等级标准。在国家进出口管理中，海关按照中国的、进口国（地区）的，或与中国签有双边检疫议定书的国家（地区）的，或国际性的法规、标准的规定，对涉及重点进出口商的境外供货商或者境内供货商的企业资质管理实行注册登记制或备案制。

一、出境商品的境内企业注册登记

（一）出境新鲜水果（含冷冻水果）果园和包装厂的注册登记

我国与输入国家或地区签订的双边协议、议定书等明确规定的，或者输入国家或地区法律法规要求对输入该国家或地区的水果果园和包装厂实施注册登记的，海关应当按照规定对输往该国家或地区的出境水果果园和包装厂实行注册登记。

（二）出境水生动物养殖场、中转场实施注册登记

对输入国家或地区要求中国对向其输出水生动物的生产、加工、存放单位注册登记的，海关总署对出境水生动物养殖场、中转场实施注册登记制度。

申请注册登记的出境水生动物养殖场、中转场，出境食用水生动物非开放性水域养殖场、中转场，出境食用水生动物开放性水域养殖场、中转场，出境观赏用和种用水生动物养殖场、中转场应当符合海关规定的相关条件，并向所在地直属海关申请注册登记。

（三）出境中药材生产企业的注册登记

输入国家或地区要求对向其输出中药材的出境生产企业注册登记的，海关实行注册登记。

（四）出境粮食的生产、加工、仓储企业注册登记

输入国家或地区要求中国对向其输出粮食出境生产加工企业注册登记的,直属海关负责组织注册登记,并向海关总署备案。

二、出口商品境内企业备案管理

（一）出口食品生产企业备案管理

为加强出口食品生产企业食品安全卫生管理,规范出口食品生产企业备案管理工作,国家实行出口食品生产企业备案管理制度。

出口食品生产企业未依法履行备案法定义务或者经备案审查不符合要求的,其产品不予出口。

（二）出口肉类产品的出口商或代理商备案管理

海关总署对向中国境内出口肉类产品的出口商或代理商实施备案管理,并定期公布已经备案的出口商、代理商名单。

（三）出口肉类产品的生产企业备案管理

海关按照出口食品生产企业备案管理规定,对出口肉类产品的生产企业实施备案管理。输入国家或地区对中国出口肉类产品生产企业有注册要求,需要对外推荐注册企业的,按照海关总署相关规定执行。

出口肉类产品加工用动物应当来自经海关备案的饲养场。

（四）出口水产品的出口商或代理商实施备案管理

海关总署对向中国境内出口水产品的出口商或代理商实施备案管理,并定期公布已获准入资质的境外生产企业和已经备案的出口商、代理商名单。

三、进境商品的境外企业注册登记

（一）进境粮食的境外生产加工企业注册登记

海关总署对进境粮食的境外生产加工企业实施注册登记制度。境外生产加工企业应当符合输出国家或地区法律法规和标准的相关要求,并达到中国有关法律法规和强制性标准的要求。

实施注册登记管理的进境粮食境外生产加工企业,经输出国家或地区主管部门审查合格后向海关总署推荐。海关总署收到推荐材料后进行审查确认,对符合要求的国家或地区的境外生产加工企业,予以注册登记。

（二）进境中药材境外生产企业的注册登记

海关对向中国境内输出中药材的境外生产企业实施注册登记管理。确定需要实施境外生产、加工、存放单位注册登记的中药材品种目录，并实施动态调整。

境外生产企业应当符合输出国家或地区法律法规的要求，并符合中国国家技术规范的强制性要求。

（三）进口乳品的境外生产企业注册登记

海关对向中国出口乳品的境外生产企业实施注册制度。

境外生产企业应当经出口国家或地区政府主管部门批准设立，符合出口国家或地区法律法规相关要求。

境外生产企业应当熟悉并保证其向中国出口的乳品符合中国食品安全国家标准和相关要求，并能够提供中国食品安全国家标准规定项目的检测报告。境外生产企业申请注册时应当明确其拟向中国出口的乳品种类、品牌。

（四）进口食品（肉类）的境外食品生产企业的注册登记

海关总署对向中国境内出口食品的境外食品生产企业实施注册制度。

另外，向中国境内出口食品的出口商或者代理商应当向海关总署备案。申请备案的出口商或者代理商应当按照备案要求提供企业备案信息，并对信息的真实性负责。

（五）进口饲料、饲料添加剂的国家或地区的生产企业注册登记

海关总署对允许进口饲料、饲料添加剂的国家或地区的生产企业实施注册登记制度，进口饲料、饲料添加剂应当来自注册登记的境外生产企业。

境外生产企业应当符合输出国国家或地区法律法规和标准的相关要求，并达到中国有关法律法规和标准的等效要求，经输出国家或地区主管部门审查合格后向海关总署推荐。

海关总署应当对推荐材料进行审查。审查不合格的，通知输出国家或地区主管部门补正。审查合格的，经与输出国家或地区主管部门协商后，海关总署派出专家到输出国家或地区对其饲料安全监管体系进行审查，并对申请注册登记的企业进行抽查。对抽查不符合要求的企业，不予注册登记，并将原因向输出国家或地区主管部门通报；对抽查符合要求的及未被抽查的其他推荐企业，予以注册登记。

（六）进口水生动物的养殖和包装企业的注册登记

海关对向中国输出水生动物的养殖和包装企业实施注册登记管理。

向中国输出水生动物的境外养殖和包装企业（简称注册登记企业）应当符合输出国家或地区的有关法律法规，输出国家或地区官方主管部门批准后向海关总署推荐。

海关总署应当对推荐材料进行审查。审查不合格的，通知输出国家或地区官方主管部

门补正;审查合格的,海关总署可以派出专家组对申请注册登记企业进行抽查。对抽查不符合要求的企业不予注册登记;对抽查符合要求的及未被抽查的其他推荐企业,结合水生动物安全卫生控制体系评估结果,决定是否给予注册登记。

(七)贸易性栽培介质的国外生产、加工、存放单位的注册登记

海关对向我国输出贸易性栽培介质的国外生产、加工、存放单位实行注册登记制度,经输出国有关部门同意,派检疫人员赴产地进行预检、监装或者产地疫情调查。

(八)进境非食用动物产品境外生产加工企业注册登记

向中国输出非食用动物产品的境外生产加工企业应当符合输出国家或地区法律法规和标准的相关要求,并达到中国有关法律法规和强制性标准的要求。

实施注册登记管理的非食用动物产品境外生产加工企业,经输出国家或地区主管部门审查合格后向海关总署推荐。

海关总署收到推荐材料并经书面审查合格后,必要时经与输出国家或地区主管部门协商,派出专家到输出国家或地区对其监管体系进行评估或者回顾性审查,对申请注册登记的境外生产加工企业进行检查。

符合要求的国家或地区的境外生产加工企业,经检查合格的予以注册登记。

(九)进口棉花境外供货企业登记

进口棉花的境外供货企业按照自愿原则申请登记。符合条件的境外企业可自行或委托代理人申请登记,提交相关书面材料。海关审核合格的,对境外供货企业予以登记,颁发"进口棉花境外供货企业登记证书"。

四、口岸卫生许可

每个具有独立固定经营场所的国境口岸食品生产、食品销售、餐饮服务、饮用水供应、公共场所经营单位应当作为一个卫生许可证发证单元,单独申请卫生许可。

从事国境口岸食品生产(含航空配餐)、食品销售(含入/出境交通工具食品供应)餐饮服务的,从事饮用水供应的,从事国境口岸公共场所经营的单位或者个人,申请卫生许可时,可以当面提交或者通过信函、电报、电传、传真、电子数据交换和电子邮件等方式提交相关材料,并对材料的真实性负责。

海关应当对申请人提交的申请材料内容的完整性、有效性进行审查。申请材料经审查合格,确有必要的,需现场审查。

对准予行政许可决定的,海关应向申请人颁发卫生许可证。

卫生许可证有效期为4年。

┌─本章小结─┐

  本章主要讲解了进出口通关、海关及海关管理的基本概念,重点分析了海关对报关单位的注册登记管理,以及根据最新的海关管理发展,介绍了海关对企业的信用管理和资质管理的内容。通过本章的学习:第一,要理解通关的基本概念,重点区分自理通关与代理通关;具体了解交通运输工具、物品、货物的通关差异;要理解我国海关的性质、任务,重点掌握海关的权力以及海关的管理体制;理解报关单位的概念和分类,报关单位的注册登记制度,重点掌握报关单位的行为规范。第二,要重点掌握通关管理中的企业信用管理以及企业资质管理要求。

思考题

1.简述进出口通关的基本概念和分类。

2.简述自理报关与代理报关的区别。

3.简述我国海关的性质和基本任务。

4.简述海关的权力。

5.简述海关的设关原则。

6.简述海关管理体制的基本特点。

7.简述报关单位的基本概念、类型和行为规范。

8.简述报关单位的注册登记程序。

9.简述企业信用状况的认定标准和程序。

10.论述海关对涉及部分重点进出口商品的境外供货商或境内供货商的企业资质管理。

第二章

报关与对外贸易管制

我国于 2001 年 12 月 11 日正式加入了世界贸易组织。随着世界经济全球化、区域化的不断发展，我国的经济日益融入世界经济的发展潮流之中，经过二十年的时间，我国的对外贸易得到了飞速的发展，已经成为世界贸易的重要组成部分，发挥着举足轻重的作用，对外贸易已成为我国经济活动的核心之一。为适应这种形式的需要及与国际经济贸易接轨的要求，维护对外贸易秩序，促进对外经济贸易和科技文化交往，保障社会主义现代化建设，我国颁布了一系列对外贸易管制的法律、行政法规、部门规章，确立了对外贸易经营者登记管理、进出口商品合格评定制度、外汇管理等制度，制定了有关进出口禁止、限制、自动许可、反倾销、反补贴、进出口收付汇核销等措施。

第一节　对外贸易管制概述

对外贸易管制是指一国政府为了国家的宏观经济利益、国内外政策需要，以及履行所缔结或加入的国际条约义务，确立实行各种管制制度、设立相应管制机构和规范对外贸易活动的总称。通过立法和政策管制进出口贸易，依法保护本国的产业和市场，维护国家的至高利益，长期以来都是一国政府的一项义不容辞的重大职责，充分体现了一国经济发展水平和处理对外贸易关系的总政策，成为政府管理和监督对外贸易强有力的工具。

对外贸易管制是政府的一种强制性行政管理行为，所涉及的法律、行政法规、部门规章是强制性的法律文件。报关是对外贸易管制制度最直接的体现。因此，对外贸易经营者或其代理人在报关活动中必须严格遵守对外贸易管制制度，并按照相应的管理要求办理进出口手续。

一个国家对外贸易管制制度涉及工业、农业、商业、军事、技术、卫生、环保、税务、资源保护、质量监督、外汇管理，以及金融、保险、信息服务等诸多领域。对外贸易管制通常有三种分类形式：一是按管理目的分为进口贸易管制和出口贸易管制；二是按管制手段分为关税措施和非关税措施；三是按管制对象分为货物进出口贸易管制、技术进出口贸易管制和国际服务贸易管制。

一、对外贸易管制的目的和特点

随着世界经济全球化、区域化的不断发展，各国之间的经济关系变得越来越紧密，相互的依存度也越来越高，各种区域经济合作和贸易协定应运而生，因此一国对外贸易管制政策在充分考虑本国经济状况的同时，还必须受到其所加入国际贸易协定规则的约束，必须在其规则所允许范围内，按照规定的程序进行相对自主的管理。国际贸易政策环境也随着各国政府对外贸易管制措施的改变而改变。

尽管各国所实行的对外贸易管制措施在形式和内容上有许多差异，但管制的目的往往是相同的，主要表现为以下几个方面。

1. 保护本国经济利益，发展本国经济

发展中国家实行对外贸易管制主要是为了保护本国的民族工业，建立与巩固本国的经济体系；通过对外贸易管制的各项措施，防止外国产品冲击本国市场而影响本国独立经济结构的建立；同时，也是为了维护本国的国际收支平衡，使有限的外汇能有效地发挥最大作用。发达国家实行对外贸易管制主要是为了确保本国在世界经济中的优势地位，避免国际贸易活动对本国经济产生不良影响，特别是要保持本国某些产品或技术的国际垄断地位，保证本国各项经济发展目标的实现。因此，各国的对外贸易管制措施都是与其经济利益相联系的。各国的贸易管制是各国经济政策的重要体现。

2. 推行本国的外交政策

不论是发达国家还是发展中国家，往往出于政治或安全上的考虑，甚至不惜牺牲本国经济利益，在不同时期，对不同国家或不同商品实行不同的对外贸易管制措施，以达到其政治上的目的或安全上的目标。因此，贸易管制往往成为一国推行其外交政策的有效手段。

3. 行使国家职能

一个主权国家，对其自然资源和经济行为享有排他的永久主权，国家对外贸易管制制度和措施的强制性是为保护本国环境和自然资源、保障国民人身安全、调控本国经济而行使国家管理职能的一个重要保证。

从对外贸易管制的目的看，贸易管制政策是一国对外政策的体现，这是对外贸易管制的一个显著特点。正是为了实现上述目的，各国都要根据其不同时期的不同经济利益或安全和政治形势需要，随时调整对外贸易管制政策，因此，不同国家或同一国的不同时期的贸易管制是各不相同的，这种因时间、形势而变化的特性是贸易管制的又一大特点。各国对外贸易管制的另一特点是以对进口的管制为重点，虽然贸易管制有效地保护了本国国内市场和本国的经济利益，但在一定程度上也阻碍了世界经济交流，抑制了国际贸易的发展。因此，如何充分发挥贸易管制的有利因素，尽量减少其带来的不利因素，变被动保护为主动、积极的保护,是衡量一个国家管理对外贸易水平的标志。

二、对外贸易管制与海关监管

对外贸易管制是一种国家管制,任何从事对外贸易的活动者都必须无条件地遵守。国家对外贸易管制的目标是以对外贸易管制法律、法规为保障,依靠有效的政府行政管理手段来最终实现的。

(一) 海关监管是实现贸易管制的重要手段

对外贸易管制作为一项综合制度,是需要建立在国家各行政管理部门之间合理分工的基础上,通过各尽其责的通力合作来实现的。根据我国行政管理职责的分工,与对外贸易管制相关的法律、行政法规、部门规章分别由全国人大、国务院及其所属各部、委(局)负责制定、颁发,海关则是贸易管制政策在货物进出口环节的具体执行机关。因此,国家进出口贸易管制政策是通过国家商务主管部门及其他政府职能主管部门依据国家贸易管制政策核签各类许可证件或者批准文件,最终由海关依据许可证件、相关文件及其他单证(报关单、提单、发票、合同等)对实际进出口货物的合法性实施监督管理来实现的。缺少海关监管这一环节,任何对外贸易管制政策都不可能充分发挥其效力。

海关对进出口货物实施监管或制定有关监管程序时,必须以国家贸易管制政策所涉及的法律、法规为依据,充分重视这些法律、法规与海关实际工作之间的必然联系,以准确贯彻和执行政策作为海关开展各项管理工作的前提和原则,制定合法、高效的海关监管管理程序,充分运用《海关法》赋予的权力,确保国家各项贸易管制目标的实现。

(二) 报关是海关确认进出口货物合法性的先决条件

《海关法》第二十四条规定:"进口货物的收货人、出口货物的发货人应当向海关如实申报,提交进出口许可证件和有关单据。国家限制进出口的货物,没有进出口许可证件的,不予放行。"执行贸易管制的海关管理活动离不开"单"(包括报关单在内的各类报关单据及其电子数据)、"证"(各类许可证件、相关文件及其电子数据)、"货"(实际进出口货物)这三大要素。"单""证""货"相符,是海关确认货物合法进出口的必要条件,也就是说对进出口受国家贸易管制的货物,只有在确认达到"单单相符""单货相符""单证相符""证货相符"的情况下,海关才可放行。

海关通过审核"单""证""货"三要素来确认货物进出口的合法性。而这三要素中的"单"和"证"是在报关中的申报环节向海关递交的,是收发货人办理进出口货物海关手续时应履行的法律义务。因此,报关不仅是进出口货物收发货人或其代理人必须履行的手续,也是海关确认进出口货物合法性的先决条件。

（三）海关贸易管制执法手段

海关的通关系统对禁止进出口及大部分许可证件设定了相应的监管证件代码，并与监管方式相对应。海关通关系统根据"监管方式证件表"中监管方式及监管证件的对应关系，在通关过程中对所需的监管证件进行提示；对暂无监管证件提示的其他贸易管制商品，根据贸易管制相关规定执行。

近年来，海关逐步探索，实现通关无纸化，并实现了部分有代码许可证件的联网核销，海关与相关主管部门可以直接联网交换进出口货物许可证件消息，减少了因申报、审核纸质报关单、许可证件而带来的通关效率慢等问题。

三、我国对外贸易管制的基本框架和法律体系

1949 年 9 月，中国人民政治协商会议上通过的《中国人民政治协商会议共同纲领》规定，"我国实行对外贸易管制、并采取保护贸易的政策"。实行对外贸易管制是由我国社会制度和经济发展需要所决定的，几十年的实践证明，实行对外贸易管制制度对我国的经济建设和对外贸易发展起到了极其重要的作用。

（一）基本框架

我国对外贸易管制制度是一种综合管理制度，主要由海关监管制度、关税制度、对外贸易经营者管理制度、进出口许可制度、进出口商品合格评定制度、进出口货物收付汇管理制度以及贸易救济制度等构成。

为保障贸易管制各项制度的实施，我国已基本建立并逐步健全了以《对外贸易法》为核心的对外贸易管制的法律体系，并依照这些法律、行政法规、部门规章和我国履行国际公约的有关规定，自主实行对外贸易管制。

（二）法律体系

由于我国对外贸易管制是一种国家管制，因此其所涉及的法律渊源只限于宪法、法律、行政法规、部门规章以及相关的国际条约，不包括地方性法规、规章及各民族自治区政府的地方条例和单行条例。

1. 法律

我国现行的与对外贸易管制有关的法律主要有《中华人民共和国对外贸易法》《中华人民共和国海关法》《中华人民共和国进出口商品检验法》《中华人民共和国进出境动植物检疫法》《中华人民共和国固体废物污染环境防治法》《中华人民共和国国境卫生检疫法》《中华人民共和国野生动物保护法》《中华人民共和国药品管理法》《中华人民共和国文物保护法》《中华人民共和国食品卫生法》等。

2. 行政法规

我国现行的与对外贸易管制有关的行政法规主要有《中华人民共和国货物进出口管理条例》《中华人民共和国技术进出口管理条例》《中华人民共和国进出口关税条例》《中华人民共和国知识产权海关保护条例》《中华人民共和国野生植物保护条例》《中华人民共和国进出口商品检验法实施条例》《中华人民共和国进出境动植物检疫法实施条例》《中华人民共和国外汇管理条例》《中华人民共和国反补贴条例》(简称《反补贴条例》)、《中华人民共和国反倾销条例》(简称《反倾销条例》)、《中华人民共和国保障措施条例》(简称《保障措施条例》)等。

3. 部门规章

我国现行的与对外贸易管制有关的部门规章很多,例如《货物进口许可证管理办法》《货物出口许可证管理办法》《货物自动进口许可管理办法》《出口收汇核销管理办法》《进口药品管理办法》《放射性药品管理办法》《两用物项和技术进出口许可证管理办法》《进出口食品安全管理办法》《进口汽车检验管理办法》等。

4. 国际条约与协定

各国在通过国内立法实施本国进出口贸易管制的各项措施的同时,必然要与其他国家协调立场,确定相互之间在国际贸易活动中的权利与义务关系,以实现其外交政策和对外贸易政策所确立的目标,因此,国际贸易条约与协定便成为各国之间确立国际贸易关系立场的重要法律形式。

我国目前所缔结或者参加的各类国际条约、协定,虽然不属于我国国内法的范畴,但就其效力而言可视为我国的法律渊源之一。主要有加入世界贸易组织所签订的有关双边或多边的各类贸易协定、《关于简化和协调海关制度的国际公约》(亦称《京都公约》)、《濒危野生动植物种国际贸易公约》(亦称《华盛顿公约》)、《关于消耗臭氧层物质的蒙特利尔议定书》、关于麻醉品和精神药物的国际公约、《关于化学品国际贸易资料交换的伦敦准则》《关于在国际贸易中对某些危险化学品和农药采用事先知情同意程序的鹿特丹公约》《控制危险废物越境转移及其处置的巴塞尔公约》《建立世界知识产权组织公约》《实施卫生与植物卫生措施协定》(简称《SPS 协定》)、《技术性贸易壁垒协定》(简称《TBT 协定》)、《国际卫生条例(2005)》《核安全公约》等。

第二节　我国货物、技术进出口许可管理制度

进出口许可管理制度作为一项非关税措施,是世界各国管理进出口贸易的一种常见手段,在国际贸易中长期存在,并被广泛运用。进出口许可是国家对进出口的一种行政管理制

度,既包括准许进出口的有关证件的审批和管理制度本身的程序,也包括以国家各类许可为条件的其他行政管理手续,这种行政管理制度被称为进出口许可管理制度。

货物、技术进出口许可管理制度是我国进出口许可管理制度的主体,是国家对外贸易管制中极其重要的管理制度。其管理范围包括禁止进出口的货物和技术、限制进出口的货物和技术、自由进出口的技术,以及自由进口中部分实行自动许可管理的货物。

一、货物进口许可管理

为维护国家安全和社会公共利益,保护人民的生命健康,履行我国所缔结或者参加的国际条约和协定,国务院商务主管部门会同国务院有关部门,依照《对外贸易法》等有关贸易法律法规,制定、调整并公布禁止、限制进口货物目录。海关依据国家相关法律法规对进口商品实施禁止、限制、自动进口许可管理。

(一)禁止进口货物管理

对列入国家公布的《禁止进口货物目录》以及国家法律法规明令禁止或者停止进口的货物、技术,任何对外贸易经营者不得经营进口。

我国政府明令禁止进口的货物包括:列入由国务院商务主管部门或由其会同国务院有关部门制定的《禁止进口货物目录》的商品、国家有关法律法规明令禁止进口的商品以及因其他各种原因停止进口的商品。

1. 列入《禁止进口货物目录》的商品

目前,我国公布的《禁止进口货物目录》包括:

(1)《禁止进口货物目录》(第一批),是为了保护我国的自然生态环境和生态资源,从我国国情出发,履行我国所缔结或者参加的与保护世界自然生态环境相关的一系列国际条约和协定而发布的。例如:国家禁止进口属于破坏臭氧层物质的四氯化碳,禁止进口属于世界濒危物种管理范畴的象牙、犀牛角、麝香、虎骨等。

(2)《禁止进口机电产品目录》[此目录从 2019 年 1 月 1 日执行,原《禁止进口货物目录》(第二批)废止],是国家对涉及生产安全(压力容器类)、人身安全(电器、医疗设备类)和环境保护(汽车、工程及车船机械类)的旧机电产品所实施的禁止进口管理。

(3)由原《禁止进口货物目录》第三、四、五批合并修订而成的《禁止进口固体废物目录》和《2018 年年底调整为禁止进口的固体废物目录》及《2019 年年底调整为禁止进口的固体废物目录》所涉及的是对环境有污染的固体废料物类,包括废动植物产品,矿渣、矿灰及残渣,废药物,杂项化学品废物,废橡胶和皮革,废特种纸,废织物原料及制品,废玻璃,金属和金属化合物废物,废电池,废弃机电产品和设备及其未经分拣处理的零部件、拆散件、破碎件和砸碎件、废五金电器等。

(4)《禁止进口货物目录》(第六批)是为了保护人的健康,维护环境安全,淘汰落后产品,履行《关于在国际贸易中对某些危险化学品和农药采用事先知情同意程序的鹿特丹公约》和《关于持久性有机污染物的斯德哥尔摩公约》而颁布的,如长纤维青石棉、二噁英等。

2. 国家有关法律法规明令禁止进口的商品

(1)自 2021 年 1 月 1 日起,禁止以任何方式进口固体废物;禁止我国境外的固体废物进境倾倒、堆放和处置;

(2)动植物病源(包括菌种、毒种等)及其他有害生物、动物尸体、土壤;

(3)来自动植物疫情流行的国家和地区的有关动植物及其产品和其他检疫物;

(4)带有违反"一个中国"原则内容的货物及其包装;

(5)以氯氟烃物质为制冷剂、发泡剂的家用电器产品和以氯氟烃物质为制冷工质的家用电器用压缩机;

(6)滴滴涕、氯丹等;

(7)莱克多巴胺和盐酸莱克多巴胺等;

(8)林丹和硫丹等。

3. 其他因各种原因停止进口的商品

(1)以 CFC - 12 为制冷工质的汽车以及以 CFC - 12 为制冷工质的汽车空调压缩机(含汽车空调器);

(2)旧服装;

(3)Ⅷ因子制剂等血液制品;

(4)氯酸钾,硝酸铵;

(5)禁止进口和销售 100 瓦及以上普通照明白炽灯等。

(二)限制进口货物管理

国家限制进口管理的货物、技术,必须依照国家有关规定,经国务院商务主管部门或者经国务院商务主管部门会同国务院有关部门许可,方可进口。

目前,我国限制进口货物管理按照其限制方式划分为许可证件管理和进口配额管理。

1. 许可证件管理

许可证件管理是指在一定时期内根据国内政治、工业、农业、商业、军事、技术、卫生、环保、资源保护等领域的需要,以及为履行我国所加入或缔结的有关国际条约的规定,以经国家各主管部门签发许可证件的方式来实现各类限制进口的措施。国务院商务主管部门或者国务院有关部门在各自的职责范围内,根据国家有关法律、行政法规的规定签发各项管理所涉及的各类许可证件,申请人凭相关许可证件办理海关手续。

2. 进口配额管理

进口配额是指一国政府在一定时期内,对某些商品的进口数量或金额加以直接限制。在规定的期限内,配额以内的货物可以进口,超过配额的不准进口,或者征收较高关税后才能进口。因此,进口配额管理是许多国家实行进口数量限制的重要手段之一。进口配额制主要有绝对配额和关税配额两种形式。

1)绝对配额

绝对配额是指在一定时期内,对某些商品的进口数量或金额规定一个最高限额,在这个数额内允许进口,达到这个配额后,便不准进口。

绝对配额按照其实施方式的不同,又分为全球配额和国别配额两种形式。

(1)全球配额是一种世界范围内的绝对配额,对某种商品的进口规定一个总的限额,对来自任何国家或地区的商品一律适用。具体做法是一国或地区的主管当局在公布的总配额之内,通常按进口商的申请先后顺序或过去某一时期的实际进口额批给一定的额度,直至总配额发完为止,超过总配额就不准进口。

(2)国别配额是在总配额内按国别或地区分配给固定的配额,超过规定的配额便不准进口。为了区分来自不同国家和地区的商品,通常进口国规定进口商必须提交原产地证明书。实行国别配额可以使进口国家根据其与有关国家或地区的政治经济关系分配不同的额度。

2)关税配额

关税配额是一种征收关税与进口配额相结合的限制进口的措施。它对商品进口的绝对数额不加限制,而是在一定时期内(一般是 1 年),对部分商品进口制定关税配额税率并规定该商品进口数量总额。

在规定配额以内的进口商品,给予低税、减税或免税待遇;对超过配额的进口商品则征收较高的关税,或征收附加税或罚款。国家通过这种行政管理手段对一些重要的商品,以关税这个成本杠杆来实现限制进口的目的,因此关税配额管理是一种相对数量的限制。

(三)自由进口货物管理

除上述国家禁止、限制进口货物外的其他货物属于自由进口范围。自由进口货物的进口不受限制,但基于监测进口情况的需要,国家对部分属于自由进口的货物实行自动进口许可管理。

自动进口许可管理是在任何情况下对进口申请一律予以批准的进口许可制度。这种进口许可实际上是一种在自由进口货物进口前对其进行自动登记的许可制度,通常用于国家对这类货物的统计和监督。

目前,我国自动进口许可管理只有自动进口许可证管理。进口属于自动进口许可管理的货物,进口经营者应当在办理海关报关手续前,向国务院商务主管部门或者国务院相关经济主管部门提交自动进口许可申请,凭相关部门发放的自动进口许可的批准证件,向海关办理报关手续。

二、货物出口许可管理

国务院商务主管部门会同国务院有关部门,依照《对外贸易法》等有关贸易法律法规,制定、调整并公布禁止、限制出口货物的有关规定。海关依据国家相关法律法规对出口商品实施禁止、限制等相应的管理。

(一)禁止出口货物管理

对列入国家公布的《禁止出口货物目录》以及国家法律法规明令禁止出口的货物,任何对外贸易经营者不得经营出口。

我国政府明令禁止出口的货物主要有列入《禁止出口货物目录》的商品和国家有关法律法规明令禁止出口的商品。

1. 列入《禁止出口货物目录》的商品

目前,我国公布的《禁止出口货物目录》共有五批:

(1)《禁止出口货物目录》(第一批),是为了保护我国自然生态环境和生态资源,从我国国情出发,履行我国所缔结或者参加的与保护世界生态环境相关的一系列国际条约和协定而发布的。如国家禁止出口属于破坏臭氧层物质的四氯化碳,禁止出口属于世界濒危物种管理范畴的犀牛角、虎骨、麝香,禁止出口有防风固沙作用的发菜等植物。

(2)《禁止出口货物目录》(第二批),主要是为了保护我国匮乏的森林资源,防止乱砍滥伐而发布的,如禁止出口木炭。

(3)《禁止出口货物目录》(第三批),是为了保护人的健康,维护环境安全,淘汰落后产品,履行《关于在国际贸易中对某些危险化学品和农药采用事先知情同意程序的鹿特丹公约》和《关于持久性有机污染物的斯德哥尔摩公约》而颁布的,如长纤维青石棉、二噁英等。

(4)《禁止出口货物目录》(第四批),主要包括硅砂、石英砂等。

(5)《禁止出口货物目录》(第五批),包括无论是否经化学处理过的森林凋落物以及泥炭(草炭)。

2. 国家有关法律、法规明令禁止出口的商品

(1)未定名的或者新发现的并有重要价值的野生植物;

(2)原料血浆;

(3)商业性出口的野生红豆杉及其部分产品;

(4)劳改产品;

(5)以氯氟羟物质为制冷剂、发泡剂的家用电器产品和以氯氟羟物质为制冷工质的家用电器用压缩机;

(6)滴滴涕、氯丹等;

(7)莱克多巴胺和盐酸莱克多巴胺;

(8)林丹和硫丹等。

(二)限制出口货物管理

对于限制出口货物管理,《中华人民共和国货物进出口管理条例》规定,国家规定有数量限制的出口货物,实行配额管理;其他限制出口货物,实行许可证件管理。

1.出口配额管理

出口配额管理是指在一定时期内为建立公平竞争机制、增强我国商品在国际市场的竞争力、保障最大限度的收汇及保护我国产品的国际市场利益,国家对部分商品的出口数量直接加以限制的措施。我国出口配额管理有两种管理形式,即出口配额许可证管理和出口配额招标管理。

1)出口配额许可证管理

出口配额许可证管理是国家对部分商品的出口,在一定时期内(一般是 1 年)规定数量总额,经国家批准获得配额的允许出口,否则不准出口的配额管理措施。出口配额许可证管理是国家通过行政管理手段对一些重要商品以规定绝对数量的方式来实现限制出口的目的。

出口配额许可证管理是通过直接分配的方式,由国务院商务主管部门或者国务院有关部门在各自的职责范围内,根据申请者需求并结合其进出口实绩、能力等条件,按照效益、公正、公开和公平竞争的原则进行分配。国家各配额主管部门对经申请有资格获得配额的申请者发放各类配额证明。

申请者取得配额证明后,凭配额证明到国务院商务主管部门及其授权发证机关申领出口许可证。

2)出口配额招标管理

出口配额招标管理是国家对部分商品的出口,在一定时期内(一般是 1 年)规定数量总额,采取招标分配的原则,经招标获得配额的允许出口,否则不准出口的配额管理措施。出口配额招标管理是国家通过行政管理手段对一些重要商品以规定绝对数量的方式来实现限制出口的目的。

国家各配额主管部门对中标者发放各类配额证明。中标者取得配额证明后,凭配额证明到国务院商务主管部门或者其授权发证机关申领出口许可证。

2. 出口许可证件管理

出口许可证件管理是指在一定时期内根据国内政治、军事、技术、卫生、环保、资源保护等领域的需要,以及为履行我国所加入或缔结的有关国际条约的规定,以经国家各主管部门签发许可证件的方式来实现各类限制出口措施。

（三）自由出口货物管理

除上述国家禁止、限制出口货物外的其他货物,均属于自由出口范围。自由出口货物的出口不受限制。

三、技术进出口许可管理

（一）禁止进出口技术管理

1. 禁止进口技术管理

根据《中华人民共和国对外贸易法》《中华人民共和国技术进出口管理条例》及《中华人民共和国禁止进口限制进口技术管理办法》(简称《禁止进口限制进口技术管理办法》)的有关规定,国务院商务主管部门会同国务院有关部门,制定、调整并公布禁止进口的技术目录。属于禁止进口的技术,不得进口。

目前,《中国禁止进口限制进口技术目录》所列明的禁止进口的技术涉及钢铁冶金、有色金属冶金、化工、石油炼制、石油化工、消防、电工、轻工、印刷、医药、建筑材料生产等技术领域。

2. 禁止出口技术管理

根据《中华人民共和国对外贸易法》《中华人民共和国技术进出口管理条例》《中华人民共和国禁止出口限制出口技术管理办法》(简称《禁止出口限制出口技术管理办法》),以及《中华人民共和国出口管制法》(简称《出口管制法》)的有关规定,国务院商务主管部门会同国务院有关部门遵照下列原则制定、调整并公布禁止出口的技术目录。属于禁止出口的技术,不得出口。

中国禁止出口技术参考原则:

(1)为维护国家安全、社会公共利益或者公共道德,需要禁止出口的;

(2)为保护人的健康或者安全,保护动物、植物的生命或者健康,保护环境需要禁止出口的;

(3)依据法律、行政法规的规定,其他需要禁止出口的;

(4)根据我国缔结或者参加的国际条约、协定的规定,其他需要禁止出口的。

（二）限制进出口技术管理

1. 限制进口技术管理

限制进口技术实行目录管理。根据《对外贸易法》《技术进出口管理条例》及《禁止进口限制进口技术管理办法》的有关规定,国务院商务主管部门会同国务院有关部门,制定、调整并公布限制进口的技术目录。属于目录范围内的限制进口的技术,实行许可证管理,未经国家许可,不得进口。

进口属于限制进口的技术,应当向国务院商务主管部门提出技术进口申请。国务院商务主管部门收到技术进口申请后,应当会同国务院有关部门对申请进行审查。技术进口申请经批准的,由国务院商务主管部门下发"中华人民共和国技术进口许可意向书",进口经营者取得技术进口许可意向书后,应当向国务院商务主管部门申请技术进口许可证。经审核后符合发证条件的,由国务院商务主管部门颁发"中华人民共和国技术进口许可证",企业持证向海关办理进口通关手续。

经营限制进口技术的经营者在向海关办理申报进口手续时,必须主动递交技术进口许可证,否则将承担由此而造成的一切法律责任。

2. 限制出口技术管理

根据《中华人民共和国对外贸易法》《中华人民共和国技术进出口管理条例》《中华人民共和国生物两用品及相关设备和技术出口管制条例》《中华人民共和国核两用品及相关技术出口管制条例》《中华人民共和国导弹及相关物项和技术出口管制条例》《中华人民共和国核出口管制条例》及《禁止出口限制出口技术管理办法》等有关规定,限制出口技术实行目录管理,国务院商务主管部门会同国务院有关部门遵照下列原则制定、调整并公布限制出口的技术目录。属于目录范围内的限制出口的技术,实行许可证管理,未经国家许可,不得出口。

中国限制出口技术参考原则:

（1）为维护国家安全、社会公共利益或者公共道德,需要限制出口的;

（2）为保护人的健康或者安全,保护动物、植物的生命或者健康,保护环境,需要限制出口的;

（3）依据法律、行政法规的规定,其他需要限制出口的;

（4）根据我国缔结或者参加的国际条约、协定的规定,其他需要限制出口的。

目前,我国限制出口的技术目录主要有《两用物项和技术进出口许可证管理目录》和《中国禁止出口限制出口技术目录》等,出口上述目录所列的限制出口的技术,应当向国务院商务主管部门提出技术出口申请,经国务院商务主管部门审核批准后取得技术出口许可证件,企业持证向海关办理出口通关手续。

经营限制出口技术的经营者在向海关办理申报出口手续时，必须主动递交相关技术出口许可证件，否则将承担由此而造成的一切法律责任。

（三）自由进出口技术管理

进出口属于自由进出口的技术，实行技术进出口合同登记管理，应当向国务院商务主管部门或者其委托的机构办理合同备案登记。国务院商务主管部门应当自收到规定的文件之日起 3 个工作日内，对技术进出口合同进行登记，颁发技术进出口合同登记证，申请人凭技术进出口合同登记证，办理外汇、银行、税务、海关等相关手续。

第三节　其他贸易管制制度

一、对外贸易经营者管理制度

对外贸易经营者，是指依法办理工商登记或者其他执业手续，依照《对外贸易法》和其他有关法律、行政法规、部门规章的规定从事对外贸易经营活动的法人、其他组织或者个人。

为了鼓励对外经济贸易的发展，发挥各方面的积极性，保障对外贸易经营者的对外经营自主权，国家制定了一系列法律、行政法规、部门规章，对对外贸易经营活动中涉及的相应内容进行规范，对外贸易经营者在进出口经营活动中必须遵守相应的法律、行政法规、部门规章。这些法律、行政法规、部门规章构成了我国的对外贸易经营者管理制度。对外贸易经营者管理制度是我国对外贸易管理制度之一。

对外贸易经营者的一个重要标志就是已取得对外贸易经营权。中国在加入世界贸易组织时承诺 3 年内放开外贸经营权，即在加入世界贸易组织的 3 年后，从 2004 年 12 月 11 日放开外贸经营权。也就是说，中国对外贸易法应参照国际惯例，规定除在特定的贸易领域内从事国有贸易的专营权或特许权外，所有在中国依法注册登记的企业在向国务院商务主管部门备案登记后都可以享有外贸经营权。因此，为履行国际承诺，促进对外贸易发展，我国对对外贸易经营者的管理由先前的核准制转为实行备案登记制，也就是法人、其他组织或者个人在从事对外贸易经营活动前，必须按照国家的有关规定，依照法定程序在国务院商务主管部门备案登记，取得对外贸易经营资格后，方可在国家允许的范围内从事对外贸易经营活动。

商务部是全国对外贸易经营者备案登记工作的主管部门，备案登记工作实行全国联网和属地化登记管理。从事货物进出口或者技术进出口的对外贸易经营者，应当向国务院商务主管部门或者其委托的机构办理备案登记，但法律、行政法规和国务院商务主管部门规定不需要备案登记的除外。备案登记的具体实施办法由国务院商务主管部门规定。对外贸易经营者未按照规定办理备案登记的,海关不予办理进出口货物的报关验放手续。

为了对关系国计民生的重要进出口商品实行有效的宏观管理,国家可以对部分货物的进出口实行国有贸易管理。实行国有贸易管理的货物的进出口业务只能由经授权的企业经营,但国家允许部分数量的国有贸易管理的货物的进出口业务由非授权企业经营。实行国有贸易管理的货物和经授权经营企业的目录,由国务院商务主管部门会同国务院其他有关部门确定、调整并公布。对未经批准擅自实行国有贸易管理的进出口货物,海关不予放行。

目前我国实行国有贸易管理的商品主要包括玉米、大米、煤炭、原油、成品油、棉花、锑及锑制品、钨及钨制品、白银等。

二、进出口商品合格评定制度

进出口商品合格评定制度也就是我们所称的出入境检验检疫制度,是指海关依据我国有关法律和行政法规,以及我国政府所缔结或者参加的国际条约、协定,对出入境的货物、物品及其包装物,交通运输工具,运输设备和出入境人员实施检验检疫监督管理的法律依据和行政手段的总和。其国家主管机构是海关总署。

进出口商品合格评定制度是我国贸易管制制度的重要组成部分,其目的是维护国家声誉和对外贸易有关当事人的合法权益,保证国内生产的正常开展,促进对外贸易的健康发展,保护我国的公共安全和人民生命财产安全等,是国家主权的具体体现。

(一)进出口商品合格评定制度范围

我国进出口商品合格评定制度实行目录管理,即海关总署根据对外贸易需要,公布并调整《海关实施检验检疫的进出境商品目录》(简称《法检目录》)。《法检目录》所列名的商品被称为"法定检验商品",即国家规定实施强制性检验的进出境商品。

对关系国计民生、价值较高、技术复杂或涉及环境及卫生、疫情标准的重要进出口商品,收货人应当在对外贸易合同中约定,在出口国装运前进行预检验、监造或监装,以及保留到货后最终检验和索赔的条款。

(二)进出口商品合格评定制度的组成

我国进出口商品合格评定制度内容包括进出口商品检验制度、进出境动植物检疫制度、国境卫生监督制度以及进出境食品检验检疫制度。

1. 进出口商品检验制度

进出口商品检验制度是根据《中华人民共和国进出口商品检验法》及其实施条例的规定,海关对进出口商品所进行的品质、质量检验和监督管理的制度。

我国实行进出口商品检验制度的目的是保证进出口商品的质量,维护对外贸易有关各方的合法权益,促进对外经济贸易关系的顺利发展。商品检验机构实施进出口商品检验的内容包括商品的质量、规格、数量、重量、包装,以及是否符合安全、卫生的要求。我国商品检验的种类分为四种,即法定检验、合同检验、公证鉴定和委托检验。对法律、行政法规、部门规章规定有强制性标准或者其他必须执行的检验标准的进出口商品,依照法律、行政法规、部门规章规定的检验标准检验;对法律、行政法规、部门规章未规定有强制性标准或者其他必须执行的检验标准的进出口商品,依照对外贸易合同约定的检验标准检验。

2. 进出境动植物检疫制度

进出境动植物检疫制度是根据《中华人民共和国进出境动植物检疫法》及其实施条例的规定,海关对进出境动植物及动植物产品的生产、加工、存放过程实行动植物检疫的进出境监督管理制度。

我国实行进出境检验检疫制度的目的是防止动物传染病,寄生虫病,植物危险性病、虫、杂草,以及其他有害生物传入、传出国境,保护农、林、牧、渔业生产和人体健康,促进对外经济贸易的发展。

实施动植物检疫监督管理的方式有:实行注册登记、疫情调查、检测和防疫指导等。其内容主要包括:进境检疫、出境检疫、过境检疫、进出境携带和邮寄物检疫,以及出入境运输工具检疫等。

3. 国境卫生监督制度

国境卫生监督制度是指海关根据《中华人民共和国国境卫生检疫法》及其实施细则,以及其他的卫生法律、法规和卫生标准,在进出口口岸对出入境的人员、交通工具、货物、物品、运输设备所实施的传染病检疫、检测和卫生监督的监管措施的总和。

我国实行国境卫生监督制度是为了防止传染病由国外传入国内或者由国内传出,实施国境卫生检疫,保护人体健康。其监督职能主要包括:进出境检疫、国境传染病检测、进出境卫生监督等。

4. 进出境食品安全检验制度

进出境食品安全检验制度是指海关根据《中华人民共和国食品安全法》及其实施条例、《中华人民共和国进出口商品检验法》及其他的卫生法律、法规和国家标准,对进口的食品、食品添加剂及食品相关产品是否符合我国食品安全国家标准实施的检验;对出口的食品、食品添加剂及食品相关产品是否符合进口国(地区)的标准或者合同要求实施监督抽检的口岸监督管理制度。

我国实行进出境食品安全检验制度是为了保证食品安全,保障公众身体健康和生命安全。其监督职能主要包括:对进口食品安全检验、对境外食品安全情事监控预警、对出口食品安全抽验,以及评估和审查向我国出口食品的国家(地区)出口品安全管理体系和食品安全状况等。

三、货物贸易外汇管理制度

对外贸易经营者在对外贸易经营活动中,应当依照国家有关规定结汇、用汇。国家外汇管理局依据国务院《中华人民共和国外汇管理条例》及其他有关规定,对包括经常项目外汇业务、资本项目外汇业务、金融机构外汇业务、人民币汇率的生成机制和外汇市场等领域实施监督管理。

(一)我国货物贸易外汇管理制度概述

为完善货物贸易外汇管理,大力推进贸易便利化,进一步改进货物贸易外汇服务和管理,我国自2012年8月1日起在全国实施货物贸易外汇管理制度改革,国家外汇管理局对企业的贸易外汇管理方式由现场逐笔核销改为非现场总量核查,也就是国家外汇管理局通过货物贸易外汇监测系统,全面采集企业货物进出口和贸易外汇收支逐笔数据,定期比对,评估企业货物流与资金流总体匹配情况。一方面便利合规企业贸易外汇收支,另一方面对存在异常的企业进行重点监测,必要时实施现场核查。

国家对贸易项下国际支付不予限制,出口收入可按规定调回境内或存放境外。从事对外贸易机构(简称企业)的贸易外汇收支应当具有真实、合法的交易背景,与货物进出口应当一致。企业应当根据贸易方式、结算方式及资金来源或流向,凭海关进出口报关单外汇核销专用联等相关单证在金融机构办理贸易外汇收支。海关进出口报关单外汇核销专用联可在进出口货物被海关放行后向海关申请取得。金融机构应当对企业提交的交易单证的真实性及其与贸易外汇收支的一致性进行合理审查。国家外汇管理局及其分支机构,依法对企业及经营结汇、售汇业务的金融机构进行监督检查。由此可见,我国货物贸易外汇管理制度的运行主要靠三个方面来完成,即企业自律、金融机构专业审查及国家外汇管理局的监管。

(1)企业的贸易外汇收支活动应当自觉遵守国家法律法规,按照"谁出口谁收汇、谁进口谁付汇"的原则办理贸易外汇收支业务。企业应当根据真实的贸易方式、结算方式和资金来源或流向在金融机构办理贸易外汇收支,并按相关规定向金融机构如实申报贸易外汇收支信息。

(2)金融机构应当对企业所提交的交易单证的真实性及其与贸易外汇收支的一致性在专业层面进行合理审查,并负责向国家外汇管理局报送相关贸易外汇收支信息。

(3)国家外汇管理局建立进出口货物流与收付汇资金流匹配的核查机制,依法对企业贸易外汇收支进行非现场总量核查和监测。在此基础上,对存在异常或可疑情况的企业进行现场核查。对金融机构办理贸易外汇收支业务的合规性与报送相关信息的及时性、完整性、准确性实施非现场和现场核查。通过核查结果实施差别化管理。当国际收支出现或者可能出现严重失衡时,国家可以对贸易外汇收支采取必要的保障、控制等措施。

(二)国家外汇管理局对货物外汇的主要监管方式

1. 企业名录登记管理

企业依法取得对外贸易经营权后,应当持有关材料到国家外汇管理局办理名录登记手续后才能在金融机构办理贸易外汇收支业务。国家外汇管理局将登记备案的企业统一向金融机构发布名录,金融机构不得为不在名录内的企业办理贸易外汇收支业务。国家外汇管理局可根据企业的贸易外汇收支业务状况及其合规情况注销企业名录。

2. 非现场核查

国家外汇管理局对企业在一定期限内的进出口数据和贸易外汇收支数据进行总量比对,核查企业贸易外汇收支的真实性及其与进出口的一致性。非现场核查是国家外汇管理局的常规监管方式。

3. 现场核查

国家外汇管理局可对企业非现场核查中发现的异常或可疑的贸易外汇收支业务实施现场核查,也可对金融机构办理贸易外汇收支业务的合规性与报送信息的及时性、完整性和准确性实施现场核查。国家外汇管理局实施现场核查时,被核查单位应当配合国家外汇管理局进行现场核查,如实说明情况,并提供有关文件、资料,不得拒绝、阻碍和隐瞒。

4. 分类管理

国家外汇管理局根据企业贸易外汇收支的合规性及其与货物进出口的一致性,将企业分为A、B、C类。A类企业进口付汇单证简化,可凭进口报关单、合同或发票等任何一种能够证明交易真实性的单证在银行直接办理付汇,出口收汇无须联网核查,银行办理收付汇审核手续相应简化。对B、C类企业在贸易外汇收支单证审核、业务类型、结算方式等方面实施严格监管,B类企业贸易外汇收支由银行实施电子数据核查,C类企业贸易外汇收支须经国家外汇管理局逐笔登记后办理。国家外汇管理局根据企业在分类监管期内遵守外汇管理规定的情况,对企业类别进行动态调整。

四、对外贸易救济措施

我国于2001年年底正式成为世界贸易组织成员,世界贸易组织允许成员方在进口产品倾销、补贴和过激增长等给其国内产业造成损害的情况下,使用反倾销、反补贴和保障措施手段来保护国内产业不受损害。

反补贴、反倾销和保障措施都属于贸易救济措施。反补贴和反倾销措施针对的是价格歧视这种不公平贸易行为,保障措施针对的则是进口产品激增的情况。

为充分利用世界贸易组织规则,维护国内市场上的国内外商品的自由贸易和公平竞争秩序,我国依据世界贸易组织《反倾销协议》《补贴与反补贴措施协议》《保障措施协议》以及我国《对外贸易法》的有关规定,制定颁布了《反补贴条例》《反倾销条例》以及《保障措施条例》。

(一)反倾销措施

反倾销措施包括临时反倾销措施和最终反倾销措施。

1.临时反倾销措施

临时反倾销措施是指进口方主管机构经过调查,初步认定被指控产品存在倾销,并对国内同类产业造成损害,据此依据世界贸易组织所规定的程序进行调查,在全部调查结束之前,采取临时性的反倾销措施,以防止在调查期间国内产业继续受到损害。

临时反倾销措施有两种形式:一是征收临时反倾销税;二是要求提供保证金、保函或者其他形式的担保。

征收临时反倾销税,由商务部提出建议,国务院关税税则委员会根据其建议作出决定,商务部予以公告;要求提供保证金、保函或者其他形式的担保,由商务部作出决定并予以公告。海关自公告规定实施之日起执行。

临时反倾销措施实施的期限,自临时反倾销措施决定公告规定实施之日起,不超过4个月;在特殊情形下,可以延长至9个月。

2.最终反倾销措施

对终裁决定确定倾销成立并由此对国内产业造成损害的,可以征收反倾销税。征收反倾销税应当符合公共利益。

征收反倾销税,由商务部提出建议,国务院关税税则委员会根据其建议作出决定,商务部予以公告。海关自公告规定实施之日起执行。

(二)反补贴措施

反补贴与反倾销的措施相同,也分为临时反补贴措施和最终反补贴措施。

1.临时反补贴措施

初裁决定确定补贴成立并由此对国内产业造成损害的,可以采取临时反补贴措施。临时反补贴措施采取以保证金或者保函作为担保的征收临时反补贴税的形式。

采取临时反补贴措施,由商务部提出建议,国务院关税税则委员会根据其建议作出决定,商务部予以公告。海关自公告规定实施之日起执行。

临时反补贴措施实施的期限,自临时反补贴措施决定公告规定实施之日起,不超过4个月。

2. 最终反补贴措施

在为完成磋商的努力没有取得效果的情况下,终裁决定确定补贴成立并由此对国内产业造成损害的,可以征收反补贴税。征收反补贴税应当符合公共利益。

征收反补贴税,由商务部提出建议,国务院关税税则委员会根据其建议作出决定,商务部予以公告。海关自公告规定实施之日起执行。

（三）保障措施

保障措施分为临时保障措施和最终保障措施。

1. 临时保障措施

临时保障措施是指在有明确证据表明进口产品数量增加,将对国内产业造成难以补救的损害的紧急情况下,进口国与成员国之间可不经磋商而作出初裁决定,并采取临时性保障措施。临时保障措施的实施期限,自临时保障措施决定公告规定实施之日起,不得超过200天。并且,此期限计入保障措施总期限。

临时保障措施采取提高关税的形式,如果事后调查不能证实进口激增对国内有关产业已经造成损害的,已征收的临时关税应当予以退还。

2. 最终保障措施

最终保障措施可以采取提高关税、数量限制等形式。但保障措施应当限于防止、补救严重损害并便利调整国内产业所必要的范围内。

保障措施的实施期限一般不超过4年。如果在此基础上继续采取保障措施则必须同时满足4个条件:对于防止或者补救严重损害仍有必要;有证据表明相关国内产业正在进行调整;已经履行有关对外通知、磋商的义务;延长后的措施不严于延长前的措施。保障措施全部实施期限(包括临时保障措施期限)不得超过10年。

五、口岸核生化监测制度

海关通过对货物、交通工具、集装箱、行李、邮快件、出入境人员等检疫对象实施核生化有害因子(生物战剂、化学毒剂、核放射性物质及辐射因子)监测、检测、排查和处置工作,以及开展口岸核生化突发事件的排查和处置工作,保障公众生命健康,维护口岸卫生安全。主要检测项目包括核与辐射有害因子监测、生化有害因子监测等。

发现上述可疑情况后,应立即上报并组织相关人员,按要求做好个人防护后,对疑似生物有害因子按规范采集和制备样品后实施现场快速检测,对疑似受染人员实施流行病学调查,必要时采样送实验室检测。按照界定标准确定涉恐级别,并按照级别迅速做出相应的处置。

第四节　我国贸易管制主要管理措施

对外贸易管制作为一项综合制度,所涉及的管理规定繁多。了解我国贸易管制各项措施所涉及的具体规定,是对外贸易从业人员应当具备的专业知识。

一、限制进出口措施

国家实行限制进出口管理的货物、技术,必须依照国家的有关规定,经国务院相关主管部门许可方可进口。目前,我国限制进出口货物管理按照其限制方式划分为许可证件管理和配额管理。

(一)进出口许可证管理

进出口许可证管理是指由商务部或者由商务部会同国务院其他有关部门,依法制定并调整进出口许可证管理目录,以签发进出口许可证的方式对进出口许可证管理目录中的商品实行的行政许可管理。

商务部是全国进出口许可证的归口管理部门,负责制定进出口许可证管理办法及规章制度,监督、检查进出口许可证管理办法的执行情况,处罚违规行为。商务部会同海关总署制定、调整和发布年度进口许可证管理货物目录及出口许可证管理货物目录。

商务部统一管理、指导全国各发证机构的进出口许可证签发工作,商务部配额许可证事务局(简称许可证局),商务部驻各地特派员办事处(简称特派办)和商务部授权的地方主管部门发证机构[简称地方发证机构,包括各省、自治区、直辖市、计划单列市,以及商务部授权的其他省会城市商务厅(局)、外经贸委(厅、局)]为进出口许可证的发证机构,负责在授权范围内签发"中华人民共和国进口许可证"(简称进口许可证)或"中华人民共和国出口许可证"(简称出口许可证)。

进出口许可证是国家管理货物进出口的凭证,不得买卖、转让、涂改、伪造或变造。凡属于进出口许可证管理的货物,除国家另有规定外,对外贸易经营者应当在进口或出口前按规定向指定的发证机构申领进出口许可证,持有关进出口许可证向海关办理申报和验放手续。

1. 管理范围

进出口许可证是我国进出口许可证管理制度中具有法律效力、用来证明对外贸易经营者经营列入国家进出口许可证管理目录商品合法进出口的证明文件,是海关验放该类货物的重要依据。

1)进口许可证管理

进口许可证管理按管理方式可分为许可证管理和绝对配额管理。2021年我国对进口货物没有设置绝对配额管理。2021年实施进口许可证管理的商品包括：

(1)重点旧机电产品属于我国限制进口许可证件管理商品，包括：旧化工设备、旧金属冶炼设备、旧工程机械、旧起重运输设备、旧造纸设备、旧电力电气设备、旧食品加工及包装设备、旧农业机械、旧印刷机械、旧纺织机械、旧船舶类、旧矽鼓、旧X射线管等十三大类。

(2)消耗臭氧层物质属于我国限制进口许可证管理商品，包括：甲基氯仿、三氯氟甲烷（CFC-11）、二氯二氟甲烷（CFC-12）等49个商品编号的商品。

2)出口许可证管理

出口许可证管理按照管理方式可分为配额许可证管理、配额招标管理和许可证管理。2021年实施出口许可证管理的商品包括：

(1)实行出口配额许可证管理的商品：活牛（对港澳特区）、活猪（对港澳特区）、活鸡（对港澳特区）、小麦、玉米、大米、小麦粉、玉米粉、大米粉、药料用麻黄草（人工种植）、煤炭、原油、成品油（不含润滑油、润滑脂、润滑油基础油）、锯材、棉花。

(2)实行出口配额招标的商品：蔺草及蔺草制品、甘草及甘草制品。

(3)实行出口许可证管理的商品：活牛（对港澳特区以外的市场）、活猪（对港澳特区以外的市场）、活鸡（对港澳特区以外的市场）、牛肉、猪肉、鸡肉、天然砂（含标准砂）、矾土、磷矿石、镁砂、滑石块（粉）、氟石（萤石）、稀土、锡及锡制品、钨及钨制品、钼及钼制品、锑及锑制品、焦炭、成品油（润滑油、润滑脂、润滑油基础油）、石蜡、部分金属及制品、硫酸二钠、碳化硅、消耗臭氧层物质、柠檬酸、白银、铂金（以加工贸易方式出口）、铟及铟制品、摩托车（含全地形车）及其发动机和车架、汽车（包括成套散件）及其底盘等。

2. 报关规范

(1)进出口经营者应如实规范向海关申报，在固定栏目规范填报进出口许可证电子证书编号。

(2)进口许可证的有效期为1年，当年有效。特殊情况需要跨年度使用时，有效期最长不得超过次年3月31日，逾期自行失效。

(3)出口许可证的有效期最长不得超过6个月，且有效期截止时间不得超过当年12月31日。商务部可视具体情况，调整某些货物出口许可证的有效期。出口许可证应当在有效期内使用，逾期自行失效。

(4)进出口许可证一经签发，不得擅自更改证面内容。如需更改，经营者应当在许可证有效期内提出更改申请，并将许可证交回原发证机构，由原发证机构重新换发许可证。

(5)进出口许可证实行"一证一关"（指进出口许可证只能在一个海关报关使用）管理。一般情况下，进出口许可证为"一批一证"（指进出口许可证在有效期内一次报关使用）。如要实行"非一批一证"（指进出口许可证在有效期内可多次报关使用），应当同时在进出口许可证备注栏内打印"非一批一证"字样,但最多不超过12次,由海关在许可证背面"海关验放签注栏"内逐批签注核减进出口数量。

(6)对实行"一批一证"进出口许可证管理的大宗、散装货物,以出口为例,其溢装数量在货物总量3%以内的原油、成品油予以免证,其他货物溢装数量在货物总量5%以内的予以免证;对实行"非一批一证"制的大宗、散装货物,在每批货物出口时,按其实际出口数量进行许可证证面数量核扣,在最后一批货物出口时,应按该许可证实际剩余数量溢装上限,即5%(原油、成品油在溢装上限3%)以内计算免证数额。

(7)国家对部分出口货物实行指定出口报关口岸管理。出口此类货物,须向指定发证机构申领出口许可证,并在指定口岸报关出口;发证机构须按指定口岸签发出口许可证。

(8)国家对甘草、甘草制品和天然砂(对台港澳地区)实行指定口岸报关出口。其中,甘草出口的报关口岸指定为天津、上海、大连口岸;甘草制品出口的报关口岸指定为天津、上海口岸;天然砂出口(对台港澳地区)的报关口岸限定于企业所在省(自治区、直辖市)的口岸。对镁砂、稀土、锑及锑制品等货物暂停实行指定口岸报关出口。

(二)两用物项和技术进出口许可证管理

为维护国家安全和社会公共利益,履行我国在缔结或者参加的国际条约、协定中所承担的义务,国家限制两用物项和技术进出口,对两用物项和技术实行进出口许可证管理。商务部是全国两用物项和技术进出口许可证的归口管理部门,负责制定两用物项和技术进出口许可证管理办法及规章制度,监督、检查两用物项和技术进出口许可证管理办法的执行情况,处罚违规行为。

1. 管理范围

两用物项和技术是指《中华人民共和国核出口管制条例》《中华人民共和国核两用品及相关技术出口管制条例》《中华人民共和国导弹及相关物项和技术出口管制条例》《中华人民共和国生物两用品及相关设备和技术出口管制条例》《中华人民共和国监控化学品管理条例》《中华人民共和国易制毒化学品管理条例》《中华人民共和国放射性同位素与射线装置安全和防护条例》及《有关化学品及相关设备和技术出口管制办法》所规定的相关物项及技术。

为便于对上述物项和技术的进出口实施管制,商务部和海关总署依据上述法规联合颁布了《两用物项和技术进出口许可证管理办法》,并发布了《两用物项和技术进出口许可证管理目录》,规定对列入该目录的物项及技术的进出口统一实行两用物项和技术进出口许可证管理。商务部指导全国各发证机构的两用物项和技术进出口许可证发证工作。

商务部配额许可证事务局和受商务部委托的省级商务主管部门为两用物项和技术进出口许可证发证机构。两用物项和技术进出口前,进出口经营者应当向发证机关申领"中华人民共和国两用物项和技术进口许可证"(简称两用物项和技术进口许可证)或"中华人民共和国两用物项和技术出口许可证"(简称两用物项和技术出口许可证),凭此向海关办理进出口通关手续。

2021年两用物项和技术进出口许可证管理目录,分为《两用物项和技术进口许可证管理目录》和《两用物项和技术出口许可证管理目录》。其中,2021年目录中列名的实施两用物项和技术进口许可证管理的商品包括监控化学品管理条例名录所列物项(74种)、易制毒化学品(48种)、放射性同位素(10种)共3类。

2021年目录中列名的实施两用物项和技术出口许可证管理的商品包括核出口管制清单所列物项和技术(159种)、核两用品及相关技术出口管制清单所列物项和技术(204种)、生物两用品及相关设备和技术出口管制清单所列物项和技术(144种)、监控化学品管理条例名录所列物项(74种)、有关化学品及相关设备和技术出口管制清单所列物项和技术(37种)、导弹及相关物项和技术出口管制清单所列物项和技术(186种)、易制毒化学品(65种)、部分两用物项和技术(6种)、特殊民用物项和技术(5种)等共10类。

如果出口经营者拟出口的物项和技术存在被用于大规模杀伤性武器及其运载工具风险的,无论该物项和技术是否列入管理目录,都应当办理两用物项和技术出口许可证。出口经营者在出口过程中,如发现拟出口的物项和技术存在被用于大规模杀伤性武器及其运载工具风险的,应及时向国务院相关行政主管部门报告,并积极配合采取措施中止合同的执行。

为维护国家安全、社会公共利益,根据《中华人民共和国密码法》《中华人民共和国出口管制法》和《中华人民共和国海关法》的有关规定,商务部、国家密码管理局、海关总署印发《关于发布商用密码进口许可清单、出口管制清单和相关管理措施的公告》,自2021年1月1日起决定对有关商用密码实施进口许可和出口管制。

《公告》要求,进口《商用密码进口许可清单》所列物项和技术,应向商务部申请办理两用物项和技术进口许可证;列入清单的包括:加密电话机、加密传真机、密码机(密码卡)、加密VPN设备。

出口《商用密码出口管制清单》所列物项和技术,应向商务部申请办理两用物项和技术出口许可证。列入清单的包括:系统、设备和部件(含密码机(密码卡)、加密VPN设备、密钥管理产品、专用密码设备、量子密码设备、密码分析设备)、测试、检查和生产设备、密码测试验证设备,软件,技术。

商务部、密码管理部门、海关依法清单所列物项和技术的进出口活动进行监督检查。违反商用密码进口许可和出口管制有关规定,进出口商用密码的,由商务部或者海关依法予以行政处罚;构成犯罪的,依法追究刑事责任。

2. 报关规范

(1)对以任何方式进口或出口,以及过境、转运、通运列入《两用物项和技术进出口许可证管理目录》的商品,两用物项和技术的进出口经营者应当主动向海关出具有效的两用物项和技术进出口许可证,进出口经营者因未向海关出具两用物项和技术进出口许可证而产生的相关法律责任由其自行承担。

(2)海关有权对进出口经营者进出口的货物是否属于两用物项和技术提出质疑,进出口经营者应按规定向相关行政主管部门申请进口或者出口许可,或者向商务主管部门申请办理不属于管制范围的相关证明。省级商务主管部门受理其申请,提出处理意见后报商务部审定。对进出口经营者未能出具两用物项和技术进口或者出口许可证或者商务部相关证明的,海关不予办理有关手续。

(3)目录列名的物项和技术,不论该物项和技术是否在管理目录中列名海关商品编号,均应依法办理两用物项和技术进出口许可证。

(4)两用物项和技术进口许可证实行"非一批一证"制和"一证一关"制,两用物项和技术出口许可证实行"一批一证"制和"一证一关"制。进出口经营者应如实规范向海关申报,在固定栏目规范填报两用物项进出口许可证电子证书编号。

(5)两用物项和技术进出口许可证有效期一般不超过1年。跨年度使用时,在有效期内只能使用到次年3月31日,逾期发证机构将根据原许可证有效期换发许可证。

(6)两用物项和技术进出口许可证仅限于申领许可证的进出口经营者使用,不得买卖、转让、涂改、伪造或变造;两用物项和技术进出口许可证应在批准的有效期内使用,逾期自动失效,海关不予验放。

(7)两用物项和技术进出口许可证一经签发,任何单位和个人不得更改证面内容,如需对证面内容进行更改,进出口经营者应当在许可证有效期内向相关行政主管部门重新申请进出口许可,并凭原许可证和新的批准文件向发证机构申领两用物项和技术进出口许可证。

(8)两用物项和技术进口许可证证面的进口商、收货人应分别与海关进口货物报关单的经营单位、收货单位相一致;两用物项和技术出口许可证证面的出口商、发货人应分别与海关出口货物报关单的经营单位、发货单位相一致。

(9)两用物项和技术在中华人民共和国境内的海关特殊监管区域、保税监管场所与境外之间进出的,进出口单位应申领两用物项和技术进口或出口许可证;两用物项和技术在中华人民共和国境内的海关特殊监管区域、保税监管场所与境内其他区域之间进出的,或者在上述海关特殊监管区域、保税监管场所之间进出的,无须申领两用物项和技术进口或出口许可证。

(10)麻黄碱类易制毒化学品的出口限定在北京、天津、上海、深圳口岸报关并于同口岸实际离境。其他海关一律不予受理此类产品的出口报关业务。

（三）进口关税配额管理

关税配额管理属限制进口，实行关税配额证管理。对外贸易经营者经国家批准取得关税配额证后允许按照关税配额税率征税进口；超出限额或无配额进口的则按照配额外税率征税进口，其中食糖还应申领自动进口许可证。

2021年我国实施进口关税配额管理的农产品有小麦、玉米、大米、食糖、羊毛、毛条、棉花；实施进口关税配额管理的工业品为化肥。

1. 实施关税配额管理的农产品

（1）农产品进口关税配额为全球关税配额，其国家主管部门为商务部及国家发展改革委，企业通过一般贸易、加工贸易、易货贸易、边境小额贸易、援助、捐赠等贸易方式进口上述农产品均列入关税配额管理范围。

（2）"农产品进口关税配额证"实行"一证多批"制，即最终用户需分多批进口的，有效期内，凭"农产品进口关税配额证"可多次办理通关手续，直至海关核注栏填满为止。

（3）2021年度除羊毛、毛条进口关税配额实行先来先领的分配方式外，其他农产品进口关税配额的申请期为每年10月15日至10月30日。商务部、国家发展改革委分别于申请期前1个月在《国际商报》《中国经济导报》以及商务部和国家发展改革委网站上公布每种农产品下一年度进口关税配额总量、关税配额申请条件及国务院关税税则委员会确定的关税配额农产品税则号列和适用税率。

（4）农产品进口关税配额的分配是根据申请者的申请数量和以往进口实绩、生产能力、其他相关商业标准或根据先来先领的方式进行分配。分配的最小数量将根据每种农产品商业上可行的装运量确定。

每年1月1日前，商务部、国家发展改革委通过各自授权机构向最终用户发放"农产品进口关税配额证"，并加盖"商务部农产品进口关税配额证专用章"或"国家发展和改革委员会农产品进口关税配额证专用章"。

2. 实施关税配额管理的工业品

（1）化肥进口关税配额为全球配额，商务部负责全国化肥关税配额管理工作。商务部的化肥进口关税配额管理机构负责管辖范围内化肥进口关税配额的发证、统计、咨询和其他授权工作。

关税配额内化肥进口时，海关凭进口单位提交的"化肥进口关税配额证明"，按配额内税率征税，并验放货物。

（2）"化肥进口关税配额证明"实行"一批一证"管理，需要延期或证面栏目内容需要变更的，一律重新办理，旧证同时撤销。

（3）商务部于每年的 9 月 15 日至 10 月 14 日公布下一年度的关税配额数量。申请单位应当在每年的 10 月 15 日至 10 月 30 日向商务部提出化肥关税配额的申请。

商务部根据各地区生产和市场需求，并参考申请单位以往的进口实绩（申请单位的生产能力、经营规模、销售状况）、以往分配的配额是否得到充分使用、新的进口经营者的申请情况、申请配额的数量情况等因素，于每年 12 月 31 日前将化肥关税配额分配到进口用户。

（四）野生动植物种进出口管理

为挽救珍稀濒危动植物种，保护、发展和合理利用野生动植物资源，维护自然生态平衡，开展科学研究，我国颁布了《中华人民共和国森林法》《中华人民共和国野生动物保护法》《中华人民共和国野生植物保护条例》及《野生动植物进出口证书管理办法》等相关法律法规，并发布了我国物种自主保护目录。同时，我国也是《濒危野生动植物种国际贸易公约》的成员。因此，我国进出口管理的濒危物种包括《濒危野生动植物种国际贸易公约》成员国（地区）应履行保护义务的物种及为保护我国珍稀物种而自主保护的物种。

我国对进出口野生动植物及其产品的，实行野生动植物进出口证书管理。由国家林业和草原局所属国家濒危物种进出口管理办公室会同国家其他部门，依法制定或调整《进出口野生动植物商品目录》并以签发"濒危野生动植物种国际贸易公约允许进出口证明书"（简称公约证明）、"中华人民共和国濒危物种进出口管理办公室野生动植物允许进出口证明书"（简称非公约证明）或"非《进出口野生动植物种商品目录》物种证明"（简称物种证明）的形式，对该目录列明的依法受保护的珍贵、濒危野生动植物及其产品实施的进出口限制管理。

凡进出口列入《进出口野生动植物种商品目录》的野生动植物或其产品，必须严格按照有关法律、行政法规的程序进行申报和审批，并在进出口报关前取得国家濒危物种进出口管理办公室或其授权的办事处签发的公约证明、非公约证明或物种证明后，向海关办理进出口手续。

1. 非公约证明管理范围及报关规范

非公约证明是我国进出口许可管理制度中具有法律效力、用来证明对外贸易经营者经营列入《进出口野生动植物种商品目录》中属于我国自主规定管理的野生动植物及其产品合法进出口的证明文件，是海关验放该类货物的重要依据。对出口列入商品目录中国家重点保护的野生动植物及其产品的实行非公约证明管理。

1）管理范围

对列入《进出口野生动植物种商品目录》中属于我国自主规定管理的野生动植物及其产品，无论以何种方式出口，均须事先申领非公约证明。

2）报关规范

（1）向海关申报出口列入《进出口野生动植物种商品目录》中属于我国自主规定管理的

野生动植物及其产品,报关单位应主动向海关提交有效的非公约证明及其他有关单据。

(2)非公约证明实行"一批一证"制度。

2. 公约证明管理范围及报关规范

公约证明是我国进出口许可证管理制度中具有法律效力、用来证明对外贸易经营者经营列入《进出口野生动植物种商品目录》中属于《濒危野生动植物种国际贸易公约》成员国(地区)应履行保护义务的物种合法进出口的证明文件,是海关验放该类货物的重要依据。

1)管理范围

对列入《进出口野生动植物种商品目录》中属于《濒危野生动植物种国际贸易公约》成员国(地区)应履行保护义务的物种,不论以何种方式进出口,均须事先申领公约证明。

2)报关规范

(1)向海关申报进出口列入《进出口野生动植物种商品目录》中属于《濒危野生动植物种国际贸易公约》成员国(地区)应履行保护义务的物种,报关单位应主动向海关提交有效的公约证明及其他有关单据。采用无纸报关的,应在固定栏目规范填报相应证明的电子证书编号。

(2)向海关申报进出口列入《进出口野生动植物种商品目录》中属于《濒危野生动植物种国际贸易公约》成员国(地区)应履行保护义务的物种需要过境、转运、通运的,不需申请核发野生动植物进出口证书。

(3)公约证明实行"一批一证"制度。

3. 物种证明适用范围及报关规范

由于受濒危物种进出口管理的动植物种很多,认定工作的专业性很强,为使濒危物种进出口监管工作做到既准确又严密,海关总署和国家濒危物种进出口管理办公室共同商定启用物种证明,由国家濒危物种进出口管理办公室指定机构进行认定并出具物种证明,报关单位凭此办理报关手续。

1)适用范围

按照《进出口野生动物植物种商品目录》的制定原则,物种证明的适用范围一般包括:

一是进出口属于《濒危野生动植物种国际贸易公约》规定免管或者豁免的野生动植物及其产品;

二是出口人工培植来源的非《濒危野生动植物种国际贸易公约》附录所列,但与国家重点保护同名的野生植物及其产品;

三是进口和再出口非《濒危野生动植物种国际贸易公约》附录所列,但与国家重点保护同名的野生动植物及其产品;

四是进出口属于未拆分出非濒危物种且带有监管条件的海关商品编号管理的非《濒危野生动植物种国际贸易公约》附录所列、非国家重点保护的野生动植物及其产品。

对申报进出口的野生动植物及其产品符合《进出口野生动植物种商品目录》所列海关商品编号描述和含义的,凡不属于允许进出口证明书管理范畴的,不论所涉及的物种或者监管条件是否纳入动植物附表或者注释表,各办事处应当依法核发物种证明,海关验核物种证明办理报关手续。

2)报关规范

(1)物种证明由国家濒危物种管理办公室统一按确定的格式制作,不得转让或倒卖。证面不得涂改、伪造。采用无纸报关的,应在固定栏目规范填报相应证明的电子证书编号。

(2)物种证明分为"一次使用"和"多次使用"两种:

一次使用的物种证明有效期自签发之日起不得超过 180 天,多次使用的物种证明有效期不超过 360 天;

多次使用的物种证明只适用于同一物种、同一货物类型、在同一报关口岸多次进出口的野生动植物。多次使用的物种证明有效期截至发证当年 12 月 31 日。持证者需于 1 月 31 日之前将上一年度使用多次物种证明进出口有关野生动植物标本的情况汇总上报发证机关。

(3)进出口企业必须按照物种证明规定的口岸、方式、时限、物种、数量和货物类型等进出口野生动植物。对于超越物种证明中任何一项许可范围的申报行为,海关均不予受理。

(4)海关对经营者进出口列入《进出口野生动植物种商品目录》的商品及含野生动植物成分的纺织品是否为濒危野生动植物种提出质疑的,经营者应按海关的要求,向国家濒危物种管理办公室或其办事处申领物种证明;属于公约证明或非公约证明管理范围的,应申领公约证明或非公约证明。经营者未能出具证明书或物种证明的,海关不予办理有关手续。

(五)进出口药品管理

进出口药品管理是指为加强对药品的监督管理,保证药品质量,保障人体用药安全,维护人民身体健康和用药合法权益,国家药品监督管理局依照《中华人民共和国药品管理法》、有关国际公约以及国家其他法规,对进出口药品实施监督管理的行政行为。

进出口药品管理是我国进出口许可管理制度的重要组成部分,属于国家限制进出口管理范畴,实行分类和目录管理。进出口药品从管理角度可分为进出口麻醉药品、进出口精神药品、进出口兴奋剂,以及进口一般药品。国家药品监督管理局会同国务院商务主管部门对上述药品依法制定并调整管理目录,以签发许可证件的形式对其进出口加以管制。

目前,我国公布的药品进出口管理目录有《进口药品目录》《生物制品目录》《精神药品管制品种目录》《麻醉药品管制品种目录》《兴奋剂目录》等。

药品必须经由国务院批准的允许药品进口的口岸进口。目前,允许进口药品的口岸有北京、天津、上海、大连、青岛、济南、成都、武汉、长沙、重庆、厦门、南京、杭州、宁波、福州、广州、深圳、珠海、海口、西安、南宁等 21 个城市,以及西藏基隆县和普兰县所在地直属海关所辖关区口岸。首次在中国境内销售的精神、麻醉药品,进口口岸限定为北京市、上海市和广州市等 3 个城市的口岸。

1. 精神药品进出口管理范围及报关规范

精神药品进出口准许证是我国进出口精神药品管理批件,国家食品药品监督管理局依据《中华人民共和国药品管理法》、国务院颁布的《精神药品管理办法》,以及有关国际条约,对进出口直接作用于中枢神经系统、使之兴奋或抑制、连续使用能产生依赖性的药品,制定和调整《精神药品管制品种目录》,并以签发"精神药品进口准许证"或"精神药品出口准许证"的形式对《精神药品管制品种目录》商品实行进出口限制管理。

精神药品进出口准许证是我国进出口许可管理制度中具有法律效力、用来证明对外贸易经营者经营列入《精神药品管制品种目录》管理药品合法进出口的证明文件,是海关验放该类货物的重要依据。

《精神药品管制品种目录》所列药品进出口时,货物所有人或其合法代理人在办理进出口报关手续前,均须取得国家药品监督管理局核发的精神药品进出口准许证,凭此向海关办理报关手续。

1)管理范围

(1)进出口列入《精神药品管制品种目录》的药品,包含精神药品标准品及对照品,如咖啡因、去氧麻黄碱、复方甘草片等。

(2)列入《精神药品管制品种目录》的药品中可能存在的盐、酯、醚,虽未列入该目录,但仍属于精神药品管制范围。

(3)任何单位以任何贸易方式进出口列入上述范围的药品,不论用于何种用途,均须事先申领精神药品进出口准许证。

2)报关规范

(1)向海关申报进出口精神药品管理范围内的药品时,报关单位应主动向海关提交有效的精神药品进出口准许证及其他有关单据。采用无纸报关的,应在固定栏目规范填报相应证件的电子证书编号。

(2)精神药品的进出口准许证仅限在该证注明的口岸海关使用,并实行"一批一证"制度,证面内容不得自行更改,如需更改,应到国家食品药品监督管理总局办理换证手续。

2. 麻醉药品进出口管理范围及报关规范

麻醉药品进出口准许证是我国进出口麻醉药品管理批件,国家药品监督管理部门依据

《中华人民共和国药品管理法》、国务院颁布的《麻醉药品管理办法》,以及有关国际条约,对进出口连续使用后易使身体产生依赖性、能成瘾癖的药品,制定和调整《麻醉药品管理品种目录》,并以签发"麻醉药品进口准许证"和"麻醉药品出口准许证"的形式对该目录商品实行进出口限制管理。

麻醉药品进出口准许证是我国进出口许可管理制度中具有法律效力、用来证明对外贸易经营者经营列入《麻醉药品管制品种目录》管理药品合法进出口的证明文件,是海关验放该类货物的重要依据。

《麻醉药品管制品种目录》所列药品进出口时,货物所有人或其合法代理人在办理进出口报关手续前,均须取得国家食品药品监督管理总局核发的麻醉药品进出口准许证,凭此向海关办理报关手续。

1)管理范围

(1)进出口列入《麻醉药品管制品种目录》的麻醉药品,包括鸦片、可卡因、大麻、吗啡、海洛因以及合成麻醉药类和其他易成瘾癖的药品、药用原植物及其制剂。

(2)列入《麻醉药品管制品种目录》的麻醉药品中可能存在的盐、酯、醚,虽未列入该目录,但仍属于麻醉药品管制范围。

(3)任何单位以任何贸易方式进出口列入上述范围的药品,不论用于何种用途,均须事先申领麻醉药品进出口准许证。采用无纸报关的,应在固定栏目规范填报相应证件的电子证书编号。

2)报关规范

(1)向海关申报进出口麻醉药品管理范围内的药品,报关单位应主动向海关提交有效的麻醉药品进出口准许证及其他有关单据。采用无纸报关的,应在固定栏目规范填报"进口药品通关单"的电子证书编号。

(2)麻醉药品的进出口准许证仅限在该证注明的口岸海关使用,并实行"一批一证"制度,证面内容不得自行更改,如需更改,应到国家食品药品监督管理总局办理换证手续。

3. 兴奋剂进出口管理范围及报关规范

为了防止在体育运动中使用兴奋剂,保护体育运动参加者的身心健康,维护体育竞赛的公平竞争,根据《中华人民共和国体育法》和其他有关法律,我国制定颁布了《反兴奋剂条例》。依据该条例及有关法律法规,国家体育总局会同商务部、卫健委、海关总署、国家食品药品监督管理总局制定颁布了《兴奋剂目录》。

1)管理范围

列入《兴奋剂目录》的药品,包括:蛋白同化制剂品种、肽类激素品种、麻醉药品品种、刺激剂(含精神药品)品种、药品类易制毒化学品品种、医疗用毒性药品品种、其他品种等共

7类。

2）报关规范

（1）进出口列入《兴奋剂目录》的精神药品、麻醉药品、易制毒化学品、医疗用毒性药品，应按照现行规定向海关办理通关验放手续。对《兴奋剂目录》中的"其他品种"，海关暂不按照兴奋剂实行管理。

（2）根据《蛋白同化制剂、肽类激素进出口管理办法》的相关规定，国家对进出口蛋白同化制剂和肽类激素分别实行进口准许证和出口准许证管理：

——进出口蛋白同化制剂、肽类激素，进出口单位应当事先向国家食品药品监督管理总局申领进口准许证和出口准许证。

——进出口单位在办理报关手续时，应多提交一联报关单，并向海关申请签退该联报关单。海关凭药品进口准许证和出口准许证验放货物后，在该联报关单上加盖"验讫章"后退进出口单位，进出口单位应当在海关验放后1个月内，将进口准许证或出口准许证的第一联、海关签章的报关单退回发证机关。

——进口准许证有效期1年，出口准许证有效期不超过3个月（有效期时限不跨年度）。取得药品进出口准许证后未进行相关进出口贸易的，进出口单位应当于准许证有效期满后1个月内将原准许证退回发证机关。

——进口准许证、出口准许证实行"一证一关"制度，证面内容不得更改，因故延期进出口的，可以持原进出口准许证办理一次延期换证手续。

——对于个人因医疗需要携带或邮寄进出境自用合理数量范围内的蛋白同化制剂和肽类激素药品的，凭医疗机构处方予以验放。无法出具处方，或超出处方剂量的，均不准进出境。

——以加工贸易方式进出口蛋白同化制剂、肽类激素的，海关凭药品进口准许证、出口准许证办理验放手续并实施监管。

——从境内区外进入保税区、出口加工区及其他海关特殊监管区域和保税监管场所的蛋白同化制剂、肽类激素，应当办理药品出口准许证；从保税区、出口加工区及其他海关特殊监管区域、保税监管场所进入境内区外的蛋白同化制剂、肽类激素，应当办理药品进口准许证。

保税区、出口加工区及其他海关特殊监管区域、保税监管场所与境外进出及海关特殊监管区域、保税监管场所之间进出的蛋白同化制剂、肽类激素，免予办理药品进口准许证、出口准许证，由海关实施监管。

4. 一般药品进口管理范围及报关规范

国家对一般药品进口的管理实行目录管理。国家药品监督管理局依据《中华人民共和国药品管理法》《中华人民共和国药品管理法实施条例》制定和调整《进口药品目录》《生物制品目录》;国家食品药品监督管理总局授权的口岸药品检验所以签发进口药品通关单的形式对列入管理目录的商品实行进口限制管理。

进口药品通关单是我国进出口许可管理制度中具有法律效力、用来证明对外贸易经营者经营列入管理目录的商品合法进口的证明文件,是海关验放的重要依据。

1)管理范围

(1)进口列入《进口药品目录》的药品,指用于预防、治疗、诊断人的疾病,有目的地调节人的生理机能并规定有适应症、用法和用量的物质,包括中药材、中药饮品、中成药、化学原料药及其制剂、抗生素、生化药品、血清疫苗、血液制品等。

(2)进口列入《生物制品目录》的商品,包括疫苗类、血液制品类及血源筛查用诊断试剂等。

(3)首次在我国境内销售的药品。

(4)进口暂未列入《进口药品目录》的原料药的单位,必须遵守《进口药品管理办法》中的各项有关规定,主动到各口岸药品检验所报验。

2)报关规范

(1)向海关申报进口列入管理目录中的药品,报关单位应主动向海关提交有效的进口药品通关单及其他有关单据。采用无纸报关的,应在固定栏目规范填报进口药品通关单的电子证书编号。

(2)进口药品通关单仅限在该单注明的口岸海关使用,并实行"一批一证"制度,证面内容不得更改。

(3)任何单位以任何贸易方式进口列入管理目录的药品,不论用于何种用途,均须事先申领进口药品通关单。

(4)从境外进入保税仓库、保税区、出口加工区的药品,免予办理进口备案和口岸检验等进口手续。从保税仓库、出口监管仓库、保税区、出口加工区出库或出区进入境内的药品,海关验核进口药品通关单,并按规定办理通关手续。

目前,一般药品出口暂无特殊的管理要求。

(六)美术品进出口管理

为加强对美术品进出口经营活动、商业性美术品展览活动的管理,促进中外文化交流,丰富人民群众文化生活,国家对美术品进出口实施监督管理。文化和旅游部负责对美术品进出口经营活动的审批管理,海关负责对美术品进出境环节进行监管。

美术品进出口管理是我国进出口许可管理制度的重要组成部分,属于国家限制进出口管理范畴。文化和旅游部委托美术品进出口口岸所在地省、自治区、直辖市文化行政部门负责本辖区美术品的进出口审批。文化和旅游部对各省、自治区、直辖市文化行政部门的审批行为进行监督、指导,并依法承担审批行为的法律责任。美术品进出口单位应当在美术品进出口前,向美术品进出口口岸所在地省、自治区、直辖市文化行政部门申领进出口批件,凭此向海关办理通关手续。

1. 管理范围

（1）纳入我国进出口管理的美术品是指艺术创作者以线条、色彩或者其他方式,经艺术创作者以原创方式创作的具有审美意义的造型艺术作品,包括绘画、书法、雕塑、摄影等作品,以及艺术创作者许可并签名的、数量在 200 件以内的复制品。

（2）批量临摹的作品、工业化批量生产的美术品、手工艺品、工艺美术产品、木雕、石雕、根雕、文物等均不纳入美术品进出口管理。

（3）我国禁止进出境含有下列内容的美术品:违反宪法确定的基本原则的;危害国家统一、主权和领土完整的;泄露国家秘密、危害国家安全或者损害国家荣誉和利益的;煽动民族仇恨、民族歧视,破坏民族团结,或者侵害民族风俗习惯的;宣扬或者传播邪教迷信的;扰乱社会秩序、破坏社会稳定的;宣扬或者传播淫秽、色情、赌博、暴力、恐怖或者教唆犯罪的;侮辱或者诽谤他人、侵害他人合法权益的;蓄意篡改历史、严重歪曲历史的;危害社会公德或者有损民族优秀文化传统的;我国法律、行政法规和国家规定禁止的其他内容。

2. 办理程序

我国对美术品进出口实行专营,经营美术品进出口的企业必须是在商务部门备案登记并取得进出口资质的企业。美术品进出口单位应当在美术品进出口前,向美术品进出口口岸所在地省、自治区、直辖市文化行政部门提出申请,并报送以下材料:

（1）美术品进出口单位的企业法人营业执照、对外贸易经营者备案登记表;

（2）进出口美术品的来源、目的地、用途;

（3）艺术创作者名单、美术品图录和介绍;

（4）审批部门要求提供的其他材料。

文化行政部门应当自受理申请之日起 15 日内作出决定。批准的,发给批准文件,批准文件中应附美术品详细清单。申请单位持批准文件到海关办理手续。不批准的,文化行政部门书面通知申请人并说明理由。

3. 报关规范

（1）向海关申报进出口管理范围内的美术品,报关单位应主动向海关提交有效的进出口批准文件及其他有关单据。

（2）美术品进出口单位向海关递交的批准文件不得擅自更改。如有更改,应当及时将变更事项向审批部门申报,经审批部门批准确认后,方可变更。

(3)文化行政部门的批准文件,不得伪造、涂改、出租、出借、出售或者以其他任何形式转让。

(4)同一批已经批准进口或出口的美术品复出口或复进口,进出口单位可持原批准文件正本到原进口或出口口岸海关办理相关手续,文化行政部门不再重复审批。上述复出口或复进口的美术品如与原批准内容不符,进出口单位则应当到文化行政部门重新办理审批手续。

(5)以研究、教学参考、馆藏、公益性展览等非经营性用途的美术品进出境,应当委托美术品进出口单位办理进出口手续。

(七)民用爆炸物品进出口管理

为了加强对民用爆炸物品进出口的管理,维护国家经济秩序,保障社会公共安全,根据《民用爆炸物品安全管理条例》,国家对民用爆炸物品实施进出口限制管理。工业和信息化部为国家进出口民用爆炸物品主管部门,负责民用爆炸物品的进出口的审批;公安机关负责民用爆炸物品境内运输的安全监督管理;海关负责民用爆炸物品进出口环节的监督。

在进出口民用爆炸物品前,进出口企业应当向工业和信息化部申领"民用爆炸物品进/出口审批单"。在取得"民用爆炸物品进/出口审批单"后,进出口企业应当在3个工作日内将获准进出口的民用爆炸物品的品种和数量等信息向收货地或者出境口岸所在地县级人民政府公安机关备案,并同时向所在地省级民用爆炸物品行业主管部门备案,在依法取得公安机关核发的"民用爆炸物品运输许可证"后方可运输民用爆炸物品。

1. 管理范围

管理范围包括:用于非军事目的、列入我国"民用爆炸物品品名表"的各类火药、炸药及其制品,雷管、导火索等点火和起爆器材。

2. 办理程序

进出口民用爆炸物品,应当逐单申请审批手续。国家对进出口民用爆炸物品的企业实施资质管理:取得"民用爆炸物品生产许可证"的企业可以申请进口用于本企业生产的民用爆炸物品原材料(含半成品),出口本企业生产的民用爆炸物品(含半成品);取得"民用爆炸物品销售许可证"的企业可以申请进出口其许可证核定品种范围内的民用爆炸物品。

具备上述资质的企业申请进出口民用爆炸物品,应当向工业和信息化部提交下列材料:

(1)民用爆炸物品进出口申请文件及"民用爆炸物品进/出口审批单"(一式五份);

(2)企业出具的法定代表人、经办人的身份证明文件及有效身份证件复印件。

(3)进出口合同或者订单、形式发票等有效合同原件及加盖公章的中文译本。

（4）出口民用爆炸物品,应当提交最终用户和最终用途证明、进口国的许可文件原件及中文译本。

（5）进口民用爆炸物品,应当提交加盖公章的产品说明。对民用爆炸物品有环保要求的,应当提交符合国家有关环保标准的证明材料。申请单位和收货单位不一致时,应当提交收货单位的最终用户和最终用途证明及合法使用证明。

工业和信息化部对申请材料进行审查,对申请材料不齐全或者不符合法定形式的,应当当场或者在 5 个工作日内一次告知申请人需要补正的全部内容;逾期不告知的,自收到申请材料之日起即视为受理。对申请材料齐全,符合法定形式,或者已按要求提交全部补正申请材料的,应当予以受理,并出具受理通知书,自受理申请之日起 20 个工作日内作出是否批准的决定。批准进出口民用爆炸物品的,应当向申请人核发"民用爆炸物品进/出口审批单";不予批准的,应当书面告知申请人。

"民用爆炸物品进/出口审批单"的有效期为签发之日起 6 个月。需延期或者变更审批事项的,进出口企业应当向工业和信息化部提交申请文件,并凭原审批单换领新审批单。每单仅限延期一次,延期时间不超过 6 个月。

3. 报关规范

（1）向海关申报进出口民用爆炸物品时,进出口企业应当向海关提交两份"民用爆炸物品进/出口审批单",海关签注实际进出口的商品数量后,由现场海关和企业分别留存。

"民用爆炸物品进/出口审批单"实行"一批一单"和"一单一关"管理。采用无纸报关的,应在固定栏目规范填报"民用爆炸物品进/出口审批单"的电子证书编号。

（2）进出口企业申请退运民用爆炸物品时,应当向工业和信息化部办理进出口审批手续。申请退运时须提交申请文件、退运保函、原"民用爆炸物品进/出口审批单"及相应报关单。工业和信息化部审核通过后核发"民用爆炸物品进/出口审批单",其中"申请进/出口用途及理由"标明"退运货物"。退运报关时,海关对所退运的货物进行审核验放。

（3）海关无法确认进出口物品是否属于民用爆炸物品的,由进出口企业将样品送交具有民用爆炸物品检测资质的机构鉴定,对检测机构确认是民用爆炸物品的,需在鉴定报告中说明送检物品的成分、性质等内容,并按照"民用爆炸物品品名表"对送检物品进行判定和商品归类。海关依据有关鉴定结论实施进出口管理。

（4）民用爆炸物品在海关特殊监管区域或者场所与境外之间进出的,应当向海关提交"民用爆炸物品进/出口审批单"。

（八）其他货物进出口管理

1. 黄金及其制品进出口管理

黄金是指未锻造金,黄金制品是指半制成金和金制成品等。黄金及其制品进出口管理属于我国进出口许可管理制度中限制进出口管理范畴,中国人民银行为黄金及其制品进出口的管理机关。为了规范黄金及其制品的进出口行为,中国人民银行会同海关总署,根据《中华人民共和国中国人民银行法》《中华人民共和国海关法》《黄金及黄金制品进出口管理办法》等法律法规,对进出口黄金及其制品实施监督管理的行政行为。

中国人民银行根据国家宏观经济调控需求,可以对黄金及黄金制品进出口的数量进行限制性审批,会同海关总署制定、调整并公布《黄金及其制品进出口管理商品目录》。

以一般贸易、加工贸易转内销及境内购置黄金原料以加工方式出口黄金制品的,海关特殊监管区域、保税监管场所与境内区外之间进出口的,因公益事业捐赠进口黄金及黄金制品等贸易方式进出口黄金及黄金制品的,应当向中国人民银行或其授权的中国人民银行分支机构申领"黄金及其制品进出口准许证",凭此办理海关手续。采用无纸报关的,应在固定栏目规范填报"黄金及其制品进出口许可证"的电子证书编号。

以加工贸易方式进出口的,海关特殊监管区域、保税监管场所与境外之间进出的,海关特殊监管区域、保税监管场所之间进出的,以及以维修、退运、暂时进出境方式进出境的,可暂免予办理"黄金及其制品进出口准许证",由海关实施监管。

2. 有毒化学品管理

"有毒化学品"是指进入环境后通过环境蓄积、生物累积、生物转化或化学反应等方式损害健康和环境,或者通过接触对人体具有严重危害和潜在危险的化学品。

为了保护人体健康和生态环境,加强有毒化学品进出口的环境管理,国家根据《关于化学品国际贸易资料交换的伦敦准则》,发布了《中国严格限制进出口的有毒化学品目录》,对进出口有毒化学品进行监督管理。

生态环境部在审批有毒化学品进出口申请时,对符合规定准予进出口的,签发有毒化学品环境管理放行通知单。

有毒化学品环境管理放行通知单是我国进出口许可管理制度中具有法律效力、用来证明对外贸易经营者经营列入《中国严格限制进出口的有毒化学品目录》的化学品合法进出口的证明文件,是海关验放该类货物的重要依据。采用无纸报关的,应在固定栏目规范填报"有毒化学品环境管理放行通知单"的电子证书编号。

3. 农药进出口管理

"农药进出口登记管理放行通知单"是国家农业主管部门依据《中华人民共和国农药管理条例》,对进出口用于预防、消灭或者控制危害农业、林业的病、虫、草和其他有害生物,有目的地调节植物、昆虫生长的化学合成或者来源于生物、其他天然物质的一种物质或者几种物质的混合物及其制剂实施管理的进出口许可证件,其国家主管部门是农业农村部。

我国对进出口农药实行目录管理,由农业农村部会同海关总署依据《中华人民共和国农药管理条例》和《在国际贸易中对某些危险化学品和农药采用事先知情同意程序的鹿特丹公约》,制定《中华人民共和国进出口农药登记证明管理名录》(简称《农药名录》)。进出口列入上述目录的农药,应事先向农业农村部农药检定所申领"农药进出口登记管理放行通知单",凭此向海关办理进出口报关手续。

"农药进出口登记管理放行通知单"是我国进出口许可管理制度中具有法律效力、用来证明对外贸易经营者经营《农药名录》所列农药合法进出口的证明文件,是海关验放该类货物的重要依据。

"农药进出口登记管理放行通知单"实行"一批一证"制管理,进出口一批农药产品,办理一份通知单,对应一份海关进出口货物报关单。通知单一式两联,第一联由进出口单位交海关办理通关手续,由海关留存,与报关单一并归档;第二联由农业农村部留存。采用无纸报关的,应在固定栏目规范填报"农药进出口登记管理放行通知单"的电子证书编号。

"农药进出口登记管理放行通知单"经签发,任何单位或个人不得修改证明内容;如需变更证明内容,应在有效期内将原证交回农业农村部农药检定所,并申请重新办理进出口农药登记证明。

4. 兽药进口管理

兽药进口管理是指国家农业主管部门(即农业农村部)依据《进口兽药管理办法》,对进出口兽药实施的监督管理。受管理的兽药是指用于预防、治疗、诊断畜禽等动物疾病,有目的地调节其生理机能并规定作用、用途、用法、用量的物质。

进口兽药实行目录管理,《进口兽药管理目录》由农业农村部会同海关总署制定、调整并公布。企业进口列入《进口兽药管理目录》的兽药,应向进口口岸所在地省级人民政府兽医行政管理部门申请办理"进口兽药通关单",凭此向海关办理报关手续。"进口兽药通关单"实行"一单一关"制度,在30日有效期内只能一次性使用。采用无纸报关的,应在固定栏目规范填报"进口兽药通关单"的电子证书编号。

从境外进入保税区、出口加工区及其他海关特殊监管区域和保税监管场所的兽药及海关特殊监管区域、保税监管场所之间进出口的兽药,免予办理"进口兽药通关单",由海关按照有关规定实施监管。从保税区、出口加工区及其他海关特殊监管区域和保税监管场所进入境内区外的兽药,应当办理"进口兽药通关单"。

兽药进口单位进口暂未列入《进口兽药管理目录》的兽药时,应如实申报。主动向海关出具"进口兽药通关单";对进口同时列入《进口药品目录》的兽药,海关免予验核"进口药品通关单";对进口的兽药,因企业申报不实或伪报用途所产生的后果,企业应承担相应的法律责任。

5.水产品捕捞进口管理

我国已加入养护大西洋金枪鱼国际委员会、印度洋金枪鱼委员会和南极海洋生物资源养护委员会。为遏止非法捕鱼活动和有效养护有关渔业资源,上述政府间渔业管理组织已对部分水产品实施合法捕捞证明。根据合法捕捞证明制度的规定,国际组织成员进口部分水产品时有义务验核船旗国政府主管机构签署的合法捕捞证明,没有合法捕捞证明的水产品被视为非法捕捞产品,各成员国不得进口。

为有效履行我国政府相关义务,树立我国负责任渔业国际形象,农业农村部会同海关总署对部分水产品捕捞进口实施进口限制管理,并调整公布了《实施合法捕捞证明的水产品清单》。对进口列入《实施合法捕捞证明的水产品清单》的水产品(包括进境样品、暂时进口、加工贸易进口以及进入海关特殊监管区域和海关保税监管场所等),有关单位应向农业农村部申请"合法捕捞产品通关证明"。2014年11月1日,农业部(现为农业农村部)与海关总署实现电子数据联网核查,农业部不再签发纸质版"合法捕捞产品通关证明"。有关单位向农业农村部申请"合法捕捞产品通关证明",办结后,农业农村部授权单位——中国远洋渔业协会通知申请单位,并实时将"合法捕捞产品通关证明"电子数据传输至海关,海关凭电子数据接受企业报关。有关单位在申请"合法捕捞产品通关证明"时,应严格按照附件所列水产品清单内容如实申报,并保证在报关时相关申报内容与申请内容一致。

申请"合法捕捞产品通关证明"时应提交由船旗国政府主管机构签发的合法捕捞证明原件。如在船旗国以外的国家或地区加工的该目录所列产品进入我国,申请单位应提交由船旗国政府主管机构签发的合法捕捞产品副本和加工国或地区授权机构签发的再出口证明原件。

二、自由进出口管理措施

除国家禁止、限制进口货物、技术外的其他货物、技术,均属于自由进出口范围。自由进出口货物、技术的进出口不受限制,但基于监测进出口情况的需要,国家对部分属于自由进出口采取如下管理措施。

(一)自动进口许可证管理

商务部根据监测货物进口情况的需要,对部分自由进口货物实行自动许可管理。许可证局、各地特派办、地方发证机构及地方机电产品进出口机构负责自动进出口许可货物管理和自动进出口许可证的签发工作。目前涉及的管理目录是商务部公布的《自动进口许可管理货物目录》,对应的许可证件为"中华人民共和国自动进口许可证"(简称自动进口许可证)。

1. 自动进口许可证管理的商品范围

2021 年实施自动进口许可管理的商品共计 42 类商品。

1)由商务部签发"自动进口许可证"的商品

牛肉、猪肉、羊肉、鲜奶、奶粉、木薯、大麦、高粱、大豆、油菜子、食糖、玉米酒精、豆粕、烟草、二醋酸纤维丝束、原油、部分成品油、部分化肥、烟草机械、移动通信产品、卫星广播电视设备及关键部件、部分汽车产品、部分飞机、部分船舶等,涉及 24 类商品。

2)由商务部授权的地方商务主管部门发证机构或者商务部许可证局签发"自动进口许可证"的商品

肉鸡、植物油、铜精矿、煤、铁矿石、部分成品油、部分化肥、钢材、工程机械、纺织机械、金属冶炼及加工设备、金属加工机床、电气设备、部分汽车产品、部分飞机、部分船舶、医疗设备等,涉及 18 类商品。

3)免交自动进口许可证的情形

进口列入《自动进口许可管理货物目录》的商品,在办理报关手续时须向海关提交自动进口许可证,但下列情形免交:

(1)加工贸易项下进口并复出口的(原油、成品油除外);

(2)外商投资企业作为投资进口或者投资额内生产自用的(旧机电产品除外);

(3)货样广告品、实验品进口,每批次价值不超过 5000 元人民币的;

(4)暂时进口的海关监管货物;

(5)从境外进入保税区、出口加工区、保税仓库、保税物流中心等海关特殊监管区域、保税监管场所属自动进口许可证管理的货物;

(6)加工贸易项下进口的不作价设备监管期满后留在原企业使用的;

(7)国家法律法规规定其他免领自动进口许可证的。

2. 办理程序

自 2018 年 10 月 15 日起,在全国范围内对属于自动进口许可管理的货物许可证件申领和通关作业实行无纸化。进口单位申请上述货物的,可自行选择有纸作业或者无纸作业方式。选择无纸作业方式的进口单位,应按规定向商务部或者商务部委托的机构申领"自动进口许可证"电子证书,并以通关作业无纸化方式向海关办理报关验放手续。

3. 报关规范

以通关作业无纸化方式向海关办理报关验放手续的进口单位,可免予提交"自动进口许可证"纸质证书。因管理需要或者其他情形需验核"自动进口许可证"的,进口单位应当补充提交纸质证书,或者以有纸作业方式向海关办理报关验放手续;海关以进口许可证件联网核查的方式验核"自动进口许可证"电子证书,不再进行纸面签注。"自动进口许可证"发证机构按照海关反馈的进口许可证件使用状态、清关数据等进行延期、变更、核销等操作。

自动进口许可证有效期为 6 个月,但仅限公历年度内有效。同一进口合同项下,收货人可以申请并领取多份自动进口许可证。

"自动进口许可证"项下货物原则上实行"一批一证"管理,对部分货物也可实行"非一批一证"管理。对实行"非一批一证"管理的,在有效期内可以分批次累计报关使用,但累计使用不得超过 6 次。每次报关时,海关在自动进口许可证原件"海关验放签注"栏内批注后,留存复印件,最后一次使用后,海关留存正本。

对实行"一批一证"的自动进口许可证管理的大宗、散装货物,其溢装数量在货物总量 3% 以内的原油、成品油、化肥、钢材等 4 种大宗散装货物予以免证,其他货物溢装数量在货物总量 5% 以内的予以免证;对"非一批一证"的大宗散装货物,每批货物进口时,按其实际进口数量核扣自动进口许可证额度数量,最后一批货物进口时,应按该自动进口许可证实际剩余数量的允许溢装上限,即 5%(原油、成品油、化肥、钢材在溢装上限 3%)以内计算免证数额。以加工贸易方式进口化肥报关时,需提交自动进口许可证。

(二)技术进出口合同登记管理

为规范自由进出口技术的管理,建立技术进出口信息管理制度,促进我国技术进出口的发展,根据《中华人民共和国技术进出口管理条例》和《技术进出口合同登记管理办法》,对技术进出口实行合同登记管理。

进出口属于自由进出口的技术,应当向国务院商务主管部门或者其委托的机构办理合同备案登记。国务院商务主管部门对技术进出口合同进行登记,颁发技术进出口合同登记证,申请人凭技术进出口合同登记证,办理外汇、银行、税务、海关等相关手续。

1. 管理范围

列入国家禁止和限制进出口技术目录以外的技术都属于自由进出口技术,技术进出口经营者进出口属自由进出口技术,须向商务部及其授权部门办理合同登记并领取"技术进口合同登记证"或"技术出口合同登记证",凭此办理通关手续。

技术进出口合同包括专利权转让合同、专利申请权转让合同、专利实施许可合同、技术秘密许可合同、技术服务合同和含有技术进出口的其他合同。

2. 登记程序

商务部负责对《政府核准的投资项目目录》和政府投资项目中由国务院或国务院投资主管部门核准或审批的项目项下的技术进口合同进行登记管理;各省、自治区、直辖市和计划单列市商务主管部门负责对《政府核准的投资项目目录》和政府投资项目中由国务院或国务院投资主管部门核准或审批的项目项下的自由进出口技术合同进行登记管理;中央管理企业的自由进出口技术合同,按属地原则到各省、自治区、直辖市和计划单列市商务主管部门办理登记。

国家对自由进出口技术合同实行网上在线登记管理。技术进出口经营者应登录商务部政府网站上的"技术进出口合同信息管理系统"进行合同登记,并持技术进(出)口合同登记申请书、技术进(出)口合同副本(包括中文译本)和签约双方法律地位的证明文件,到商务主管部门履行登记手续。商务主管部门在收到上述文件起3个工作日内,对合同登记内容进行核对,并向技术进出口经营者颁发"技术进口合同登记证"或"技术出口合同登记证"。

海关总署和商务部对"技术出口合同登记证"实行电子数据与进出口货物报关单电子数据的联网核查工作。商务部及其授权发证机构根据相关法律法规及有关规定签发"技术出口合同登记证",并将有效电子数据传输至海关。海关在通关环节对证件信息进行比对核查,并按规定办理相关手续。

3. 报关规范

(1)技术进出口经营者应按照现行规定,如实、规范向海关申报,在固定栏目规范填报电子证书编号。

(2)因计算机管理系统、通信网络故障等原因无法正常实施联网核查的,企业可提交纸本材料并按照要求办理相关手续。

(3)企业可登录中国国际贸易"单一窗口"查询证件电子数据传输状态。

三、进出口商品合格评定管理措施

我国进出口商品合格评定管理范围包括两大类:《法检目录》所列名的商品即法定检验商品;国家其他有关法律、行政法规规定实施检验检疫的进出境货物及特殊物品等。

四、出口管制

2020年10月17日,十三届全国人大常委会第二十二次会议正式表决通过了《中华人民共和国出口管制法》(简称《出口管制法》),自2020年12月1日起施行。这是我国出口管制领域的第一部具有统领性质的法律,其颁布与实施将正式确立中国出口管制相关法律体系与制度基础,为当前国际新形势下的出口管制工作提供更加有力的法治保障,更好地维护我国的国家安全和利益。

出口管制是指国家对从中华人民共和国境内向境外转移管制物项,以及中华人民共和国公民、法人和非法人组织向外国组织和个人提供管制物项,采取禁止或者限制性措施,以对该物项的使用主体或者用途进行控制。在当今时代背景下,实施出口管制,既是国际通行的履行防扩散等国际义务的做法，也日益成为维护国家安全和利益的重要手段。

（一）管理范围

管制物项是指两用物项、军品、核以及其他与维护国家安全与利益、履行防扩散等国际义务相关的货物、技术、服务等，包括物项相关的技术资料等数据。

此前，我国已制定包括化学品、核、核两用、生物两用、导弹及军品等六部出口管制相关行政法规，但由于立法相对分散，缺少统筹、协调、一体化的出口管制法律体系和架构。《出口管制法》的制定出台，是我国在战略和立法层面回应国际经贸新形势的重要举措。

（二）管理制度

《出口管制法》包括总则，管制政策、管制清单和管制措施，监督管理，法律责任和附则。主要规定了出口管制范围，出口管制清单、临时管制和全面管制，出口经营资格和出口许可制度，最终用户和最终用途管理，域外适用和对等采取措施等内容。它系统地设计了我国在出口管制方面的统一立法原则和制度框架，充分强调了法案的立法目的及执法重点在于"维护国家安全和利益的属性和功能"。

1）出口管制清单

将需要纳入出口管制的物项统一编入清单，是国际上通行的做法。我国目前已编制的现行出口管制清单，有《两用物项和技术出口许可证管理目录》《核出口管制清单》《军品出口管制清单》，等等。《出口管制法》颁布施行后，国家出口管制管理部门将会根据维护国家安全和利益的形势需要和出口管制政策的变化，按照规定程序会同有关部门制定、调整管制物项出口管制清单，并及时公布。

2）临时管制

为维护国家安全和利益、履行防扩散等国际义务的需要，经国务院批准，或者经国务院、中央军事委员会批准，国家出口管制管理部门可以对出口管制清单以外的货物、技术和服务实施临时管制，并予以公告。临时管制的实施期限不超过 2 年。临时管制实施期限届满前应当及时进行评估，根据评估结果决定取消临时管制、延长临时管制或者将临时管制物项列入出口管制清单。

3）禁止出口

除管制清单、临时管制的管控方式，《出口管制法》还规定了出口禁令制度。禁令包括相关管制物项的出口禁令以及出口对象的禁令，即根据维护国家安全和利益、履行防扩散等国际义务的需要，经国务院批准，或者经国务院、中央军事委员会批准，国家出口管制管理部门会同有关部门可以禁止相关管制物项的出口，或者禁止相关管制物项向特定目的国家和地区、特定组织和个人出口。

4）出口许可

出口管制清单所列管制物项或者临时管制物项，出口经营者应当向国家出口管制管理部门申请许可。出口管制清单所列管制物项以及临时管制物项之外的货物、技术和服务，出口经营者知道或者应当知道，或者得到国家出口管制管理部门通知，相关货物、技术和服务可能存在以下风险的，应当向国家出口管制管理部门申请许可：

（1）危害国家安全和利益；

（2）被用于设计、开发、生产或者使用大规模杀伤性武器及其运载工具；

（3）被用于恐怖主义目的。

出口经营者无法确定拟出口的货物、技术和服务是否属于本法规定的管制物项，向国家出口管制管理部门提出咨询的，国家出口管制管理部门应当及时答复。

5）最终用户和最终用途风险管理以及管控名单制度

管控名单是《出口管制法》新增的一项重要管制措施，进口商和最终用户违反最终用户或者最终用途管理要求、可能危害国家安全和利益、将管制物项用于恐怖主义目的的，可以将其列入管控名单，对其采取禁止、限制有关管制物项交易，责令中止有关管制物项出口等必要的措施。

（三）报关规范

（1）出口货物的发货人或者代理报关企业出口管制货物时，应当向海关交验由国家出口管制管理部门颁发的许可证件，并按照国家有关规定办理报关手续。

（2）出口货物的发货人未向海关交验由国家出口管制管理部门颁发的许可证件，海关有证据表明出口货物可能属于出口管制范围的，应当向出口货物发货人提出质疑；海关可以向国家出口管制管理部门提出组织鉴别，并根据国家出口管制管理部门作出的鉴别结论依法处置。在鉴别或者质疑期间，海关对出口货物不予放行。

（3）管制物项的过境、转运、通运、再出口或者从保税区、出口加工区等海关特殊监管区域和出口监管仓库、保税物流中心等保税监管场所向境外出口，均须依照《出口管制法》有关规定执行。

┌───┐

本章小结

　　本章重点介绍了各国(地区)政府从本国(地区)利益出发,为实现国际贸易目标通常采用的外贸管制的政策、措施、管理方式。通过本章的学习,要了解对外贸易管制的目的及特点:发展本国经济,保护本国经济利益;达到国家政治或军事目的;实现国家职能。理解我国对外贸易管制基本框架与法律体系。掌握我国货物、技术进出口许可管理制度:进出口许可是国家对进出口的一种行政管理制度,既包括准许进出口有关证件的审批和管理制度本身的程序,也包括以国家各类许可为条件的其他行政管理手续,这种行政管理制度称为进出口许可制度。了解其他贸易管制制度:对外贸易经营者管理制度、出入境检验检疫制度、进出口货物收付汇管理制度、对外贸易救济措施。重点掌握我国贸易管制主要管理措施及报关规范。

└───┘

思考题

　　1.试述我国对外贸易管制的基本框架、法律体系。

　　2.试述我国货物与技术进出口许可管理制度的性质、基本管理框架。

　　3.试述我国对禁止进出口货物的管理涉及的商品。

　　4.试述我国对限制进出口货物的限制方式。

　　5.试述我国对自由进出口货物和技术的管理。

　　6.简述进出口商品合格评定制度。

　　7.试分别简述进出口许可证管理措施中的具体管理方式。

　　8.何为进口关税配额管理?试述我国进口关税配额管理的方式及管理范围。

　　9.哪些情形下,进口列入《自动进口许可管理货物目录》的商品可以免予交验自动进口许可证?

　　10.2021年起海关对进口固体废物有何要求?

第 三 章

进出口通关流程

本章主要介绍进出口货物海关现行基本通关作业模式与各类特殊通关作业模式,各类海关监管货物的通关作业流程与相关管理规定,以及进出境运输工具与进出境物品的基本通关流程。

第一节 概 述

一、进出境货物

(一) 含义

进出境货物包括如下几个方面。

(1)自进境起到办结海关手续止的进口货物,这类货物包括一般进口货物、特定减免税货物、暂时进出境货物及保税货物等。这里所称的"办结海关手续"是指办结包括货物放行、核销结案、处置结案等一切海关手续。

(2)自向海关申报起到出境止的出口货物,以及过境、转运、通运货物。

(3)超期未报关货物等。

进出境货物在办结海关手续前均属于海关监管货物。未经海关许可,不得开拆、提取、交付、发运、调换、改装、抵押、质押、留置、转让、更换标记、移作他用或者进行其他处置。

(二) 类别

按货物进出境的性质划分,海关监管货物主要分为以下七类。

(1)一般进口货物:指按照海关一般监管通关程序办结海关申报、查验、征税、放行的进口货物。这类货物的显著特性就是完成海关通关放行就意味着已办结所有海关监管手续,其海关监管期限是自进境起到办结海关通关放行手续止。

(2)一般出口货物:指海关按照一般监管程序办结海关申报、查验、征税、放行的出口货物。这类货物的显著特性就是完成海关通关放行结关就意味着已办结所有海关监管手续，其海关监管期限是自向海关申报起到运输工具实际离境止。

（3）保税货物：指经海关批准暂缓缴纳各种进口税费并由海关全程监管的进境货物。其特征是需要海关事前批准及进境后全程监管，主要包括保税仓储、加工、装配、展示、寄售和免税商店业务等。这类货物的海关监管期限是自进境起到原货物退运或海关核销结案止。

（4）暂时进出境货物：指经海关批准暂时进出关境，并且在规定的期限内原状复运出境、进境的货物。其特征是需要海关事前批准，复运进出境时必须保持货物原进出境状态。暂时进境货物监管期限是自进境起，到原货复运出境并由海关注销，或向海关补办正式进口的补证、纳税手续止。暂时出境货物监管期限是自出境起，在规定期限内复运进境，或向海关补办正式出口的补证、纳税手续止。

（5）特定减免税货物是指海关根据国家的政策规定准予减税、免税进口使用于特定地区、特定企业和特定用途的货物。该货物在规定期限内接受海关监管，到海关监管年限期满止，或向海关办理补证、补税手续止。

（6）过境、转运、通运货物：这类货物的特点就是"借境"运输，其目的地在关境外。其海关监管期限是自进境起，到出境止。

（7）超期未报货物：指进口货物的收货人自运输工具申报进境之日起超过3个月未向海关申报的货物。海关监管期限是自进境起，到海关提取变卖止。

海关对不同性质的海关监管货物分别制定了相对应的监管制度。

二、进出境货物海关监管

根据进出境货物的性质、类别及监管期限，海关监管货物的管理过程分为三个阶段。

（一）备案核准阶段

对于特殊类别的海关监管货物，进出口货物收发货人、报关企业根据海关监管要求，在货物进出口之前，需办理加工贸易手册（账册）、减免税证明、法定检验检疫等事项的设立、备案、报备、核准手续，进出口货物涉及国家许可证件管理的，事先须向相关管理部门通过无纸化形式或其他形式申请办理进出口许可证件。

1. 相关业务事项的设立、报备、核准手续

（1）加工贸易货物。进口前，当事人需办理加工贸易手册、账册设立等手续。

（2）特定减免税货物。进口前，当事人需办理货物的减免税审批手续。

（3）装运前检验检疫事项办理。进口货物装运前检验、境外预检、检疫准入、检疫审批等。

（4）出口货物出境危险货物运输包装容器的性能检验、鉴定，出口前监管服务事项电子底账设立，政府协议装运前检验等。

(5)法定检验检疫货物和特殊物品的报备。

进口微生物、人体组织、生物制品、血液及其制品或种畜、禽及其精液、胚胎、受精卵的，应当在入境前30天向海关报备。进口其他动物的，应当在入境前15天向海关报备。进口植物、种子、种苗及其他繁殖材料的，应当在入境前7天向海关报备。

出境货物最迟应于报关或装运前7天向海关报备，对于个别检验检疫周期较长的货物，应留有相应的检验检疫时间。需隔离检疫的出境动物在出境前60天预报，隔离前7天报备。

2. 传输舱单信息

舱单传输人(进出境运输工具负责人、无船承运业务经营人、货运代理企业、船舶代理企业、邮政企业及快件经营人等舱单电子数据传输义务人)按照规定向海关传输舱单及相关电子数据。海关舱单管理系统对舱单实施逻辑监控和审核，对不符合舱单填制规范的，退回舱单传输人予以修改；对通过逻辑检控和审核的，海关进行风险甄别。海关风险防控中心根据预先设定的甄别条件，对筛选出的舱单进行分析，自动或人工下达布控查验、货物禁卸等指令。

3. 办理海关事务担保

国家对进出境货物、物品有限定性规定，应当提供许可证而不能提供的，以及法律、行政法规规定不得担保的其他情形，海关不予办理担保放行。

进出境报关过程中海关事务担保主要包括以下四点。

1)申请提前放行货物的担保

在货物进出境通关过程中，海关对报关人的申报提出质疑或确认报关人申报需要补充相关单证，报关人无法在短期内满足海关要求但需要海关先行放行货物时，可向海关提出担保申请。主要包括以下情形：进出口货物的商品归类、完税价格、原产地尚未确定的；有效报关单证尚未提供的；在纳税期限内税款尚未缴纳的；滞报金尚未缴纳的；其他海关手续尚未办结的。

2)申请办理特定海关业务的担保

适用某些海关监管方式通关时，海关通关流程要求报关人先行办理担保手续。常见的情形主要包括：货物、物品暂时进出境；货物进境修理和出境加工；租赁货物进口；将海关监管货物暂时存放在海关监管区外等。

3)汇总征税税款总担保备案

为提高通关效率，进出口货物收发货人(失信企业除外)可向注册地直属海关关税职能部门提交税款总担保备案申请，总担保应当依法以保函等海关认可的形式；保函受益人应包括企业注册地直属海关及其他进出口地直属海关;担保范围为担保期限内企业进出口货物应缴纳的海关税款和滞纳金;担保额度可根据企业税款缴纳情况循环使用。

4)关税保证保险

为优化口岸营商环境,提升跨境贸易便利化水平,海关总署、中国银行保险监督管理委员会决定在全国海关范围内开展以关税保证保险单作为税款类担保的关税保证保险改革试点。

目前,参与试点的保险公司为中国人民财产保险股份有限公司、中国太平洋财产保险股份有限公司、中银保险有限公司、中国平安财产保险股份有限公司、中国大地财产保险股份有限公司、中国人寿财产保险股份有限公司、阳光财产保险股份有限公司和太平财产保险股份有限公司等八家企业。信用等级为一般信用及以上的进出口货物收发货人,可适用关税保证保险通关业务模式。

企业凭关税保证保险单办理纳税期限担保,应在申报时选择"关税保证保险"模式,并选取相应关税保证保险单电子数据。

海关对接受申报且满足全部放行条件的,即可实施现场卡口放行。有布控查验等其他海关要求事项的,按有关规定办理。企业应于每月第五个工作日结束前,完成上月应纳税款的汇总电子支付。税款缴库后,企业担保额度自动恢复,可循环用于下一次关税担保业务。

企业凭关税保证保险单办理征税要素担保,仍需逐票进行担保流程办理,申报时向海关提交关税保证保险单正本;逾期未缴纳税款的,海关可以停止其办理关税保证保险通关业务。

4. 海关预裁定

在货物实际进出口前,进出口货物收发货人可以就下列海关事务申请预裁定:进出口货物的商品归类、原产地或者原产资格、进口货物完税价格相关要素、估价方法。"完税价格相关要素"包括特许权使用费、佣金、运保费、特殊关系,以及其他与审定完税价格有关的要素。申请人应当在货物拟进出口3个月前向其注册地直属海关提出预裁定申请,通过"国际贸易单一窗口"或"互联网+海关"提交"中华人民共和国海关预裁定申请书"。

5. 申报前看货取样

进口货物的收货人向海关申报前,因确定货物的品名、规格、型号、归类等原因,可以向海关提出查看货物或者提取货样的书面申请。海关审核同意的,派员到场实际监管。

查看货物或者提取货样时,海关开具取样记录和取样清单;提取货样的货物涉及动植物及产品以及其他须依法提供检疫证明的,应当按照国家的有关法律规定,在取得主管部门签发的书面批准证明后提取。提取货样后,到场监管的海关关员与进口货物的收货人在取样记录和取样清单上签字确认。

（二）通关作业阶段

通关作业是指当事人根据海关监管要求，在货物进出境时，向海关办理进出口申报、配合查验与检验检疫实施、缴纳税费、提取或装运货物手续的过程。

全国通关一体化改革实现了海关通关作业的"一次申报、分步处置"。其主要包括舱单安全准入风险处置、企业报关报税、电子审核、企业缴税、报关单风险置别、安全准入风险处置、税收风险处置、现场作业综合处理、查验、放行和放行后税收风险排查处置等环节。对于已经适用通关作业无纸化的企业，可以自主选择适用"一次申报、分步处置"通关作业流程。"一次申报、分步处置"适用于全部进出口货物。

为进一步推进通关便利化，海关在部分试点推行"两步申报"通关作业。对一般信用等级及以上的同时已实现监管证件联网核查的境内收发货人，在试点海关办理进口货物通关时可以选择"两步申报"通关作业。在"两步申报"通关模式下，第一步，企业完成概要申报后经海关同意即可提离货物；第二步，企业在规定时间内完成完整申报。第一步概要申报，企业向海关申报进口货物是否属于禁限管制、是否依法需要检验或检疫（是否属《法检目录》内商品及法律法规规定需检验或检疫的商品）、是否需要缴纳税款。第二步完整申报，企业自运输工具申报进境之日起 14 日内完成完整申报，办理缴纳税款等其他通关手续。税款缴库后，企业担保额度自动恢复。

在上述两种通关作业模式下，实行"两段准入"作业方式。将进口货物准予提离口岸监管作业场所视为口岸放行，根据"是否准予货物入境"和"是否允许货物进入国内市场销售或使用"，分段实施"准许入境""合格入市"监管。

（三）后续监管阶段

后续监管主要包括出具检验检疫证书、文件，检验检疫后续处置，特定减免税货物、暂时进出境货物、加工贸易货物等海关监管货物的后续监管。

第二节　进出口货物基本通关方式与流程

进出口货物通关，指进出口货物收发货人或其代理人按照海关的规定，办理货物进出境及相关海关事务的手续和步骤。本节从综合海关与通关管理相对人的角度，将进出口货物通关的基本流程分为进出口申报、海关查验、税费缴纳、放行与结关四个作业环节。

一、进出口申报

进出口申报是指进出口货物的收发货人、受委托的报关企业，依照《海关法》以及有关法律、行政法规和规章的要求,在规定的期限和地点,填制进出口货物报关单,向海关报告实际进出口货物的情况,并且接受海关审核的行为。申报是企业办理进出口货物通关手续的必经环节之一,不仅是企业必须履行的法定义务,也是海关确认进出口货物合法性的先决条件。

(一)申报主体

进出口货物的收发货人,可以自行向海关办理申报手续,也可以委托报关企业向海关申报。对于申报内容的真实性、准确性、完整性和规范性,收发货人及其代理人均应承担相应的法律责任。

向海关办理申报手续的进出口货物收发货人、受委托的报关企业应当预先在海关依法办理登记注册。为进出口货物收发货人、受委托的报关企业办理申报手续的人员,应当是在海关备案的报关人员。

进出口货物的收发货人以自己的名义向海关申报的,报关单应当由进出口货物收发货人签名盖章,并且随附有关单证。报关企业接受进出口货物的收发货人委托,以自己的名义或者以委托人的名义向海关申报的,应当向海关提交由委托人签署的授权委托书,并且按照委托书的授权范围办理有关海关手续。进出口货物收发货人应当向报关企业提供委托报关事项的真实情况,报关企业应对委托人所提供情况的真实性、完整性进行合理审查。

(二)申报地点

全国通关作业一体化全面启动后,进出口企业可在任一海关进行申报,即企业可根据实际需要,自主选择在货物进出口口岸报关、企业属地报关或其他海关报关,除必须进行转关操作的进出口货物以外,其他均可实现一体化作业模式申报。

申报的基本程序按照申报地点分类,报关方式可以分为四种。

1. 口岸海关报关

口岸海关报关即报关企业向货物实际进出境地海关办理报关手续,如货物涉及查验,由货物进出境地海关实施查验。

2. 属地海关报关

属地海关报关即报关企业向企业主管地海关办理报关手续,货物在口岸海关实际进出境。如货物涉及查验,由货物实际进出境的口岸海关实施查验。

3. 在除口岸及属地海关外其他海关报关

采用该种报关方式的进出口企业较少,适用于有特殊需要的进出口企业。如货物涉及查验,由货物实际进出境的口岸海关实施查验。

4. 货物所在地的主管海关报关

以保税货物、特定减免税货物和暂准进境货物申报进境的货物,因故改变使用目的从而性质转为一般进口时,进口货物的收货人或其代理人应当在货物所在地的主管海关申报。

(三)申报单证

1. 报关单

一般来说,任何货物的申报,都必须有报关单。

《中华人民共和国海关进(出)口货物报关单》是指进出口货物的收发货人或其代理人,按照海关规定的格式对进出口货物的实际情况作出的书面申明,以此要求海关对其货物按适用的海关制度办理通关手续的法律文书。

为规范进出口收发货人的申报行为,海关制定了《中华人民共和国海关报关单填制规范》(简称《填制规范》),企业须按照《填制规范》的要求对报关单各栏目进行真实、完整、规范的填制与申报。同时,为规范提高申报商品数据的准确性,海关编制了《中华人民共和国海关进出口商品规范申报目录》(简称《规范申报目录》),企业应严格按照《规范申报目录》中对应商品编码的"申报要素",在报关单中准确填写申报商品信息。

对于进出海关特殊监管区域、特定类别或特定运输方式的进出境货物,适用《中华人民共和国海关进(出)口货物报关单》以外其他格式的报关单证,如特殊监管区域的进出境货物备案清单、进出口货物集中申报清单、暂时进出口货物的 ATA 单证册、过境货物报关单、快件报关单等。

2. 随附单证

(1)贸易单证:商业发票、装箱单、贸易合同、维修协议、租赁协议等;

(2)运输单证:海运提单、提货单、航空运单、公路运输载货清单、铁路运单等;

(3)主管机关签发的许可证件和监管证件:进出口许可证、自动进口许可证、固体废物进口许可证、濒危物种允许进(出)口证明书等;

(4)海关核发的设立、审批文件:加工贸易电子化手册和电子账册、进出口货物征免税证明、加工贸易内销征税联系单、暂时进出口行政许可决定书等;

(5)其他单证:代理报关委托书/委托报关协议、预归类决定书、原产地证书或原产地声明、归类、估价与原产地补充申报单等。

随附单证应齐全、有效、合法,并应与报关单的相关栏目填制内容相符。

目前,按照海关通关作业无纸化改革推进要求,除必须以纸质形式申报的报关单以外,其他以无纸形式申报的报关单随附单证均要以电子数据形式发送。进出口报关单位需要在申报环节将纸质的随附单证进行电子扫描,存为电子数据格式的文件。

无纸化申报模式下,进出口报关企业以电子文件方式保存或向海关上传的报关单随附单证种类包括合同、发票、装箱清单、载货清单(舱单)、提(运)单、代理报关授权委托协议、进出口许可证件、海关要求的加工贸易手册及其他进出口有关单证。

(四)申报日期

申报日期是指当事人申报的电子数据报关单或纸质报关单,被海关接受申报数据的日期。其中,以电子数据报关单方式申报的,申报日期为海关计算机系统接受申报数据时记录的日期;以纸质报关单方式申报的,申报日期为海关接受纸质报关单并且对报关单进行登记处理的日期。

(五)申报期限与滞报金

1. 申报期限

进口货物应当自载运进口货物的运输工具申报进境之日起 14 日内向海关申报。出口货物应当在出口运抵海关监管场所后、装货的 24 小时以前向海关申报。

2. 滞报金

1)征收规定

进口货物超过规定期限向海关申报的,海关依法对收货人征收滞报金。出口货物、直接退运货物及过境、转运、通运货物均不征收滞报金。因不可抗力等特殊原因产生的滞报可以向申报地海关申请减免滞报金。

进口货物滞报金按日计征,日征收金额为进口货物完税价格的 0.5‰,以人民币“元”为计征单位,不足人民币 1 元的部分免予计收。滞报金的起征点为人民币 50 元。因为完税价格调整等原因需补征滞报金的,滞报金应当按照调整后的完税价格重新计算,补征金额不足人民币 50 元的,免予征收。

滞报金的计算公式:

$$滞报金额 = 进口货物完税价格 \times 0.5‰ \times 滞报期间(滞报天数)$$

2)滞报期间计算

报关单位超过规定期限向海关申报的,滞报金的征收,以自运输工具申报进境之日起第 15 日为起始日,以海关接受申报之日为截止日。起始日和截止日均计入滞报期间。滞报金起征日遇有休息日或者法定节假日的,顺延至休息日或者法定节假日之后的第一个工作日。国务院临时调整休息日与工作日的,按照调整后的情况确定滞报金的起征日。

进口货物收货人申报后依法撤销原报关单电子数据重新申报的,以撤销原报关单之日起第 15 日为起征日。

自运输工具申报进境之日起,超过 3 个月未向海关申报的进口货物,由海关提取依法变卖处理后,收货人申请发还余款的,滞报金的征收以自运输工具申报进境之日起第 15 日为起始日,以该 3 个月期限的最后一日为截止日。

另外,在有纸作业方式下,报关单位在向海关传送报关单电子数据申报后,未在规定期限或核准的期限内提交纸质报关单及随附单证的,海关予以撤销电子数据报关单处理,进口货物收货人重新向海关申报产生滞报的,滞报金的征收,以自运输工具申报进境之日起第15日为起始日,以海关重新接受申报之日为截止日。

(六)申报形式

报关单的载体包括电子数据报关单和纸质报关单两种形式。电子数据报关单和纸质报关单均具有法律效力。

电子数据报关单是指报关单位通过计算机系统按照《填制规范》要求向海关通关管理系统传送的报关单电子数据。纸质报关单是指报关单位到海关现场办理手续时向海关递交的、使用事先印制的规定格式报关单或直接在 A4 规格的空白纸张上打印的报关单。

目前,全国海关的全部通关业务现场已全面施行通关作业无纸化报关,仅在某些特殊情况下经海关同意方可允许采用纸质报关单申报,但事后仍需进行电子数据补报,补报的电子数据应当与纸质报关单内容一致。另外,在尚未使用海关信息管理化系统作业的海关申报时,可以采用纸质报关单申报。

所谓"通关作业无纸化",是指海关以企业分类管理和风险分析为基础,按照风险等级对进出口货物实施分类,运用信息化技术对企业联网申报的报关单及随附单证的电子数据进行无纸化审核、征税、验放处理的通关作业方式。

(七)报关单电子数据申报

按照《中华人民共和国海关进出口货物申报管理规定》,报关单申报可分常规申报及特殊申报两种基本形式,特殊申报仅在某些特殊情况下使用,采用特殊申报形式需要满足海关规定的条件。

进出口货物的收发货人、受委托的报关企业按照《填制规范》及《中华人民共和国海关进出口商品规范申报目录》(简称《规范申报目录》)等规定填制报关单,将报关单数据通过申报系统进行录入,并以电子数据形式随附必要的报关单据,形成正式申报的电子数据报关单。

电子数据报关单不能通过规范性、逻辑性审核的,海关不接受申报并退回,当事人按规定修改后重新申报,申报日期为海关接受重新申报的日期。

海关已接受申报的报关单电子数据,人工审核确认需要退回修改的,当事人应当在 10 日内完成修改并且重新发送报关单电子数据,申报日期仍为海关接受原报关单电子数据的日期;超过 10 日的,原报关单无效,报关单位应另行向海关申报,申报日期为海关再次接受申报的日期。

进出口货物的收发货人、受委托的报关企业应当根据不同的贸易方式填制相应的报关单,并核查所申报的内容是否真实、规范、准确,交验的各种单据是否正确、齐全、有效。申报内容应做到单单相符——报关单内容与各种单证信息应相互一致、单证相符——报关单内容与各种证件信息应相互一致。

（八）补充申报

补充申报是指报关单位依照海关有关行政法规和规章的要求,在报关单之外采用补充申报单的形式,向海关进一步申报以确定货物完税价格、商品归类、原产地等所需信息的行为。

补充申报的适用范围包括海关对申报时货物的价格、商品编码等内容进行审核时,为确定申报内容的完整性和准确性,要求进行补充申报的;海关对申报货物的原产地进行审核时,为确定货物原产地准确性,要求收发货人提交原产地证书,并进行补充申报的;海关对已放行货物的价格、商品编码和原产地等内容进行进一步核实时,要求进行补充申报的。

海关在对进出口货物申报时的价格、商品编码、原产地等内容审核的过程中,通过系统发送补充申报电子指令通知,报关单位应在收到海关电子指令之日起5个工作日内,通过系统向海关申报电子数据补充申报单。电子数据补充申报单经海关审核通过后,报关单位应打印纸质补充申报单签名盖章后递交现场海关;适用通关作业无纸化方式申报的补充申报单,无须递交纸质补充申报单。

海关对已放行货物的价格、商品编码、原产地等内容进行进一步核实时,要求报关单位进行补充申报的,应制发《补充申报通知书》书面通知报关单位,报关单位采用纸质补充申报单进行申报。

报关单位在规定时限内未能按要求进行补充申报的,海关可根据已掌握的信息,按照有关规定确定进口货物的完税价格、商品编码和原产地。

报关单位亦可主动向海关进行补充申报,企业应在向海关申报电子数据报关单时,一并通过系统向海关申报电子数据补充申报单。

补充申报单包括《中华人民共和国海关进出口货物价格补充申报单》《中华人民共和国海关进出口货物商品归类补充申报单》《中华人民共和国海关进出口货物原产地补充申报单》以及海关行政法规和规章规定的其他补充申报单证。补充申报的内容是对报关单申报内容的有效补充,不得与报关单填报的内容相抵触。报关单位应按要求如实、完整地填写补充申报单,并对补充申报内容的真实性、准确性承担相应的法律责任。

（九）申报的特殊程序

1. 提前申报

经海关批准,进出口货物的收发货人、受委托的报关企业可以在取得提(运)单或者载货清单(舱单)数据后,向海关提前申报。在进出口货物的品名、规格、数量等已确定无误的情况下,经批准的企业可以在进口货物启运后、抵港前或者出口货物运入海关监管作业场所前3日内,提前向海关办理报关手续,并且按照海关的要求交验有关随附单证、进出口货物批准文件及其他需提供的证明文件。

2. 集中申报

集中申报是指经海关备案,当事人在同一口岸多批次进出口规定范围内的货物,先以集中申报清单申报货物进出口,再以报关单集中办理海关手续的特殊通关方式。

1)适用范围

适用图书、报纸、期刊类出版物等时效性较强的货物,危险品或者鲜活、易腐、易失效等不宜长期保存的货物,公路口岸进出境的保税货物。收发货人涉嫌走私或者违规、侵犯知识产权被海关行政处罚,海关信用管理类别为失信企业,以及相关海关事务担保失效,均不适用集中申报方式。

2)备案管理

一般企业应在货物所在地海关,加工贸易企业应在主管地海关办理集中申报备案、变更手续,向海关提交《适用集中申报通关方式备案表》,提供符合海关要求的担保(有效期最短不得少于3个月),有效期届满应在期满前10日向原备案地海关书面申请延期。

3)申报程序

先以集中申报清单申报,再以报关单集中申报。

(1)集中申报清单申报:进口货物自运输工具申报进境之日起14日内,出口货物在运抵海关监管区后、装货24小时前,填制集中申报清单电子数据向海关申报。

(2)报关单集中申报:当事人应对1个月内集中申报清单数据进行归并,填制进出口货物报关单。一般贸易货物在次月10日之前,保税货物在次月月底之前到海关办理集中申报手续。一般贸易货物集中申报手续不得跨年度办理。

3. 定期申报

经电缆、管道、输送带或者其他特殊运输方式输送进出口的货物,经海关同意,可以定期向指定海关申报。

4. 转关申报

转关是一个带有明显时代特点的通关方式,随着通关监管改革的不断深化,该方式的作用已经弱化。

1)转关货物的三种情形

(1)进口转关:由进境地入境,向进境地海关申请转关后运往另一设关地点(指运地)办理报关海关手续的进口货物。

(2)出口转关:在货物发运地(启运地)海关已办理报关手续后运往出境地,由出境地海关监管放行的出口货物。

(3)境内转关:从境内一个设关地点运往境内另一个设关地点,需经海关监管的货物。

2)转关手续的三种办理方式

(1)直转方式:进口货物收货人或其代理人在进境地直接办理转关手续,在指运地办理报关手续;出口货物发货人或其代理人在启运地办理报关手续和转关手续。

(2)提前报关方式:进口货物收货人或其代理人在指运地办理提前报关手续后,在进境地办理转关手续;出口货物发货人或其代理人在启运地办理提前报关手续后,办理转关手续。

(3)中转方式:境内承运人或者其代理人统一向进境地或启运地海关办理转关手续;进出口货物收发货人或其代理人在指运地或启运地办理报关手续。

3)申请转关应符合的条件

转关承运人应当在海关注册登记,承运车辆符合监管要求,并承诺按海关对转关路线范围和途中运输时间所做的限定,将货物运往指定的城所。

目前,仅有邮件、快件、暂时进出口货物(含 ATA 单证册项下货物)、过境货物、中欧班列载运货物、市场采购方式出口货物、跨境电子商务零售进出口商品、免税品,以及外交、常驻机构和人员公自用物品,收发货人可按照海关要求正常申请办理转关手续,开展转关运输。通过转关形式申报进出口的货物,应在办妥转关手续后,再办理货物进出口申报手续。

除上述可以正常进行转关作业的货物以外,以下符合条件的货物也可办理转关手续:

(1)多式联运及具有全程提(运)单货物。

多式联运货物,以及具有全程提(运)单需要在境内换装运输工具的进出口货物,其收发货人可以向海关申请办理多式联运手续,有关手续按照联程转关模式办理。

(2)不宜在口岸海关查验的货物。

易受温度、静电、粉尘等自然因素影响或者因其他特殊原因,不宜在口岸海关监管区实施查验的进出口货物,满足以下条件的,经主管地海关(进口为指运地海关,出口为启运地海关)批准后,其收发货人可按照提前报关方式办理转关手续:收发货人为高级认证企业;转关运输企业最近一年内没有因走私违法行为被海关处罚;转关启运地或指运地与货物实际进出境地不在同一直属关区内;货物实际进境地已安装非侵入式查验设备。

进口转关货物应当直接运输至收货人所在地,出口转关货物应当直接在发货人所在地启运,按照规定办妥转关手续后,进出口货物收发货人再按照报关单填制规范及申报管理向海关申报进出口。

5. 两步申报

为贯彻落实国务院"放管服"改革要求,进一步优化营商环境,促进贸易便利化,海关总署决定在部分海关开展进口货物"两步申报"改革试点。对应税货物,企业需提前向注册地直属海关关税职能部门提交税收担保备案申请;担保额度可根据企业税款缴纳情况循环使用。

在"两步申报"通关模式下,第一步,企业概要申报后经海关同意即可提离货物;企业向海关申报进口货物是否属于禁限管制、是否依法需要检验或检疫(是否属法检目录内商品及法律法规规定需检验或检疫的商品)、是否需要缴纳税款。不属于禁限管制且不属于依法需检验或检疫的,申报九个项目,并确认涉及物流的两个项目,应税的须选择符合要求的担保备案编号;属于禁限管制的需增加申报两个项目;依法需检验或检疫的需增加申报五个项目。第二步,企业在规定时间内完成完整申报。企业自运输工具申报进境之日起 14 日内完成完整申报,办理缴纳税款等其他通关手续。税款缴库后,企业担保额度自动恢复。如概要申报时选择不需要缴纳税款,完整申报时经确认为需要缴纳税款的,企业应当按照进出口货物报关单撤销的相关规定办理。

(十) 申报的修改与撤销

海关接受进出口货物申报后,报关单证及其内容不得修改或者撤销;符合规定情形的,可以修改或者撤销。报关单的修改或撤销应遵循修改优先原则,确实不能修改的,予以撤销。

海关已经布控、查验,以及涉嫌走私或者违反海关监管规定的进出口货物,在办结海关手续前不得修改或者撤销报关单及其电子数据。

适用于报关单修改或撤销的情形包括企业申请修改或撤销、海关要求修改或撤销和海关直接撤销。

1. 企业申请修改或撤销

有以下情形之一的,当事人可通过中国国际贸易"单一窗口"向原接受申报的海关办理报关单修改或撤销手续,并提交相应材料和《进出口货物报关单修改/撤销表》,海关及时进行修改或者撤销:

(1)出口货物放行后,由于装运、配载等原因造成原申报货物部分或者全部退关、变更运输工具的,提交退关、变更运输工具证明材料;

(2)进出口货物在装载、运、存储过程中发生溢短装,或者由于不可抗力造成灭失、短损等,导致原申报数据与实际货物不符的,提交商检机构或者相关部门出具的证明材料,提交签注海关意见的相关材料;

(3)由于办理退补税、海关事务担保等其他海关手续而需要修改或者撤销报关单数据的;

(4)根据贸易惯例先行采用暂时价格成交、实际结算时按商检品质认定或国际市场实际价格付款方式需要修改申报内容的,提交全面反映贸易实际状况的发票、合同、提单、装箱单等单证,并如实提供与货物买卖有关的支付凭证以及证明申报价格真实、准确的其他商业单证、书面资料和电子数据;

(5)已申报进口货物办理直接退运手续,需要修改或者撤销原进口货物报关单的,提交《进口货物直接退运表》或《责令进口货物直接退运通知书》;

(6)由于计算机、网络系统等技术原因导致电子数据申报错误的,提交计算机、网络系统运行管理方出具的说明材料;

(7)由于报关人员操作或书写失误造成申报内容需要修改或撤销的,提交《进出口货物报关单修改/撤销表》、详细情况说明,以及可证明货物实际情况的合同、发票、装箱单、提运单或载货清单等相关单证、证明文书。

海关已经决定布控、查验以及涉嫌走私或者违反海关监管规定的进出口货物,在办结相关手续前不得修改或者撤销报关单及其电子数据。

2. 海关要求修改或撤销

海关发现报关单需要修改或撤销,可采取以下方式主动要求当事人修改或撤销:

(1)将电子数据报关单退回,并详细说明修改的原因和要求,当事人应当按照海关要求进行修改后重新提交,不得对报关单其他内容进行变更;

(2)向当事人制发《进出口货物报关单修改/撤销确认书》,通知当事人要求修改或撤销的内容,当事人应当在5日内对报关单修改或撤销的内容进行确认,确认后海关完成对报关单的修改或撤销。

3. 海关直接撤销

除不可抗力外,有以下情形之一的,海关可以直接撤销相应的电子数据报关单:

(1)海关将电子数据报关单退回修改,当事人未在规定期限内重新发送的;

(2)海关审结电子数据报关单后,当事人未在规定期限内递交纸质报关单的;

(3)出口货物申报后未在规定期限内运抵海关监管场所的;

(4)海关总署规定的其他情形。

需要注意的是,由于修改或者撤销进出口货物报关单导致需要变更、补办进出口许可证件的,当事人应当向海关提交相应的进出口许可证件;报关单修改或者撤销涉及税费变化的,海关根据规定办理税单的出具、收回,以及相应税费的收取、退还手续;当事人通过电子口岸以无纸化方式办理修改或撤销的,海关如需验核纸面单证,当事人向申报地现场海关递交相关材料;除因计算机、网络系统等技术原因无法通过预录入系统办理报关单修改或者撤销的,海关不再以纸质方式办理报关单修改和撤销业务。对不涉证且不涉税,仅涉及查验后改单放行的报关单,允许在海关放行后修改报关单数据。

(十一) 报关申报数据审核、处置

报关单申报数据审核,是指海关依据国家有关法律、行政法规和规章的要求,审核当事人申报的报关单及随附单证是否齐全、有效的执法行为。企业向海关申报报关单及随附单证电子数据后,海关通关作业管理系统对报关单电子数据进行规范性、逻辑性检查,对舱单、许可证件、电子备案信息等进行核注。

1. 接受电子数据申报

对于符合系统预设条件的,海关接受申报并向企业发送接受申报回执。

在申报企业端,收到接受申报回执的企业,如选择缴纳税款则可自行通过银行缴纳税款,如选择担保则海关办理担保核扣手续。

在海关端,海关对已接受申报的报关单进行安全准入和税收风险综合甄别,同时结合安全准入风险参数和布控查验指令,确定业务现场如何处置。

(1)未被任何参数或指令捕中且不涉及许可证件的报关单,通关管理系统自动放行;涉及许可证件且已实现联网监管的,通关管理系统直接核扣电子数据后自动放行;涉及许可证件但未实现联网监管的,由现场海关综合业务岗人工核扣。

(2)被安全准入风险参数(H0①)命中的报关单,优先流转至现场综合业务岗。现场综合业务岗根据处置参数要求进行处置,发现涉及安全准入风险的,将相关信息推送至风险防控局的风险处置岗。风险处置岗做出具体处置决定并将相关信息推送至现场综合业务岗,由现场综合业务岗执行。根据处置需要,风险处置岗可对需查验的报关单下达布控查验指令。

(3)对被重大税收风险参数(H1②)捕中的,由税收征管局进行放行前的税收征管要素风险排查处置,并根据审核结果或审核需要下达报关单修撤、退补税或单证验核、实货验估等指令,现场综合业务岗、验估岗、查验岗根据指令要求进行相关处置,按规定向税收征管中心反馈处置结果。

(4)对被单证验核风险参数(H2)捕中的,由现场验估岗在货物放行前进行单证验核,留存有关单证、图像等资料后放行报关单数据。

税收征管局或现场验估岗处置过程中决定调整商品归类的,通关管理系统自动判断是

---

① H0 参数,即由风险防控中心收集、整合能够获取的海关内外部信息资源,重点收集运输工具舱单等物流信息和运输企业及供应链其他相关信息,结合运输企业信用等级认定,构建风险分析模型,下达布控查验指令,加工加载安全准入风险参数。

② 税收征管中心收集商品和行业相关信息情报,结合企业纳税资信状况,分析研判商品信息、历史申报、关联信息等数据,加工提炼形成税收风险参数(即 H1 参数——重大税收风险参数;H2 参数——单证验核风险参数;H3 参数——一般税收风险参数)和实货验估指令。

否涉证。涉及许可证件验核且涉及安全准入风险的相关报关单转风险处置岗进行处置。涉嫌违规的,移交缉私部门处置。对于已实现联网监管的,系统直接核扣电子数据;未实现联网监管的,转现场海关综合业务岗人工核扣。

(5)被一般税收风险参数(H3)命中的报关单,通关管理系统放行后置批量审核标志,放行后分流至税收征管中心专家岗研判处置。

(6)被风险防控局布控查验指令或/和税收征管局实货验估指令命中的报关单,由口岸海关现场查验人员实施准入查验或/和验估查验操作。风险防控局及税收征管局通过远程视频、网上答疑等形式向查验人员提供技术支持或操作指导。查验人员实施准入查验或/和验估查验,完成操作(含取样、留像等存证操作)后,按指令来源分别反馈查验结果,两个部门依据反馈的结果进行相关后续处置。查验异常的,按查验异常处置流程处置。

2. 不接受电子数据申报

对于不符合条件的,系统自动退单,发送退单回执,企业按照系统提示需重新办理有关申报手续。

二、海关查验

传统上,海关查验是指海关为确定进出口货物收发货人向海关申报的内容是否与进出口货物的真实情况相符,或者为确定商品的归类、价格、原产地等,依法对进出口货物进行实际核查的执法行为。"关检融合"后,海关查验的范围根据新的职责有很大的扩展,增加了与国境卫生检疫、进出口动植物检疫、进出口食品检验检疫及进出口商品检验有关的查验内容。

1. 查验的地点与时间

查验应当在海关监管区内实施。因货物易受温度、静电、粉尘等自然因素影响,不宜在海关监管区内实施查验,或者因其他特殊原因,需要在海关监管区外查验的,除法律法规有专门要求且不涉及安全准入风险的进境货物,经进出口货物收发货人或者其代理人书面申请,海关可以派员到海关监管区外实施查验。有专门查验要求,应在符合要求的场地实施。

海关在监管区内实施查验不收取费用。因查验而产生的进出口货物搬移、开拆或者重封包装等费用,由进出口货物收发货人承担。

海关决定查验时,以书面形式通知进出口货物报关单位,约定查验时间。对于危险品或者鲜活、易腐、易烂、易失效、易变质等不宜长期保存的货物,以及因其他特殊情况需要紧急验放的货物,经进出口货物收发货人或者其代理人申请,海关可以优先安排查验。

2. 查验的方式

海关可根据货物情况以及实际执法需要,确定具体的查验方式。

海关实施查验,可以采取按一定比例有选择地对一票货物中的部分货物验核实际状况的抽查方式,也可以采取逐件开拆包装验核货物实际状况的彻底查验方式。

按照操作方式,查验可以分为人工查验和机检查验。人工查验包括外形查验、开箱查验等方式。外形查验是指对外部特征直观、易于判断基本属性的货物的包装、唛头和外观等状况进行验核的查验方式;开箱查验是指将货物从集装箱、货柜车箱等箱体中取出并拆除外包装后,对货物实际状况进行验核的查验方式。机检查验是指以 H986 等技术检查设备为主,对货物实际状况进行验核的查验方式。海关可以根据货物情况及实际执法需要,确定具体的查验方式,优先使用 H986 等技术检查设备进行非侵入式查验。对于机检查验正常放行货物,在机检查验结束后,可由海关监管作业场所经营人或运输工具负责人在"海关货物查验记录单"上签字。

3. 查验作业环节

查验作业环节分为前置作业、(现场)查验作业和处置作业三个方面,分别承担安全准入拦截、实货验核、查验后处理等工作。

1)前置作业

对涉及安全准入等需进行拦截处置的进境货物(含公路口岸承运货物的运输工具),海关在其抵达进境口岸后实施前置预防性检疫处理(含检疫处理监管)、前置辐射探测、先期机检等顺势及非侵入的探测和处置。

2)现场查验作业

现场查验是指在口岸内实施的外勤查验作业,包括:单货、货证核对;卫生检疫、动植物检疫、商品检验;抽样送检;现场即决式鉴定(含现场实验室初筛鉴定);H986 过机检查;现场技术整改,合格评定、拟证。

3)处置作业

处置作业是指现场查验发现异常或查验后需进一步处置的作业,包括:

单证处置——报关单修撤、补证补税、签证;

货物处置——退运、销毁、罚没、口岸隔离检疫、技术整改(不具备现场整改条件的);

移交处置——移送通关、法规、缉私等处置部门手续办理;

案件处置——两简案件办理。

4. 配合海关查验

海关在对进出口货物实施查验前,应当通知进出口货物收发货人或其代理人到场。查验货物时,进出口货物收发货人或其代理人应当到场,负责按照海关要求搬移货物,开拆和重封货物的包装,并如实回答查验人员的询问以及提供必要的资料;因进出口货物所具有的特殊属性,容易因开启、搬运不当等原因导致货物损毁,需要查验人员在查验过程中予以特别注意的,应当在海关实施查验前声明。

海关实施查验时需要提取货样、化验,以进一步确定或者鉴别进出口货物的品名、规格等属性的,进出口货物收发货人或其代理人应协助海关提取货样,收取海关出具的取样清单。

查验结束后,海关查验人员如实填写查验记录并签名。查验记录应由在场的进出口货物收发货人或其代理人签名确认。进出口货物收发货人或其代理人拒不签名的,查验人员应当在查验记录中予以注明,并由货物所在监管场所的经营人签名证明。查验记录作为报关单的随附单证由海关保存。查验结果正常的,海关查验人员在系统中录入查验结果并完成放行操作;查验异常的,按规定移交相关部门处理。

5. 径行开验

有下列情形之一的,海关可以在进出口货物收发货人或者其代理人不在场的情况下,对进出口货物进行径行开验:进出口货物有违法嫌疑的;经海关通知查验,进出口货物收发货人或者其代理人届时未到场的。

海关径行开验时,存放货物的海关监管场所经营人、运输工具负责人应当到场协助,并在查验记录上签名确认。

6. 复验

有下列情形之一的,海关可以对已查验货物进行复验:经初次查验未能查明货物的真实属性,需要对已查验货物的某些性状做进一步确认的;货物涉嫌走私违规,需要重新查验的;进出口货物收发货人对海关查验结论有异议,提出复验要求并经海关同意的。

已经参加过查验的海关查验人员不得参加对同一票货物的复验。查验人员在查验记录上应注明"复验"字样。

7. 查验货物损坏处置

海关在查验进出口货物时造成被查验货物损坏的,海关按照《海关法》《中华人民共和国海关行政赔偿办法》的相关规定承担直接损失的赔偿责任。进出口货物收发货人或其代理人在海关查验时对货物是否受损坏未提出异议,事后发现货物有损坏的,海关不负赔偿责任。

8. 海关化验

海关化验指海关对进出口货物的属性、成分、含量、结构、品质、规格等进行检测分析,并根据《中华人民共和国进出口税则》(简称《进出口税则》)《进出口税则商品及品目注释》(简称《商品及品目注释》)和《中华人民共和国进出口税则本国子目注释》(简称《本国子目注释》)等有关规定作出鉴定结论的活动。海关化验为商品归类、原产地确定、审价、案件查处等海关业务提供技术支持和执法依据。

1)海关提取货物样品

所取样品应具有代表性,取样方法、取样量应与送验目的相适应。对取样有特定要求的,当事人应给予专业技术协助。当事人应当按照海关要求及时提供样品的相关单证和技术资料,并对其真实性和有效性负责。

2)样品鉴定结论

除特殊情况外,海关化验中心和委托化验机构自收到送验样品之日起15日内出具鉴定结论,化验鉴定书通过海关门户网站对外公布。

海关化验中心和委托化验机构的鉴定结论是海关执法的依据。其他化验机构作出的化验结果和鉴定结论与海关化验鉴定书不一致的,以海关化验结果和鉴定结论为准。

3)当事人申请复验

当事人对鉴定结论有异议的,可自鉴定结论公布之日起15日内向送验海关提出复验申请,并说明理由。海关化验中心自收到复验申请之日起15日内对送验样品重新化验,出具"中华人民共和国海关进出口货物鉴定书(复验)"。

当事人、送验海关对同一样品只能提出一次复验申请。

9. 法定检验检疫

"关检融合"后,海关查验的范围根据新的职责有很大的扩展,对进出口货物实施法定检验检疫,这是国家赋予海关对进出口货物监管的一项新的重要职能,是国际贸易活动的重要组成部分。法定检验检疫是指海关依照国家法律、行政法规和规定对必须检验检疫的出入境货物、交通运输工具、人员及其他法定检验检疫物依照规定的程序实施检验、检疫、鉴定等检验检疫业务,又称强制性检验检疫,主要包括国境卫生检疫、进出境动植物检疫、进出口食品卫生检疫、进出口商品检验四部分。

1)国境卫生检疫监管

国境卫生检疫是指在中华人民共和国国际通航的港口、机场以及陆地边境和国界江河的口岸(简称国境口岸),海关依照法律法规和规定实施传染病检疫、监测和卫生监督。

国境卫生检疫的范围是指为国境口岸服务的涉外宾馆、饭店、俱乐部,为入境、出境交通工具提供饮食、服务的单位和对入境、出境人员、交通工具、集装箱和货物实施检疫、监测、卫生监督的场所。

国境卫生检疫的对象是入境、出境的人员、交通工具和集装箱,以及可能传播检疫传染病的行李、货物、邮包等,其均应当按照法律法规的规定接受检疫,经卫生检疫机关许可,方可入境或者出境。

国境卫生检疫的工作内容主要包括检疫查验、传染病监测、卫生监督和卫生处理。

2)进出境动植物检疫

进出口动植物检疫对象是进出境的动植物、动植物产品和其他检疫物,装载动植物、动植物产品和其他检疫物的装载容器、包装物,以及来自动植物疫区的运输工具。

输入动植物、动植物产品和其他检疫物,经检疫合格的,准予进境。输入动物,经检疫不合格的,由口岸动植物检疫机关签发《检疫处理通知单》,通知货主或者其代理人作相关处理。输入动物产品和其他检疫物经检疫不合格的,由口岸动植物检疫机关签发《检疫处理通知单》,通知货主或者其代理人作除害、退回或者销毁处理。经除害处理合格的,准予进境。

输入植物、植物产品和其他检疫物,经检疫发现有植物危险性病、虫、杂草的,由口岸动植物检疫机关签发《检疫处理通知单》,通知货主或者其代理人作除害、退回或者销毁处理。经除害处理合格的,准予进境。

装载动物的运输工具抵达口岸时,上下运输工具或者接近动物的人员,应当接受口岸动植物检疫机关实施的防疫消毒,并执行其采取的其他现场预防措施。

输出动植物、动植物产品和其他检疫物,由口岸动植物检疫机关实施检疫,经检疫合格或者经除害处理合格的,准予出境;检疫不合格又无有效方法作除害处理的,不准出境。

3)进出口食品检验检疫

(1)进口食品检验检疫。

进口食品是指进口的食品、食品添加剂、食品相关产品。食品是指各种供人食用或者饮用的成品和原料,以及按照传统既是食品又是药品的物品,但是不包括以治疗为目的的物品。食品添加剂,指用于改善食品品质和色、香、味以及为防腐、保鲜和加工工艺而加入食品中的人工合成物质或者天然物质。食品相关产品,指用于食品的包装材料、容器、洗涤剂、消毒剂和用于食品生产经营的工具、设备。

口岸海关在口岸监管场所对食品的包装和运输工具进行现场查验;按照相关规定对进口食品进行抽采样、制样及送样;对进口预包装食品标签进行符合性检测。

(2)出口食品检验检疫。

海关根据现场检验检疫、口岸查验、实验室检测结果,对照有关检验检疫做出评定。符合检验检疫要求的,签发证单,予以放行出口;不符合检验检疫要求的,不予出口,并通过风险预警信息网络上报海关总署。

4)进出口商品检验

《中华人民共和国进出口商品检验法》规定必须实施的进出口商品检验,是指确定列入目录的进出口商品是否符合国家技术规范的强制性要求的合格评定活动。列入目录的进口商品未经检验的,不准销售、使用;列入目录的出口商品未经检验合格的,不准出口。

三、税费缴纳

《海关法》规定："海关依照本法和其他有关法律、行政法规，……征收关税和其他税、费，查缉走私，并编制海关统计和办理其他海关业务。"征收税款是海关依据国家有关法律、行政法规和规章的要求，征收进出口货物税款、滞纳金及补税的行为。

通关一体化模式下，税收征管方式发生如下几个变化。

（一）税费征收方式的转变

传统的税费征收方式是指海关在货物放行前对纳税义务人申报的价格、归类、原产地等税收要素进行审核，并进行相应的查验（如需要），确定货物的完税价格后核定应缴税款，纳税义务人缴纳税款后货物方可放行。2017 年 7 月 1 日后，海关税费征收方式由海关审核全面向自报自缴方式转变，但涉及公式定价、特案、实施双反和保障措施货物暂不适用自报自缴申报模式。

自报自缴方式，即"自主申报、自行缴纳"，以企业诚信管理为前提，企业自主申报报关单的涉税要素，自行完成税费金额的核算，自行完成税费缴纳后，货物即可放行（放行前如需查验则查验后放行）。海关在放行后根据风险分析结果对纳税义务人申报的价格、归类、原产地等税收要素进行抽查审核。

（二）税费缴纳方式的转变

海关税款传统的缴纳方式为柜台支付，而目前税费支付的主要方式是电子支付方式，通过财、关、库、银横向联网，实现海关税费信息在海关、国库、商业银行等部门之间的电子流转和税款电子入库。使用电子支付方式缴纳税款，需要具备一定的条件，并通过"单一窗口""互联网＋海关"与海关和经批准的商业银行签订电子支付三方合作协议，在报关前事先进行资格备案，进出口环节通过电子支付税费后货物即可放行。

电子支付以税单为单位，对同一份报关单所发生的税费，报关人员可全部选择电子支付，也可部分选择电子支付。目前，通过电子支付方式可以缴纳进出口关税、反倾销税、反补贴税、进口环节代征税、废弃电器电子产品处理基金、缓税利息、滞纳金、船舶吨税、税款类保证金、滞报金等。

（三）汇总征税

汇总征税是海关对进出口税收征缴的一种新型作业模式，其支付方式本质上也属于电子支付。海关对符合条件的进出口纳税义务人某一段时间内多次进出口产生的税款集中进行汇总计征，这与电子支付及柜台支付下的逐票征缴税方式明显不同。

目前，除海关企业信用管理中的"失信企业"外，所有在海关注册登记的进出口报关单上的收发货人均可申请适用汇总征税模式,即在一定的时限内多次进出口产生的税款集中进行汇总计征,以满足进出口企业对通关时效的需要。

有汇总征税需求的企业需要在进出口货物通关前向属地直属海关提交税款总担保,总担保应当依法以担保机构提交的保函等海关认可的形式,通过后即可在申请的多个直属海关范围内通用。应税企业采用无纸化申报时选择汇总征税模式的,无布控查验等海关要求事项的汇总征税报关单担保额度扣减成功,海关即可放行。应税企业采用有纸申报时选择汇总征税模式的,同无纸化申报流程一致,在担保额度扣减成功后货物即可放行。适用汇总征税的企业需在每月第五个工作日结束前,完成上月应缴税款的汇总电子支付。

四、放行与结关

(一)放行

货物放行是指海关接受进出口货物收发货人或其代理人的申报,完成数据审核、查验货物、确认缴税或税款担保,准予提取进口货物,准予出口货物装运的行为。

实行无纸化通关方式申报的报关单,海关通过电子方式将进出口货物放行信息发送至海关监管场所。

(二)结关

结关是指进出口货物办结现场通关的海关手续。其中,进口货物及没有实际离境在境内流转的货物放行即结关,进口货物放行后即准予提离海关监管场所,出口货物在海关接受理货报告电子数据并审核确认货物已经离境后予以结关。

已办结海关手续的进出口货物,由海关向国家外汇管理、税务等部门传输报关单及缴税信息电子数据。

另外,根据当事人的申请,海关对符合规定条件的当事人签发有关进出口货物检验检疫证书等证明凭证。

第三节 海关监管货物的通关程序(1):一般进出口货物

《海关法》规定,进口货物自进境起到办结海关手续止,出口货物自向海关申报起到出境止,过境、转运和通运货物自进境起到出境止,应当接受海关监管。海关监管货物,未经海关许可,不得开拆、提取、交付、发运、调换、改装、抵押、质押、留置、转让、更换标记、移作他用或者进行其他处置。

《海关法》规定中的"办结海关手续",不应简单理解为本章第二节所述进出口货物通关阶段的"结关",对于加工贸易、保税仓储、特定减免税、暂时进口等进口货物,进境通关手续完成后,仍需在一定时间内接受海关后续监管。因此,本章涉及"海关监管货物",既包括处于进出境阶段海关监管状态下的各类货物,也包括处于海关后续监管状态下的各类已进境货物。

一、一般进出口货物概述

(一) 含义

一般进出口货物指按照海关一般进出口监管制度管理的进出口货物,包括一般进口货物和一般出口货物。

(二) 一般贸易进出口货物通关

一般进出口货物的收发货人应当按照《海关法》和其他有关法律、行政法规的规定,在货物进出境时向海关申报,并按规定缴纳税费。货物进出口受国家法律、行政法规管制需申领进出口许可证件的,收发货人或其代理人应当向海关提交相关的进出口许可证件。

一般进口货物在进口环节办理通关手续,履行相关法定义务后,海关放行即视为办结海关手续,可进入生产和消费领域流通。一般出口货物在出口环节办理通关手续,履行相关法定义务后并取得海关放行,装运离境后即视为办结海关手续。

(三) 一般进出口货物的范围

一般进出口货物主要包括:

(1)一般贸易进口货物(特定减免税除外);

(2)一般贸易出口货物;

(3)转为实际进口的保税货物、暂时进境货物,转为实际出口的暂时出境货物;

(4)易货贸易、补偿贸易进出口货物;

(5)不批准保税的寄售代销贸易货物;

(6)承包工程项目进出口货物;

(7)外国驻华商业机构进出口陈列用的样品;

(8)外国旅游者小批量订货出口的商品;

(9)随展览品进境的小卖品;

(10)免费提供的进口货物,如:外商在经济贸易活动中赠送的进口货物;外商在经济贸易活动中免费提供的试车材料等;我国在境外的企业、机构向国内单位赠送的进口货物。

可以看出,"一般进出口"与"一般贸易"并非同一概念。一般贸易是国际贸易中的一种监管方式,指中国境内有进出口经营权的企业单边进口或单边出口的贸易,货物在进出口环节所有权转移伴随着货款资金的反向流动过程。但一般贸易货物未必按"一般进出口"方式办理通关手续,企业可能因享受国家特定关税优惠政策,其一般贸易采购进口的货物按照"特定减免税"方式办理通关手续。

二、一般进出口货物通关管理

具体通关事项参照本章第二节相关内容。

第四节 海关监管货物的通关程序(2):加工贸易货物

一、加工贸易概述

(一)加工贸易的基本概念

1.加工贸易含义

加工贸易是指经营企业进口全部或者部分原辅材料、零部件、元器件、包装物料,经过加工或者装配后,将制成品复出口的经营活动。

加工贸易通常包括来料加工和进料加工两种形式:来料加工是指进口料件由境外企业提供,经营企业不需要付汇进口,按照境外企业的要求进行加工或者装配,只收取加工费,制成品由境外企业销售的经营活动;进料加工是指进口料件由经营企业付汇进口,制成品由经营企业外销出口的经营活动。

2.加工贸易货物范围

加工贸易货物的范围包括专为加工、装配出口产品而从国外进口且海关准予保税的原材料、零部件、元器件、包装物料、辅助材料(以下统称为料件),在加工贸易生产过程中产生的边角料、残次品和副产品,以及用进口保税料件生产的半成品、成品。

3.加工贸易货物特点

(1)加工贸易货物的进口必须事先在海关设立手册或账册。

(2)加工贸易货物进口时无须缴纳进口关税和进口环节税。

(3)加工贸易货物在境内经加工装配后复运出境。若保税加工货物转内销,须经批准并交验进口许可证件,缴纳进口税费。

(4)加工贸易货物一般须复运出境,成品出口时除另有规定外无须缴纳关税,提交许可证件。

4. 加工贸易商品分类

加工贸易商品分为禁止类、限制类和允许类三类。禁止类商品是指国家规定禁止进口的商品，以及海关无法实行保税监管的商品；限制类商品是指进口料件属国内外价差大且海关不易监管的敏感商品；禁止类和限制类以外的商品为允许类商品。

5. 加工贸易企业

加工贸易企业，包括经海关注册登记的经营企业和加工企业。

经营企业，是指负责对外签订加工贸易进出口合同的各类进出口企业和外商投资企业，以及经批准获得来料加工经营许可的对外加工装配服务公司。

加工企业，是指接受经营企业委托，负责对进口料件进行加工或者装配、并且具有法人资格的生产企业，以及由经营企业设立的虽不具有法人资格、但实行相对独立核算并已经办理工商营业证(执照)的工厂。

(二) 加工贸易海关事务担保

加工贸易涉及风险保证金征收，按海关事务担保事项办理。

1. 担保形式

担保形式有保证金或保函等形式。保函包括银行或者非银行金融机构的保函，保函担保期限应为手册有效期满后 80 天，以保函形式办理担保的，企业将保函交于海关加贸部门保管。担保形式为保证金的，企业以人民币形式缴纳保证金，保证金金额由海关财务部门核算管理。

2. 保证金核定与交付

海关加贸部门负责核定应征保证金金额，开具"海关交(付)款通知书"，企业将款项交至海关财务部门指定代保管款账户办理保证金交款手续，由海关财务部门确认保证金款项到账并反馈加贸部门，加贸部门向企业开具"海关保证金专用收据"。

因手册变更导致担保金额增加或担保期限延长的，企业办理担保事项变更手续。因变更手册导致担保金额减少的，待手册核销结案后，由海关一并退还。

3. 保证金、保函退还

担保形式为保证金的，海关加贸部门向财务部门制发"海关交(付)款通知书"和"海关保证金专用收据"(退款联)，财务部门凭企业提交的加盖企业财务专用章的合法收据，办理保证金本金及利息退还手续。

担保形式为保函的，企业在保函收据上签注签收人姓名和时间，并将相关材料一并归档存查。

4. 保证金转税款

海关加贸部门凭"海关专用缴款书"向财务部门开具"海关交(付)款通知书",财务部门凭"海关专用缴款书"和"海关交(付)款通知书"办理有关手续。

(三) 加工贸易单耗管理

单耗是指加工贸易企业在正常生产条件下加工生产单位出口成品所耗用的进口料件的数量。单耗包括净耗和工艺损耗。

净耗是指在加工后,料件通过物理变化或者化学反应存在或者转化到单位成品中的量。

工艺损耗是指因加工工艺原因,料件在正常加工过程中除净耗外所必须耗用、但不能存在或者转化到成品中的量,包括有形损耗和无形损耗。

工艺损耗率是指工艺损耗占所耗用料件的百分比。

上述几个概念之间的关系可用公式表示为:

$$单耗 = 净耗 \div (1 - 工艺损耗率)$$

加工贸易单耗标准是指供通用或者重复使用的加工贸易单位成品耗料量的准则。海关对单耗标准设定最高上限值,对出口应税成品单耗标准增设最低下限值,加工贸易企业备案的单耗不得超过单耗标准。加工贸易企业一般应在设立手册环节或出口(深加工结转或内销)前向海关如实申报单耗。

二、加工贸易电子化手册作业环节

(一) 资料备案与电子化手册设立

目前,海关加工贸易常规监管模式主要是指电子化手册。电子化手册管理是海关以加工贸易合同为管理对象,在加工贸易手册备案、通关、核销等环节采用"电子手册+自动核算"模式,实现电子申报、网上备案、无纸通关、无纸报核的监管模式。

1. 备案资料库

企业对加工贸易料件和成品按照《进出口税则》等有关规定进行商品归类,并填制备案资料库的基本信息、料件和成品表向海关备案,海关予以审核并建立备案资料库。

备案资料库以企业为监管单元建立,一家企业只需备案一个资料库。料件、成品等数据信息包括货号、商品编码、商品名称、计量单位,应按照《规范申报目录》中相应商品所列申报要素的各项内容填写。备案的料件和成品可以是企业料号级的料件、成品归并后的结果。

备案资料库建立后,可依据合同调用有关数据资料,设立多个电子化手册。

2. 电子化手册设立

电子化手册设立是指企业在备案资料库商品范围内,按照进出口需要,向海关办理电子化手册,海关对申报内容予以审核并建立电子化手册的过程。

企业通过金关二期加贸管理系统直接发送手册设立(变更)数据。首次办理的企业,登录"加工贸易企业经营状况及生产能力信息系统",自主填报"加工贸易企业经营状况及生产能力信息表"(简称"信息表"),并对信息真实性作出承诺。"信息表"有效期为自填报(更新)之日起 1 年,到期后或相关信息发生变化,企业应及时更新"信息表"。已网上填报"信息表"的企业到主管海关办理加工贸易手(账)册设立(变更)手续,无须提交纸质"信息表"。

企业进行手册设立,自行或通过代理录入电子化手册表头信息,表体料件和成品的货号、商品编码、商品名称、计量单位等信息调用备案资料库数据,进出口数量、价格、单损耗等信息依据合同录入。经营企业上传对外签订的合同或协议,以及海关按规定需要收取的其他单证和资料。海关审核通过后,系统生成电子化手册。

3. 不予设立手册的情形

经审查,经营企业或加工企业存在以下情形之一的,海关作出不予设立决定:

进口料件或者出口成品属于国家禁止进出口的;加工产品属于国家禁止在我国境内加工生产的;进口料件不宜实行保税监管的;经营企业或者加工企业属于国家规定不允许开展加工贸易的;经营企业未在规定期限内向海关报核已到期手册,又重新申报设立手册的。

4. 需缴纳风险保证金情形

有下列情形之一的,海关应当在经营企业提供相当于应缴税款金额的保证金或者银行、非银行金融机构保函后办理手册设立手续:涉嫌走私,已经被海关立案侦查,案件尚未审结的;由于管理混乱被海关要求整改,且在整改期内的。

要求经营企业提供保证金或者银行保函的,海关须书面告知企业理由。

(二)加工贸易货物通关

加工贸易项下料件进口、成品出口,加工贸易经营企业凭加工贸易手册、加工贸易进出口货物报关单等有关单证办理进出口通关手续。

加工贸易料件进口时无须缴纳进口关税和进口环节税,海关实施保税监管,并于加工成品出口后根据核定的实际加工复出口的数量予以核销。

加工贸易进口料件,一般免予交验进口许可证件。但涉及易制毒化学品、监控化学品、消耗臭氧层物质、原油、成品油等规定商品,以及涉及公共道德、公共卫生、公共安全所实施的进口管理,在进口申报时应向海关交验相关许可证件。

加工贸易项下出口应税商品,如系全部使用进口料件加工的成品,不征收出口关税;部分使用进口料件加工的成品,按海关核定的比例征收出口关税。加工贸易出口成品属于国家对出口有限制性规定的,在出口报关时须交验许可证件。

（三）加工贸易核销

核销是指加工贸易经营企业加工复出口或者办理内销等海关手续后向海关申请解除加工贸易手册监管,海关经审查、核查属实且符合有关法律、行政法规、规章的规定,予以办理解除监管手续的行为。

企业向金关二期加工贸易系统发送正式报核数据。加工贸易经营企业应在规定的期限内将进口料件加工复出口,并且自加工贸易手册项下最后一批成品出口或者加工贸易手册到期之日起 30 日内向海关报核。合同因故提前终止的,应当自合同终止之日起 30 日内向海关报核。

企业报核时应向海关如实申报进口料件、出口成品、边角料、剩余料件、残次品、副产品以及单耗等情况,并且按照规定提交相关单证,包括合同核销预录入呈报表、核销平衡表、进出口报关单、内销征税税单复印件、销毁处置证明,以及有关工艺流程、单损耗资料或情况说明等。

企业报核单证齐全有效的,海关受理报核。海关对受理报核的加工贸易手册进行核销核算,对于企业申报资料和内容不符合规定要求的,予以退单;报核数据与海关底账出现差异时,要求企业查找产生差异的原因,并提交解释报告或说明材料;手册进出口金额出现倒挂时,视具体情况,由企业作说明、改单,或交由核查部门下厂核查、移交缉私部门处理。

通过 H2010 加工贸易系统对报核手册进行核销核算,核算后通过 H2010 加工贸易系统进行结案,海关签发"核销结案通知书"。经营企业已经办理担保手续的,海关在核销结案后按照规定解除担保。

手册核销后,企业库存有剩余料件的,原则上不得进行结转。对库存余料属于国家许可证件管理的,在企业补交许可证件后,以"后续补税"监管方式办理料件补税手续。对不能说明理由或涉嫌违规、走私的,移交缉私部门进行处理。

三、其他加工贸易货物的处置

其他加工贸易货物是指履行加工贸易合同过程中产生的剩余料件、边角料、残次品、副产品和受灾保税货物。

剩余料件是指加工贸易企业在从事加工复出口业务过程中剩余的、可以继续用于加工制成品的加工贸易进口料件。

边角料是指加工贸易企业从事加工复出口业务,在海关核定的单耗量内、加工过程中产生的、无法再用于加工该合同项下出口制成品的数量合理的废碎料及下角料。

残次品是指加工贸易企业从事加工复出口业务,在生产过程中产生的有严重缺陷或者达不到出口合同标准,无法复出口的制成品(包括完成品和未完成品)。

副产品是指加工贸易企业从事加工复出口业务,在加工生产出口合同规定的制成品(即主产品)过程中同时产生的,且出口合同未规定应当复出口的一个或一个以上的其他产品。

受灾保税货物是指在加工贸易企业从事加工出口业务中,因不可抗力原因或其他经海关审核认可的正当理由造成损毁、灭失、短少等导致无法复出口的保税进口料件和加工制成品。

对于履行加工贸易合同中产生的上述剩余料件、边角料、残次品、副产品、受灾保税货物,企业必须在手册有效期内处理完毕。处理的方式有内销、结转、退运、销毁等。

1. 加工贸易货物内销

加工贸易货物内销是指经营企业申请将加工贸易剩余料件或加工过程中的成品、半成品、残次品、边角料、副产品以及受灾保税货物转为国内销售,不再加工复出口的行为。

1)办理流程

企业通过金关二期加贸管理系统办理内销加工贸易货物手续时,应向海关提交相关申请材料,海关经审核准予内销的,对内销征税货物进行归类、审价确定,核发《加工贸易货物内销征税联系单》交企业办理通关手续。对于符合条件的加工贸易企业,经海关批准,可以先行内销加工贸易保税货物,再集中向主管海关办理内销纳税手续。

经营企业在办理加工贸易内销货物进口通关手续时,对于加工贸易剩余料件、制成品、残次品内销,应选用"料件内销"相关监管方式填写进口报关单,品名按原进口料件进行申报,制成品、残次品的数量和价值应根据单耗关系折算其所耗用的进口料件进行申报;对于边角料以及副产品,应选用"边角料内销"相关监管方式填写进口报关单,并应按向海关申请内销的报验状态申报品名、数量及价值。加工贸易内销货物属于进口许可证件管理的,企业还应当按照规定向海关提交有关进口许可证件,但内销边角料免予提交。

现场海关通关部门审核《加工贸易货物内销征税联系单》和内销报关单等数据,办理加工贸易内销货物报关单的审单、征税、放行等海关作业。

2)计征税款与缓税利息

进料加工进口料件或者其制成品、残次品内销时,以料件原进口成交价格为基础确定征税完税价格;来料加工进口料件或者其制成品、残次品内销时,以接受内销申报的同时或者大约同时进口的与料件相同或者类似的保税货物的进口成交价格为基础确定完税价格;边角料、副产品内销,以其内销价格为基础确定完税价格。

加工贸易内销货物征税,适用海关接受内销申报办理纳税手续之日实施的税率。

加工贸易保税货物内销,海关在依法征收税款的同时需加征缓税利息。内销边角料不征收缓税利息。

缓税利息计算公式:

应征缓税利息＝应征税额×计息期限×缓税利息率÷360

计息期限的确定:电子化手册管理模式下,计息期限的起始日期为内销货物所对应的加工贸易合同项下首批料件进口之日,终止日期为海关填发税款缴款书之日。

缓税利息率的确定:缓税利息的利率参照中国人民银行公布的活期存款利率执行,海关根据填发税款缴款书时的利率计征缓税利息。

2. 加工贸易余料结转

加工贸易项下的合同履行完毕或因故中止后,剩余可以继续用于加工制成品的加工贸易进口料件经海关批准后,从该加工贸易手册(即余料转出手册)转入同一企业的其他加工贸易手册(即余料转入手册)继续加工复出口。报关监管方式为"来料余料结转"或"进料余料结转"。

加工贸易企业申报将剩余料件结转到另一个加工贸易合同使用,限同一经营企业,同一加工企业、同样进口料件和同一加工贸易方式。凡具备条件的,海关按规定核定单耗后,企业通过金关二期加贸管理系统可以办理该合同核销及其剩余料件结转手续。

加工贸易企业申报剩余料件结转有下列情形之一的,企业缴纳不超过结转保税料件应缴纳税款金额的风险担保金后,海关予以办理:

(1)同一经营企业申报将剩余料件结转到另一加工企业的;

(2)剩余料件转出金额达到该加工贸易合同项下实际进口料件总额50%及以上的;

(3)剩余料件所属加工贸易合同办理两次以及两次以上延期手续的。

剩余料件结转涉及不同主管海关的,在双方海关办理相关手续,并由转入地海关收取风险担保金。

须缴纳风险担保金的加工贸易企业有下列情形之一的,免予缴纳风险担保金:

(1)适用加工贸易一般认证管理的;

(2)已实行台账实转的合同,台账实转金额不低于结转保税料件应缴税款金额的;

(3)原企业发生搬迁、合并、分立、重组、改制、股权变更等法律规定的情形,且现企业继承原企业主要权利义务或者债权债务关系的,剩余料件结转不受同一经营企业、同一加工企业同一贸易方式的限制。

3. 加工贸易货物退运

加工贸易企业通过金关二期加贸管理系统因故申请将边角料、剩余料件、残次品、副产品或者受灾保税货物退运出境的,海关按照退运的有关规定办理,凭有关退运证明材料办理核销手续。

剩余料件退运的监管方式有"来料料件复出"或"进料料件复出"及"来料料件退换"或

"进料料件退换"。料件复出指进口的保税料件因品质、规格等原因退运,或加工过程中产生的剩余料件退运出境,不再复进口相同的货物;料件退换是指进料加工进口的保税料件因品质、规格等原因退运出境,再复进口品质等合格的料件。

边角料退运应填制出口报关单,监管方式填报"进料边角料复出"或"来料边角料复出"。

残次品退运目前海关未设有专门的监管方式,海关允许的操作方式:

(1)以成品、半成品状态存在的残次品,企业要求复出口的,应在加工贸易手(账)册的出口成品栏中增设该成品或半成品的项号,中文名称后加"残次品"字样,实际通关时报关单监管方式填报"进料对口"或"来料加工"。

(2)已还原至原进口料件状态的残次品,企业要求复出口,报关单监管方式填报"来料料件复出"或"进料料件复出",报关单备注栏注明"残次品"。

(3)监管方式"来料料件退换"或"进料料件退换"必须是未经加工的原材料,残次品不可以此方式复出口。

边角料和残次品退运复出装箱时,要按海关查验便于清点、核实的方式分类进行包装,不得混装。残次品不可做正常加工工序以外的加工,即破坏性处理。

4.加工贸易货物销毁

加工贸易货物销毁处置,是指加工贸易企业通过金关二期加贸管理系统对因故无法内销或者退运的边角料、剩余料件、残次品、副产品或者受灾保税货物,向海关申报,委托具有法定资质的单位,采取焚烧、填埋和用其他无害化方式,改变货物物理、化学和生物等特性的处置活动。

企业向海关申请办理加工贸易货物销毁处置,应提交《海关加工贸易货物销毁处置申报表》、销毁处置方案、货物无法内销或退运的说明、销毁处置单位的资质证明以及企业与该单位签订的委托合同。申报销毁处置来料加工货物的,应同时提交货物所有人的销毁声明;申报销毁处置残次品的,应同时提交残次品单耗资料以及根据单耗折算的残次品所耗用的原进口料件清单。

经海关批准同意销毁处置的加工贸易货物,企业应明确时限及时完成货物销毁处置,并在手册有效期内办理报关手续。销毁处置加工贸易货物未获得收入的,选用"料件销毁"或"边角料销毁"相关监管方式填写报关单向海关申报;销毁处置后获得收入的,按销毁处置后的货物报验状态向海关申报,选用"边角料内销"相关监管方式填写报关单向海关申报,海关比照边角料内销征税的管理规定办理征税手续。

四、加工贸易的专项业务管理

1. 深加工结转

深加工结转,是指加工贸易企业将保税进口料件加工的产品转至另一加工贸易企业进一步加工后复出口的经营活动。

加工贸易企业通过金关二期加贸管理系统开展深加工结转的,转入企业、转出企业应当向各自的主管海关申报,通过电子口岸填写"深加工结转申报表"。转出、转入地海关根据企业申请,核准企业提交的"深加工结转申报表"电子数据,准予结转备案后结转双方办理实际收发货并录入《保税货物深加工结转收发货单》,实际收发货完成后,转出、转入企业分别在转出地、转入地海关办理结转报关手续。转出企业自转入企业申报结转进口之日起 10 日内,向转出地海关办理结转出口报关手续。

在办理结转报关手续时,一份结转进口报关单对应一份结转出口报关单,结转进口、出口报关单的申报价格为结转货物的实际成交价格,两份报关单对应的申报序号、结转申请表编号、价格、数量应当一致,报关单所填关联备案号(手册号)及关联报关单号应相互对应。

2. 外发加工

外发加工是指经营企业因受自身生产特点和条件限制,经海关备案并办理有关手续,委托承揽企业对加工贸易货物进行加工,在规定期限内将加工后的产品运回本企业并最终复出口的行为。

承揽企业,是指与经营企业签订加工合同,承接经营企业委托的外发加工业务的生产企业。承揽企业须经海关注册登记,具有相应的生产能力。

企业通过金关二期加贸管理系统开展外发加工业务,应当按照外发加工的相关管理规定,自外发之日起 3 个工作日内向海关办理备案手续,并递交下列单证:

(1)外发加工报告,包括申请外发加工的原因,外发加工的工艺流程、单耗情况,以及加工中产生的边角料、余料、残次品、副产品处置的说明等材料。

(2)经营企业与承揽企业签订的加工合同或协议,经营企业签章的"加工贸易货物斜发加工备案表""加工贸易外发加工货物外发清单"等。

(3)承揽企业的营业执照复印件。

一份外发加工申报表对应一个委托企业和一个承揽企业;一份外发加工申报表对应委托企业的一本加工贸易手册,外发加工期限应当在加工贸易手册有效期之内;企业申报全部工序外发的,应在外发加工申报表备注栏注明"全部工序外发加工"字样。

经营企业将全部工序外发加工的,应当在办理备案手续的同时向海关提供相当于外发加工货物应缴税款金额的保证金或者银行、非银行金融机构的保函。保函金额以外发加工货物所使用的保税料件应缴税款金额为基础予以确定。申请外发加工的货物之前已向海关提供不低于应缴税款金额的保证金或者银行保函的,经营企业无须向海关提供保证金或者银行保函。

3. 加工贸易料件串换

加工贸易货物应当专料专用。因加工出口产品急需,经海关核准,经营企业保税料件之间、保税料件与非保税料件之间可以进行串换,但料件串换限于同一企业、同一加工企业之间,并应当遵循同品种、同规格、同数量的原则。来料加工保税进口料件不得串换。

企业通过金关二期加贸管理系统办理加工贸易料件串换申请,海关实行一案一批;经营企业保税料件与非保税料件串换,串换下来同等数量的保税料件,经主管海关批准,由企业自行处置;海关发现企业未经海关批准,擅自串换不同手册间料件,或擅自以非保税料件串换、替代保税料件,涉嫌构成走私、违规行为的,移交缉私部门进行处理。

4. 加工贸易货物抵押

加工贸易货物抵押是指企业通过金关二期加贸管理系统以加工贸易货物作为抵押担保,向金融或非金融机构取得贷款的行为。

加工贸易货物范围包括加工贸易料件、成品、半成品、残次品、边角料、副产品。

经经营企业申请,海关批准,加工贸易货物可以抵押。但有下列情形之一的,不予办理抵押手续:

(1)抵押影响加工贸易货物生产正常开展的;

(2)抵押加工贸易货物或其使用的保税料件涉及进出口许可证件管理的;

(3)抵押加工贸易货物属来料加工货物的;

(4)以合同为单元进行管理,抵押期限超过手册有效期限的;

(5)以企业为单元进行管理,抵押期限超过1年的;

(6)经营企业或加工企业涉嫌走私、违规,已被海关立案调查、侦查,案件未审结的;

(7)经营企业或加工企业因为管理混乱被海关要求整改,在整改期内的;

(8)海关认为不予批准的其他情形。

经营企业在申请办理加工贸易货物抵押手续时,应向主管海关提交以下材料,主管海关按照上述条件进行审核:

(1)正式书面申请;

(2)银行抵押贷款书面意向材料;

(3)海关认为必要的其他单证。

经审核符合条件的,经营企业在缴纳相应保证金或者银行保函后,主管海关准予其向境内银行办理加工贸易货物抵押,并将抵押合同、贷款合同复印件留存主管海关备案。

保证金或者银行保函按抵押加工贸易货物对应成品所使用全部保税料件应缴税款金额计算。

5. 加工贸易货物不作价设备

加工贸易不作价设备是指与加工贸易经营企业开展加工贸易(包括来料加工、进料加工及外商投资企业履行产品出口合同)的境外厂商,免费(不需要境内加工贸易经营企业付汇,也不需要用加工费或差价偿还)向经营单位提供的加工生产所需设备。

企业通过金关二期加贸管理系统向主管海关申请进口加工贸易不作价设备时应提交以下资料:设备申请备案清单,合同(含不作价设备),有关不作价设备名称、规格型号、工作原理、功能、技术参数等技术资料,以及海关需要的其他资料。

申请加工贸易不作价设备备案的条件:

(1)需设有独立的专门从事加工贸易的工厂或车间,并且不作价设备仅限在该工厂或车间使用。

(2)企业以现有加工生产能力为基础开展加工贸易的项目,使用不作价设备的加工生产企业在加工贸易合同(协议)期限内,其每年加工产品必须有70%以上属出口产品。

(3)加工贸易合同(协议)中须列明不作价进口设备由外商免费提供,不需付汇进口,也不需要用加工费或差价方式偿还。

(4)申请免税进口的不作价设备须不属于《外商投资项目不予免税的进口商品目录》及《进口不予免税的重大技术装备和产品目录》。

(5)对临时进口(期限在半年以内)加工贸易生产所需不作价设备(限模具,单台设备),海关按暂时进口货物办理,逾期补征税款。

经海关审核,企业的申请符合条件的,核发不作价设备登记手册(D)。经营单位凭此向海关办理设备报关进口手续,海关予以免征关税验放。

不作价设备监管期限5年期满后,设备留在原企业继续使用的,企业向海关提交解除监管的书面申请,海关核准后办理解除监管手续。企业免予办理机电产品进口证件。

不作价设备监管期内,企业申请提前解除监管的,办理进口报关纳税手续,按规定提交进口许可证件。

第五节　海关监管货物的通关程序(3):保税仓储物流货物

保税仓储物流货物是指经海关批准未办理纳税手续进境,或已办结海关出口手续尚未离境,在境内海关保税监管场所或海关特殊监管区域内暂时存储后,继续流转至境内或境外的货物。本节所述保税仓储物流货物,包括保税仓库、出口监管仓库和保税物流中心这三类海关保税监管场所进出的货物,不包括进出保税区等海关特殊监管区域的货物。

一、保税仓库

保税仓库是指经海关批准设立的专门存放保税货物及其他未办结海关手续货物的仓库。保税仓库应设立在设有海关机构、便于海关监管的区域,由直属海关审批、验收合格并核发证书后投入运营。

1. 保税仓库的类型

保税仓库按照使用对象不同分为公用型和自用型:公用型保税仓库由主营仓储业务的中国境内独立企业法人经营,专门向社会提供保税仓储服务;自用型保税仓库由特定的中国境内独立企业法人经营,仅存储供本企业自用的保税货物。

保税仓库中专门用来存储具有特定用途或特殊种类商品的被称为专用型保税仓库,包括液体危险品保税仓库、加工贸易备料保税仓库、寄售维修保税仓库等类型。

2. 保税仓库存放货物范围

下列货物,经海关批准可以存入保税仓库:加工贸易进口货物、转口货物、供应国际航行船舶和航空器的油物料与维修用零部件、供维修外国产品所进口寄售的零配件、外商暂存货物、未办结海关手续的一般贸易货物等。

保税仓库不得存放国家禁止进境货物,不得存放未经批准的影响公共安全、公共卫生或健康、公共道德或秩序的国家限制进境货物以及其他不得存入保税仓库的货物。

保税仓库应当按照海关批准的存放货物范围和商品种类开展保税仓储业务。

3. 保税仓库所存货物的管理

(1)保税仓储货物,未经海关批准,不得擅自出售、转让、抵押、质押、留置、移作他用或者进行其他处置。

(2)保税仓储货物存储期限为1年。确有正当理由的,经海关同意可予以延期;除特殊情况外,延期不得超过1年。保税仓储货物在保税仓库内存储期满,未及时向海关申请延期或者延长期限届满后既不复运出境也不转为进口的,海关按超期未报关进口货物处理。

(3)保税仓储货物在存储期间发生损毁或者灭失的,除不可抗力外,保税仓库应当依法向海关缴纳损毁、灭失货物的税款,并承担相应的法律责任。

(4)保税仓储货物经主管海关批准,可以进行分级分类、分拆分拣、分装、计量、组合包装、打膜、加刷或刷贴运输标志、改换包装、拼装等辅助性简单作业,但不得进行实质性加工。

(5)海关对保税仓库实施计算机联网管理,并可以随时派员进入保税仓库检查货物的收、付、存情况及有关账册。保税仓库经营企业应当如实填写有关单证、仓库账册,真实记录并全面反映其业务活动和财务状况,编制仓库月度收、付、存情况表和年度财务会计报告,并定期以计算机电子数据和书面形式报送主管海关。

二、出口监管仓库

出口监管仓库,是指经海关批准设立,对已办结海关出口手续的货物进行存储、保税物流配送、提供流通性增值服务的海关专用监管仓库。出口监管仓库的设立应当符合区域物流发展和海关对出口监管仓库布局的要求,由直属海关审批、验收合格并核发证书后投入运营。

1. 出口监管仓库的类型

出口监管仓库分为出口配送型仓库和国内结转型仓库。出口配送型仓库是指存储以实际离境为目的的出口货物的仓库;国内结转型仓库是指存储用于国内结转的出口货物的仓库。

对于出口配送型仓库,符合上一年度入仓货物的实际出仓离境率不低于99%等条件的,可以进一步申请国内货物入仓即退税政策。

2. 出口监管仓库存放货物范围

经海关批准,出口监管仓库可以存入下列货物:一般贸易出口货物、加工贸易出口货物、从其他海关特殊监管区域或保税监管场所转入的出口货物等。出口配送型仓库还可以存放为拼装出口货物而进口的货物,以及为改换出口监管仓库货物包装而进口的包装物料。

出口监管仓库不得存放国家禁止进出境货物以及未经批准的国家限制进出境货物。

3. 出口监管仓库所存货物的管理

(1)出口监管仓库所存货物,未经海关批准,不得擅自出售、转让、抵押、质押、留置、移作他用或者进行其他处置。

(2)出口监管仓库所存货物存储期限为6个月。经主管海关同意可以延期,但延期不得超过6个月。货物存储期满前,仓库经营企业应当通知发货人或者其代理人办理货物的出境或者进口手续。

(3)出口监管仓库所存货物在存储期间发生损毁或者灭失的,除不可抗力外,仓库应当依法向海关缴纳损毁、灭失货物的税款,并承担相应的法律责任。

(4)存入出口监管仓库的货物不得进行实质性加工。经主管海关同意,可以在仓库内进行品质检验、分级分类、分拣分装、加刷唛码、刷贴标志、打膜、改换包装等流通性增值服务。

(5)海关对出口监管仓库实施计算机联网管理,并随时派员进入出口监管仓库检查货物的进、出、转、存情况及有关账册、记录。出口监管仓库经营企业应当如实填写有关单证、仓库账册、真实记录并全面反映其业务活动和财务状况,编制仓库月度进、出、转、存情况表和年度财务会计报告,并定期报送主管海关。

三、保税物流中心

1. 保税物流中心概述

保税物流中心是经海关批准,由中国境内企业法人经营,专门从事保税仓储物流业务的海关集中监管场所。保税物流中心分为 A 型和 B 型两种,A 型由物流中心经营企业经营并自行从事保税仓储物流业务;B 型由经营企业负责物流中心的经营管理,多家企业进入并从事保税仓储物流业务,后一类企业称为"中心内企业"。下文所述均指 B 型保税物流中心。

保税物流中心选址一般在靠近海港、空港、陆路交通枢纽及内陆国际物流需求量较大、交通便利、设有海关机构且便于海关集中监管的地方,其设立应向直属海关提出书面申请,直属海关受理后报海关总署审批,经海关总署会同国家税务总局、国家外汇管理总局等部门审核验收合格后方可开展业务。从事保税仓储物流业务的中心内企业申请进入物流中心,应向主管海关提出书面申请,直属海关审批后核发注册登记证书。

2. 保税物流中心的经营范围

1)货物范围

下列货物,经海关批准可以存入物流中心:国内出口货物;转口货物和国际中转货物;外商暂存货物;加工贸易进出口货物;供应国际航行船舶和航空器的物料、维修用零部件;供维修外国产品所进口寄售的零配件;未办结海关手续的一般贸易进口货物;经海关批准的其他未办结海关手续的货物。

中心内企业应当按照海关批准的存储货物范围和商品种类开展保税物流业务。

2)业务范围

中心内企业可以开展以下业务:保税存储进出口货物及其他未办结海关手续货物;对所存货物开展流通性简单加工和增值服务;全球采购和国际分拨、配送;转口贸易和国际中转;经海关批准的其他国际物流业务。

中心内企业不得在物流中心内开展下列业务:商业零售;生产和加工制造;维修、翻新和拆解;存储国家禁止进出口货物,以及危害公共安全、公共卫生或者健康、公共道德或者秩序的国家限制进出口货物;法律、行政法规明确规定不能享受保税政策的货物;其他与保税物流中心无关的业务。

3. 保税物流中心货物的管理

(1)物流中心内货物可以在中心内企业之间进行转让、转移并办理相关海关手续。未经海关批准,中心内企业不得擅自将所存货物抵押、质押、留置、移作他用或者进行其他处置。

(2)保税仓储货物在存储期间发生损毁或者灭失的,除不可抗力外,中心内企业应当依法向海关缴纳损毁、灭失货物的税款,并承担相应的法律责任。

(3)物流中心内货物保税存储期限为2年。确有正当理由的,经主管海关同意可以予以延期,除特殊情况外,延期不得超过1年。

(4)中心内企业对所存货物开展流通性简单加工和增值服务,指对货物进行分级分类、分拆分拣、分装、计量、组合包装、打膜、加刷唛码、刷贴标志、改换包装、拼装等辅助性简单作业。

(5)海关采取联网监管、视频监控、实地核查等方式对进出物流中心的货物、物品、运输工具等实施动态监管。海关对物流中心及中心内企业实施计算机联网监管,物流中心及中心内企业应当建立符合海关监管要求的计算机管理系统并与海关联网,形成完整真实的货物进、出、转、存电子数据,保证海关开展对有关业务数据的查询、统计、采集、交换和核查等监管工作。

第六节　海关监管货物的通关程序(4):海关特殊监管区域

海关特殊监管区域是经国务院批准,设立在中华人民共和国关境内,具有特殊功能和享受特殊政策,由海关实施封闭监管的特定经济区域。这些区域包括保税区、出口加工区、保税物流园区、保税港区、综合保税区,以及珠澳跨境工业区珠海园区、中哈霍尔果斯国际边境合作中方配套区等。

六种特殊监管区域,设立之初有不同的政策功能特点,保税区主要是为了服务和保障保税加工企业对一些设备和料件进行保税监管的需要。出口加工区主要是立足于推动外贸发展,服务企业扩大出口。随着对外开放的进一步发展,保税物流业务蓬勃兴起,为了更好地发挥保税区的物流枢纽的作用功能,又建立了保税物流园区。随后,为配合我国航运中心建设,建立了保税港区。由于几种特殊区域功能各异,不能够适应企业的综合性要求,所以国家提出在这个基础上建立综合保税区,整合优化各种特殊区域的一些政策和功能,实行统一化要求。现在的综合保税区是海关特殊监管区域的最高形态。

一、保税区

保税区,是指经国务院批准设立,具备保税加工、保税仓储、进出口贸易和进出口商品展示等功能的海关特殊监管区域。保税区是我国最早出现的海关特殊监管区域类型。

保税区的主要功能是保税加工、保税物流和国际贸易。

保税区与境外之间进出的货物,不实行进出口配额、许可证管理。从境外进入保税区的货物,其进口关税和进口环节税收可办理免税或保税手续。进出境报关采用报关制和备案制相结合的运行机制,即保税区与境外之间进出境货物属自用的,采取报关制,填写进出口货物报关单;属非自用的,包括加工出口、转口、仓储和展示,采取备案制,填写进出境货物备案清单或保税核注清单向海关报关报备。

从保税区进入境内区外的货物,按照进口货物办理手续;从境内区外进入保税区的货物,按照出口货物办理手续,出口退税按照国家有关规定办理。

二、出口加工区

出口加工区是专门制造、加工、装配出口商品的海关特殊监管区域。出口加工区非工作人员不得在区内居住,设置符合海关监管要求的隔离设施及闭路电视监控系统,不得建立营业性的生活消费设施,不得经营商业零售、一般贸易、转口贸易及其他与加工区无关的业务。

出口加工区除了可以设立出口加工企业,开展出口加工业务外,还可以设立保税物流企业,开展境内外保税货物仓储、转口、简单加工等业务,也可以开展研发、检测、维修业务。

加工区与境外之间进出的货物,不实行进出口配额、许可证件管理。从境外进入加工区的货物,其进口关税和进口环节税,除法律、法规另有规定外,按照有关规定办理免税或保税手续。

对加工区运往区外的货物,海关按照对进口货物的有关规定办理报关手续,并按照制成品征税。如属许可证件管理商品,还应向海关出具有效的进口许可证件。从区外进入加工区的货物,须经区内企业进行实质性加工后,方可运出境外。

加工区实行计算机联网管理和海关稽查制度,区内企业应建立符合海关监管要求的电子计算机管理数据库,并与海关实行电子计算机联网,进行电子数据交换。

三、保税物流园区

保税物流园区是经国务院批准,在保税区规划面积内或者毗邻保税区的特定港区内设立的,专门发展现代国际物流的海关特殊监管区域。

保税物流园区是以仓储物流为主的海关监管特殊区域,主要有以下功能:存储进出口货物及其他未办结海关手续的货物;对所存货物开展流通性简单加工和增值服务;国际转口贸易;国际采购、分销和配送;国际中转;检测、维修;商品展示;经海关批准的其他国际物流业务。

保税物流园区与境内其他地区之间应当设置符合海关监管要求的卡口、围网隔离设施、视频监控系统及其他海关监管所需的设施。保税物流园区非工作人员不得在园区内居住。

园区内不得建立工业生产加工场所和商业性消费设施,不得开展商业零售、加工制造、翻新、拆解及其他与园区无关的业务。

海关对保税物流园区企业实行电子账册监管制度和计算机联网管理制度。园区内企业自开展业务之日起,应当每年向园区主管海关办理报核手续。

保税物流园区与境外之间进出的货物实行备案制管理。从境外进入园区,符合海关规定条件的,海关予以办理免税手续或保税手续;从园区运往境外的,免征出口关税;园区与境外之间进出的货物,不实行进出口许可证件管理。以上情形,法律、行政法规另有规定的除外。

保税物流园区与区外之间进出的货物,由园区企业或者区外收发货人(或者其代理人)按照规定向海关办理相关手续、缴纳税费、办理许可证等。园区货物运往区外视同进口,区外货物运入园区视同出口。

保税物流园区企业可以对所存货物开展流通性简单加工和增值服务,包括分级分类、分拆分拣、分装、计量、组合包装、打膜、加刷唛码、刷贴标志、改换包装、拼装等具有商业增值的辅助性作业,但不得建立工业生产加工场所。

海关对于保税物流园区与海关特殊监管区域或者保税监管场所之间往来的货物,继续实行保税监管,不征收进出口环节和国内流通环节的有关税收。法律、行政法规另有规定的除外。

四、保税港区

保税港区是指经国务院批准,设立在国家对外开放的口岸港区和与之相连的特定区域内,具有口岸、物流、加工等功能的海关特殊监管区域。

保税港区实行封闭式管理,区内不得居住人员,不得建立商业性生活消费设施和开展商业零售业务,须设置符合海关监管要求的卡口、围网、视频监控系统及海关监管所需的其他设施。

保税港区可以开展的业务:存储进出口货物和其他未办结海关手续的货物;国际转口贸易;国际采购、分销和配送;国际中转;检测和售后服务维修;商品展示;研发、加工,制造;港口作业;经海关批准的其他业务。

保税港区内企业设立电子账册。电子账册的备案、核销等作业按有关规定执行。海关对保税港区内加工贸易货物不实行单耗标准管理。区内企业应当自开展业务之日起,定期向海关报送货物的进区、出区和储存情况。

保税港区与境外之间进出的货物实行备案制管理,对从境外进入保税港区的货物予以保税,保税港区运往境外的货物免征出口关税,不实行进出口配额、许可证件管理,法律、行政法规另有规定的除外。

保税港区与区外之间进出的货物,区内企业或者区外收发货人须按照规定向海关办理相关手续、缴纳税费、办理许可证等。

保税港区与其他海关特殊监管区域或者保税监管场所之间流转的货物,不征收进出口环节的有关税费,法律、行政法规另有规定的除外。

保税港区享受保税区、出口加工区、保税物流园区的相关税收和外汇管理政策:国外货物入港区保税;国内货物入港区视同出口,实行退税;港区内企业之间的货物交易不征增值税和消费税。实施"一线放开、二线管住、区内自由、入区退税"的监管模式,港区内企业之间的货物交易不征增值税和消费税。

五、综合保税区

综合保税区是设立在内陆地区具有保税港区功能的海关特殊监管区域,由海关参照有关规定进行管理,执行保税港区的税收和外汇政策,集保税区、出口加工区、保税物流园区、港口的功能于一身,可以发展国际中转、配送、采购、转口贸易和出口加工等业务,具有和保税港区相同的保税加工、保税物流等功能。

为提高加快综合保税区创新升级,现已开始在综合保税区实施"四自一简"的监管改革:

(1)自主备案:企业设立电子账册时,可以自主备案商品信息。经系统自动判别,除高风险转人工审核的以外,系统进行自动备案。

(2)自定核销周期:企业可根据实际经营情况,自主确定核销周期。核销周期原则上不超过1年,企业核销盘点前应当告知海关。

(3)自主核报:企业可自主核定保税货物耗用情况,向海关如实申报,办理核销手续。

(4)自主补缴税款:企业可按照"自主申报、自行缴税(自报自缴)"方式对需缴税的保税货物自主补缴税款。

(5)简化业务核销手续:企业可一次性办理分送集报、设备检测、设备维修、模具外发等业务备案手续。需办理海关事务担保的业务,企业按照有关规定提交担保。

综合保税区内一般信用及以上的企业可自主备案、合理自定核销周期、自主核报、自主补缴税款,海关简化业务核准手续。

为了培育研发新业态,海关总署量身定制了综合保税区保税研发监管模式,明确了在综合保税区内开展保税研发业务的条件,以及为解决研发"核销难"而确定了据实核销的原则。

为释放企业闲置产能,降低了综合保税区内企业委托加工准入门槛,综合保税区内企业可以利用监管期限内的免税设备接受区外企业委托,对区外企业提供的入区货物进行加工,加工后的产品全部运往境内(区外)的,收取加工费,并向海关缴纳税款。委托加工货物包括委托加工的料件(包括来自境内区外的非保税料件和区内企业保税料件)、成品、残次品、废品、副产品和边角料。

对境外进入综合保税区的动植物产品的检验项目实行"先入区、后检测"的监管模式。动植物产品在进境口岸完成动植物检疫程序后,对需要实施检验的项目,可先行进入综合保税区内的监管仓库,海关再进行有关检验项目的抽样检测和综合评定,并根据检测结果进行后续处置。

对境外进入综合保税区的食品实施"抽样后即放行"监管。凡需要进行实验室检测的,可在满足条件的基础上抽样后即予以放行。经实验室检测发现安全卫生项目不合格的,进口商应按照《中华人民共和国食品安全法》的规定采取主动召回措施,并承担相应的法律责任。

目前新设海关特殊监管区域均统一命名为综合保税区,原有海关特殊监管区域也正在加快整合优化,最终统一转型升级为综合保税区,综合保税区将着力发展成为具有全球影响力和竞争力的加工制造中心、研发设计中心、物流分拨中心、检测维修中心和销售服务中心。

六、跨境工业园区

跨境工业园区指经国务院批准,在中国内地与不同国家或不同关境地区之间设立的海关监管特殊区域。跨境工业园区以发展工业为主,兼顾物流、中转贸易、产品展销等功能,一般分为中国内地园区和毗邻国家或关境地区园区,由各自国家或地区政府分别实施管理。

第七节　海关监管货物的通关程序(5):特定减免税货物

一、减免税概述

减免税制度是根据法律法规和国家进出口税收优惠政策的规定,针对规定范围内的进出口货物予以减征或者免征关税、进口环节税的税收制度。根据《海关法》和《关税条例》规定,关税减免分为法定减免税、特定减免税和临时减免税。特定减免税和临时减免税都属于政策性减免税范围,两者并无明显的区别。

特定减免税是国务院制定颁布,针对特定地区、特定企业或者有特定用途的进出口货物,给予减免进出口税收的优惠政策。目前实施的特定减免税项目主要有:鼓励类外商投资项目自用设备、国家鼓励发展产业的国内投资项目、外国政府贷款和国际金融组织贷款项目、重大技术装备和产品、集成电路项目、科学研究和教学用品、科技开发用品、残疾人专用品、救灾捐赠物资、扶贫慈善捐赠物资等。

　　法定减免税是指依据《海关法》《关税条例》，以及其他法律、法规所实施的减免，除外国政府、国际组织无偿赠送的物资外，其他法定减免税货物一般无须办理减免税审手续。特定减免税是针对特定地区、特定企业或者有特定用途的进出口货物，给予减免出口税收的优惠政策。

二、减免税申请人的资格确认

　　减免税申请人按照有关进出口税收优惠政策的规定，申请减免税进出口相关货物，海关需要事先对减免税申请人的资格或者投资项目等情况进行确认的，减免税申请人应当在申请办理减免税审核确认手续前，向主管海关申请办理减免税备案手续，并同时提交下列材料：

　　(1)《进出口货物减免税备案申请表》；

　　(2)企业营业执照或者事业单位法人证书、国家机关设立文件、社团登记证书、民办非企业单位登记证书、基金会登记证书等证明材料；

　　(3)相关政策规定的享受进出口税收优惠政策资格的证明材料；

　　(4)海关认为需要提供的其他材料。

　　减免税申请人按照本条规定提交证明材料的，应当交验原件，同时提交加盖减免税申请人有效印章的复印件。

　　海关受理减免税申请人的备案申请后，应当对其主体资格、投资项目等情况进行审核。经审核符合有关进出口税收优惠政策规定的，应当准予备案；经审核不予备案的，应当书面通知减免税申请人。

三、进出口货物的减免税审核确认

　　减免税申请人应当在货物申报进出口前，向主管海关申请办理进出口货物减免税审核确认手续，并同时提交下列材料：

　　(1)《进出口货物征免税申请表》；

　　(2)企业营业执照或者事业单位法人证书、国家机关设立文件、社团登记证书、民办非企业单位登记证书、基金会登记证书等证明材料；

　　(3)进出口合同、发票以及相关货物的产品情况资料；

　　(4)相关政策规定的享受进出口税收优惠政策资格的证明材料；

　　(5)海关认为需要提供的其他材料。

　　减免税申请人按照本条规定提交证明材料的，应当交验原件，同时提交加盖减免税申请人有效印章的复印件。

海关受理减免税申请人的减免税审核申请后,应当对进出口货物相关情况是否符合有关进出口税收优惠政策规定,进出口货物的金额、数量等是否在减免税额度内等情况进行审核。

经审核符合相关规定的,应当作出进出口货物征税、减税或者免税的决定,并签发《中华人民共和国海关进出口货物征免税证明》(简称《征免税证明》)。

四、减免税货物的通关程序

减免税申请人应在《征免税证明》有效期内,凭《征免税证明》及有关报关单证在进口地海关办理有关进出口货物通关手续。不能在有效期内办理,需要延期的,应当在《征免税证明》有效期内向海关提出延期申请。《征免税证明》有效期限届满仍未使用的,该《征免税证明》效力终止,减免税申请人需要减免税进出口有关货物的,应重新申请办理。

货物已到达进口口岸,有下列情形之一的,减免税申请人可以向海关申请凭税款担保先予办理货物放行手续:主管海关已受理减免税备案或者审批申请,尚未办理完毕的;有关税收优惠政策已通过国务院批准,具体实施措施尚未明确,海关总署已确认减免税申请人属于享受该政策范围的。进出口地海关凭主管海关出具的《中华人民共和国海关准予办理减免税货物税款担保证明》办理货物的税款担保和验放手续。减免税申请人在税款担保期限届满前取得《征免税证明》的,海关解除税款担保,办理征免税进出口手续。担保期限届满,减免税申请人未申请办理担保延期手续的,海关要求担保人履行相应的担保责任或将税款保证金转为税款。

未按规定申请办理减免税备案、审批手续或者未申请办理税款担保手续的,货物申报进口时,海关予以照章征税。货物征税放行后,减免税申请人申请补办减免税审核手续的,除国家政策调整等原因并经海关总署批准外,海关不予受理。

国家对进出口货物有限制性规定,应当提供许可证件的,减免税申请人应在办理货物通关手续时向海关提交相应许可证件。

五、减免税货物后续管理

进口减免税船舶、飞机的监管年限为 8 年,机动车辆为 6 年,其他货物为 3 年。监管年限自货物进口放行之日起计算。减免税申请人应当自进口减免税货物放行之日起,在每年的第一季度向主管海关递交《减免税货物使用状况报告书》,报告减免税货物使用状况。在海关监管年限内,减免税申请人应当按照海关规定保管、使用进口减免税货物并依法接受海关监管,未经海关许可,减免税申请人不得擅自将减免税货物转让、抵押、质押、移作他用或者进行其他处置。在海关监管年限及其后 3 年内,海关依法对减免税申请人进口和使用减免税货物情况实施稽查。

减免税货物海关监管年限届满的,自动解除监管。减免税申请人可以自海关监管年限届满之日起1年内,向主管海关申领《中华人民共和国海关进口减免税货物解除监管证明》。

在海关监管年限内的进口减免税货物,减免税申请人书面申请提前解除监管的,应当向主管海关申请办理补缴税款和解除监管手续,并可自办结补缴税款和解除监管等相关手续之日起1年内,向主管海关申领解除监管证明。

进口减免税货物在海关监管年限内的具体处置方式包括如下七种。

1. 变更使用地点

减免税货物应当在主管海关核准的地点使用。需要变更使用地点的,减免税申请人应当向主管海关提出申请,说明理由,经海关批准后方可变更使用地点。减免税货物需要移出主管海关管辖地使用的,减免税申请人应当事先持有关单证以及需要异地使用的说明材料向主管海关申请办理异地监管手续,经主管海关审核同意并通知转入地海关后,减免税申请人可以将减免税货物运至转入地海关管辖地,转入地海关确认减免税货物情况后进行异地监管。减免税货物在异地使用结束后,减免税申请人应当及时向转入地海关申请办结异地监管手续,经转入地海关审核同意并通知主管海关后,减免税申请人应当将减免税货物运回主管海关管辖地。

2. 移作他用

经海关批准,减免税申请人可以按照海关批准的使用地区、用途、企业将减免税货物移作他用,包括:将减免税货物交给减免税申请人以外的其他单位使用;未按照原定用途、地区使用减免税货物;未按照特定地区、特定企业或者特定用途使用减免税货物的其他情形。

除海关总署另有规定外,将减免税货物移作他用的,减免税申请人应按照移作他用的时间补缴相应税款;移作他用时间不能确定的,应当提交相应的税款担保,税款担保不得低于剩余监管年限应补缴税款总额。

3. 结转

减免税申请人将进口减免税货物转让给进口同一货物享受同等减免税优惠待遇的其他单位的,减免税货物的转出申请人持有关单证向转出地主管海关提出申请,转出地主管海关审核同意后,通知转入地主管海关。减免税货物的转入申请人向转入地主管海关申请办理减免税审核手续,转入地主管海关审核无误后签发《征免税证明》。

转出、转入减免税货物的申请人分别向各自的主管海关申请办理减免税货物的出口、进口报关手续。转出地主管海关办理转出减免税货物的解除监管手续,转出申请人的减免税额度不予恢复。转入地主管海关对转入申请人的减免税额度按照海关审定的货物结转时的价格、数量或者应缴税款予以扣减,对结转货物的监管年限连续计算,在剩余监管年限内继续实施后续监管。

4. 转让(内销)

减免税申请人将进口减免税货物转让给不享受进口税收优惠政策或者进口同一货物不享受同等减免税优惠待遇的其他单位的,应当事先向减免税申请人主管海关申请办理减免税货物补缴税款和解除监管手续。

补税的完税价格以海关审定的货物原进口时的价格为基础,按照减免税货物已进口时间与监管年限的比例进行折旧。

5. 贷款抵押

减免税申请人要求以减免税货物向金融机构办理贷款抵押的,应当向主管海关提出书面申请。海关在收到贷款抵押申请材料后,应当审核申请材料是否齐全、有效,必要时可以实地核查减免税货物情况,了解减免税申请人经营状况。经审核同意的,主管海关出具《中华人民共和国海关准予进口减免税货物贷款抵押通知》。海关同意以进口减免税货物办理贷款抵押的,减免税申请人应当于正式签订抵押合同、贷款合同之日起 30 日内将抵押合同、贷款合同交海关备案。

减免税申请人以减免税货物向境内金融机构办理贷款抵押的,应向海关提供下列形式之一的担保:与货物应缴税款等值的保证金;境内金融机构提供的相当于货物应缴税款的保函;减免税申请人、境内金融机构共同向海关提交的《进口减免税货物贷款抵押承诺保证书》。

6. 主体变更或终止

减免税申请人发生分立、合并、股东变更、改制等变更情形的,权利义务承受人应当自营业执照颁发之日起 30 日内,向原减免税申请人的主管海关报告主体变更情况及原减免税申请人进口减免税货物的情况。经海关审核,需要补征税款的,承受人应当向原减免税申请人主管海关办理补税手续;可以继续享受减免税待遇的,承受人应当按照规定申请办理减免税备案变更或者减免税货物结转手续。

因破产、改制或者其他情形导致减免税申请人终止、没有承受人的,原减免税申请人或者其他依法应当承担关税及进口环节海关代征税缴纳义务的主体,应当自资产清算之日起 30 日内向主管海关申请办理减免税货物的补缴税款和解除监管手续。

7. 出口或退运出境

减免税申请人要求将进口减免税货物出口或退运出境的,应当报主管海关核准。减免税货物出口或退运出境后,海关不再对出口或退运出境的减免税货物补征相关税款,减免税申请人持出口报关单向主管海关办理原进口减免税货物的解除监管手续。

减免税货物因品质或者规格原因原状退运出境,减免税申请人以无代价抵偿方式进口同一类型货物的,不予恢复其减免税额度;未以无代价抵偿方式进口同一类型货物的,减免税申请人在原减免税货物退运出境之日起 3 个月内向海关提出申请,经海关批准,可以恢复其减免税额度。

对于其他提前解除监管的情形,不予恢复减免税额度。

第八节　海关监管货物的通关程序(6):暂时进出境货物

一、暂时进出境货物概述

(一)含义

暂时进出境货物是指经海关批准,暂时进出关境并且在规定的期限内复运出境、进境的货物。

(二)暂时进出境货物范围

(1)在展览会、交易会、会议以及类似活动中展示或者使用的货物;

(2)文化、体育交流活动中使用的表演、比赛用品;

(3)进行新闻报道或者摄制电影、电视节目使用的仪器、设备以及用品;

(4)开展科研、教学、医疗活动使用的仪器、设备和用品;

(5)在本款第(一)项至第(四)项所列活动中使用的交通工具以及特种车辆;

(6)货样;

(7)慈善活动使用的仪器、设备以及用品;

(8)供安装、调试、检测、修理设备时使用的仪器以及工具;

(9)盛装货物的包装材料;

(10)旅游用自驾交通工具及其用品;

(11)工程施工中使用的设备、仪器以及用品;

(12)测试用产品、设备、车辆;

(13)海关总署规定的其他暂时进出境货物。

使用货物暂准进口单证册(简称 ATA 单证册)暂时进境的货物限于我国加入的有关货物暂准进口的国际公约中规定的货物。

(三)监管要求

(1)除我国缔结或者参加的国际条约、协定及国家法律、行政法规和海关总署规章另有规定外,暂时进出境货物可以免予交验许可证件。

(2)暂时进出境货物除因正常使用而产生的折旧或者损耗外,应当按照原状复运出境、进境。

(3)暂时进出境货物应当在进出境之日起 6 个月内复运出境或者复运进境。

因特殊情况需要延长期限的,持证人、收发货人应当向主管地海关办理延期手续,延期最多不超过 3 次,每次延长期限不超过 6 个月。延长期届满应当复运出境、复运进境或者办理进出口手续。

国家重点工程、国家科研项目使用的暂时进出境货物以及参加展期在 24 个月以上展览会的展览品,在前款所规定的延长期届满后仍需要延期的,由主管地直属海关批准。

二、暂时进出境货物的监管

1. 暂时进出境货物确认

ATA 单证册持证人、非 ATA 单证册项下暂时进出境货物收发货人(简称持证人、收发货人)可以在申报前向主管地海关提交《暂时进出境货物确认申请书》,申请对有关货物是否属于暂时进出境货物进行审核确认,并且办理相关手续,也可以在申报环节直接向主管地海关办理暂时进出境货物的有关手续。

2. 担保

ATA 单证册项下暂时出境货物,由中国国际贸易促进委员会(中国国际商会)向海关总署提供总担保。除另有规定外,非 ATA 单证册项下暂时进出境货物收发货人应当按照有关规定向主管地海关提供担保。

3. 受损、灭失的处置

暂时进出境货物因不可抗力的原因受损,无法原状复运出境、复运进境的,持证人、收发货人应当及时向主管地海关报告,可以凭有关部门出具的证明材料办理复运出境、复运进境手续;因不可抗力的原因灭失的,经主管地海关核实后可以视为该货物已经复运出境、复运进境。

暂时进出境货物因不可抗力以外的其他原因受损或者灭失的,持证人、收发货人应当按照货物进出口的有关规定办理海关手续。

三、暂时进出境展览品的监管

1. 展览品相关概念

展览品的范围:展览会展示的货物;为了示范展览会展出机器或者器具所使用的货物;

设置临时展台的建筑材料及装饰材料;宣传展示货物的电影片、幻灯片、录像带、录音带、说明书、广告、光盘、显示器材等;其他用于展览会展示的货物。为了举办交易会、会议或者类似活动而暂时进出境的货物,海关按照对展览品监管的有关规定进行监管。

展览用品是指在境内展览会期间供消耗、散发的用品,包括在展览活动中的小件样品,为展出的机器或者器件进行操作示范被消耗或损坏的物料,布置、装饰临时展台消耗的低值货物,展览期间免费向观众散发的有关宣传品,以及供展览会使用的档案、表格及其他文件。

海关根据展览会的性质、参展商的规模、观众人数等情况,对展览用品的数量和总值进行核定,在合理范围内的,按照有关规定免征进口关税和进口环节税,但展览用品中的酒精饮料、烟草制品及燃料不适用有关免税的规定。展览用品属于国家实行许可证件管理的,应当向海关交验相关证件,办理进口手续。

2. 展览品暂时进出境管理

境内展览会的办展人以及出境举办或者参加展览会的办展人、参展人(简称办展人、参展人)可以在展览品进境或者出境前向主管地海关报告,并且提交展览品清单和展览会证明材料,也可以在展览品进境或者出境时,向主管地海关提交上述材料,办理有关手续。对于申请海关派员监管的境内展览会,办展人、参展人应当在展览品进境前向主管地海关提交有关材料,办理海关手续。

暂时进出境货物应当在进出境之日起 6 个月内复运出境或者复运进境。暂时进出境货物需要延长复运进境、复运出境期限的,持证人、收发货人应当在规定期限届满前向主管地海关办理延期手续,并且提交《货物暂时进/出境延期办理单》以及相关材料。暂时进出境货物可以异地复运出境、复运进境,由复运出境、复运进境地海关调取原暂时进出境货物报关单电子数据办理有关手续。

暂时进出境货物需要进出口的,暂时进出境货物收发货人应当在货物复运出境、复运进境期限届满前向主管地海关办理进出口手续。

暂时进出境货物收发货人在货物复运出境、复运进境后,应当向主管地海关办理结案手续。

四、ATA 单证册下暂时进出境货物的管理

ATA 单证册,即暂准进口货物单证册,是世界海关组织通过的《关于货物暂准进口的 ATA 单证册海关公约》(简称《ATA 公约》)和《伊斯坦布尔公约》中规定的用于替代各缔约方海关暂准进出境货物报关单和税费担保的国际性通关文件。

1. ATA 单证册的适用范围及管理机构

在我国,ATA 单证册的适用范围限于专业设备、商业样品、展览会、交易会、会议及类似

活动项下的暂时进出境货物。中国海关只接受用中文或者英文填写的 ATA 单证册。

海关自 2020 年 1 月 1 日起,接受"体育用品"用途的暂时进境 ATA 单证册。对用于体育比赛、体育表演及训练等所必需的体育用品,可以使用 ATA 单证册办理暂时进境海关手续。

中国国际商会是我国 ATA 单证册的出证和担保机构,负责签发出境 ATA 单证册,向海关报送所签发单证册的中文电子文本,协助海关确认 ATA 单证册的真伪,并向海关总署提供总担保,承担 ATA 单证册持证人因违反暂时进出境规定而产生的相关税费、罚款。

海关总署在北京海关设立 ATA 核销中心,对 ATA 单证册的进出境凭证进行核销、统计及追索,应担保人的要求,依据有关原始凭证,提供 ATA 单证册项下暂时进出境货物已经进境或者从我国复运出境的证明,并对全国海关 ATA 单证册的核销业务进行协调和管理。

2. ATA 单证册的追索机制

ATA 单证册项下暂时进境货物未能按照规定复运出境或者过境的,ATA 核销中心在 ATA 单证册有效期满 1 年内向中国国际商会提出追索。自提出追索之日起 9 个月内,中国国际商会向海关提供货物已经在规定期限内复运出境或者已经办理进口手续证明的,ATA 核销中心可以撤销追索;9 个月期满后未能提供上述证明的,中国国际商会应当向海关支付税款和罚款。

3. ATA 单证册项下货物通关

ATA 单证册持证人向主管地海关提出货物暂时进出境申请时,应提交真实有效的 ATA 单证册正本、准确的货物清单以及其他相关商业单据或者证明。海关核准同意的,在 ATA 单证册上予以签注。

ATA 单证册持证人向海关申报进境展览品时,先将 ATA 单证册内容预录入海关与商会联网的 ATA 单证册电子核销系统,然后向展览会主管海关提交纸质 ATA 单证册、提货单等单证进行申报;申报出境展览品时,向出境地海关提交纸质 ATA 单证册、装货单等单证进行申报。

ATA 单证册项下暂时进出境货物可以暂时免纳关税和进口环节海关代征税;在规定的期限内未复运出境的,或者未复运出境的,海关依法征收关税和进口环节海关代征税。持 ATA 单证册向海关申报进出境货物,不需提交进出口许可证件,也不需另外再提供担保,但如果进出境货物受公共道德、公共安全、公共卫生、动植物检疫、濒危野生动植物保护、知识产权保护等限制的,应向海关提交相关的进出口监管证件。

持证人在规定期限内将进境展览品或出境展览品复运出境、进境后,主管地海关凭复运出境、进境地海关签章的单证册办理核销结案手续。

第九节 海关监管货物的通关程序(7):其他进出境货物

一、一般退运货物

(一)一般退运货物的通关程序

一般退运进口货物,是指原已办理出口申报手续,海关放行后已离境,因故退回境内的货物。货物退运进境时,原发货人或其代理人应填写进口货物报关单,其中"监管方式"栏填报"退运货物(4561)",同时提供货物原出口报关单、税务部门出具的《出口商品退运已补税证明》以及海关要求的其他材料向进境地海关申报。海关核实无误后,验放有关货物进境。

一般退运出口货物,是指原已办理进口申报手续,海关放行后因故退出境外的货物。货物退运出境时,原收货人或其代理人应填写出口货物报关单,其中"监管方式"栏填报"退运货物(4561)",同时提供货物原进口报关单等相关证明材料向出境地海关申报。海关核实无误后,验放有关货物出境。

(二)一般退运货物的税收管理

1. 退运环节免征

因品质或者规格原因,出口货物自出口放行之日起1年内原状退货复运进境的,纳税义务人在办理进口申报手续时,应按规定提交有关单证和证明文件。经海关确认后,对复运进境的原出口货物不予征收进口关税和进口环节海关代征税。

因品质或者规格原因,进口货物自进口放行之日起1年内原状退货复运出境的,纳税义务人在办理出口申报手续时,应按规定提交有关单证和证明文件。经海关确认后,对复运出境的原进口货物不予征收出口关税。

2. 原征税款退还

已缴纳出口关税的出口货物,因品质或者规格原因原状退货复运进境,并且已重新缴纳因出口而退还的国内环节有关税收的,纳税义务人自缴纳税款之日起1年内,可以向海关申请退税。纳税义务人向海关申请退税时,应提交退税申请书、原出口报关单、税款缴款书、发票、货物退运进境的进口报关单、收发货人双方关于退货的协议,以及税务机关重新征收国内环节税的证明。

已缴纳税款的进口货物,因品质或者规格原因原状退货复运出境的,纳税义务人自缴纳税款之日起1年内,可以向海关申请退税。纳税义务人向海关申请退税时,应当提交退税申请书、原进口报关单、税款缴款书、发票、货物退运出境的出口报关单、收发货人双方关于退货的协议。

海关审核纳税义务人的退税申请,需要时可以要求纳税义务人提供具有资质的商品检验机构出具的原进口或者出口货物品质不良、规格不符或者残损、短少的检验证明书或其他有关证明文件。海关自受理退税申请之日起30日内查实并通知纳税义务人办理退税手续,纳税义务人应自收到海关准予退税的通知之日起3个月内办理退税手续。

海关办理退税手续时,填发收入退还书。原征进口环节增值税已予抵扣的,该项增值税不予退还;已征收的滞纳金不予退还。

二、直接退运货物

进口货物直接退运,是指货物进境后、办结海关放行手续前,进口货物收发货人、原运输工具负责人或其代理人因故申请或海关责令将全部或者部分货物直接退出境外的情形。

进口转关货物在进境地海关放行后,当事人办理退运手续的,不属于直接退运,应按照一般退运手续办理。

(一)申请直接退运

货物进境后、办结海关放行手续前,有下列情形之一的,当事人可以向货物所在地海关办理直接退运手续:

(1)因国家贸易管理政策调整,收货人无法提供相关证件的;

(2)属于错发、误卸或者溢卸货物,能够提供发货人或者承运人书面证明文书的;

(3)收发货人双方协商一致同意退运,能够提供双方同意退运的书面证明文书的;

(4)有关贸易发生纠纷,能够提供已生效的法院判决书、仲裁机构仲裁决定书或者无争议的有效货物所有权凭证的;

(5)货物残损或者国家检验检疫不合格,能够提供国家检验检疫部门出具的相关检验证明文书的。

对海关已经确定布控、查验或者认为有走私违规嫌疑的货物,不予办理直接退运。布控、查验或者案件处理完毕后,按照海关有关规定处理。

(二)责令直接退运

货物进境后、办结海关放行手续前,有下列情形之一的,海关应当责令当事人将进口货物直接退运境外:

(1)货物属于国家禁止进口的货物,已经海关依法处理的;

(2)违反国家检验检疫政策法规,已经国家检验检疫部门处理并且出具《检验检疫处理通知书》或者其他证明文书的;

(3)进口固体废物,已经海关依法处理的;

（4）违反国家有关法律、行政法规，应当责令直接退运的其他情形。

（三）直接退运货物通关

1. 办理凭证

申请直接退运的货物，如先前未向海关申报，当事人应向海关提交《进口货物直接退运表》、证明进口实际情况的合同、发票、装箱清单、提运单或载货清单等相关单证、证明文书，办理直接退运申报手续；如已向海关申报进口的，除上述单证外，当事人还应向海关提交原报关单或转关单，先行办理报关单或转关单删除手续后，再办理直接退运申报手续。

责令直接退运的货物，海关根据相关政府行政主管部门出具的证明文书，向当事人制发《海关责令进口货物直接退运通知书》（简称《责令直接退运通知书》）。当事人应在收到《责令直接退运通知书》之日起 30 日内，向货物所在地海关办理直接退运申报手续。

2. 申报要求

进口货物直接退运应当从原进境地口岸退运出境，由于运输原因需要改变运输方式或者由另一口岸退运出境的，经由原进境地海关批准后，以转关运输方式出境。

当事人办理进口货物直接退运申报手续的，应先行填写出口报关单向海关申报，然后填写进口报关单办理直接退运申报手续。进出口报关单"监管方式"栏均填报"直接退运（4500）"，"标记唛码及备注"栏填写《进口货物直接退运表》或《责令直接退运通知书》编号。进口报关单应在"关联报关单"栏填报出口报关单号。

申请直接退运的货物，属承运人的责任造成货物错发、误卸或者溢卸的，办理直接退运手续时可免予填制报关单。

直接退运的货物，海关不验核进出口许可证或其他监管证件，免予征收进出口环节税费及滞报金，不列入海关统计。

当事人应向海关提交相关材料的，原则上通过互联网以电子方式上传，文件格式标准参照《通关作业无纸化报关单证电子扫描或转换文件格式标准》。海关需要验核纸质材料的，当事人应当提交相关纸质材料。

三、出口退关货物

出口退关货物，是指已向海关申报出口并获准放行，因故未能装上出境运输工具，发货人申请退出海关监管场所并不再出口的货物。

出口货物发货人或其代理人应在获知出口货物未装上出境运输工具，并决定不再出口之日起 3 日内，向海关申请退关；经海关核准并撤销原出口申报后方能将货物运出海关监管场所。出口货物发货人或其代理人办理出口货物退关手续后，海关对所有单证予以注销，删除原出口报关单电子数据。

出口退关货物,已缴纳出口关税的,可自缴纳税款之日起1年内向海关申请退税。纳税义务人向海关申请退税时,应当提交退税申请书、原出口报关单和税款缴款书。海关审核纳税义务人的退税申请,自受理退税申请之日起30日内查实并通知纳税义务人办理退税手续,纳税义务人应自收到海关准予退税的通知之日起3个月内办理退税手续。海关办理退税手续时,填发收入退还书。

四、无代价抵偿货物

无代价抵偿货物是指进出口货物在海关放行后,因残损、短少、品质不良或规格不符原因,由进出口货物的发货人、承运人或者保险公司免费补偿或更换的与原货物相同或与合同规定相符的货物。

(一) 申报要求

进出口无代价抵偿货物免予交验进出口许可证件。

当事人应当在原进出口合同规定的索赔期内且不超过原货物进出口之日起3年,向海关申报办理无代价抵偿货物的进出口手续。

原进/出口货物需退运后更换的,退运出/进口报关单"监管方式"栏应填报为"其他(9900)"。无代价抵偿货物进/出口时,报关单"监管方式"栏填报为"无代价抵偿(3100)"。

当事人申报进口无代价抵偿货物,应向海关提交原进口货物报关单、原进口货物税款缴款书(特定减免税货物提交《征免税证明》)、买卖双方签订的索赔协议等相关单证。原进口货物退运出境的,需提交退运出口报关单;原进口货物交由海关处理的,需提交货物放弃处理证明。海关认为需要时,还应提交具有资质的商品检验机构出具的原进口货物残损、短少、品质不良或者规格不符的检验证明书或者其他有关证明文件。

当事人申报出口无代价抵偿货物,应向海关提交原出口货物报关单、原出口货物税款缴款书、买卖双方签订的索赔协议等相关单证。原出口货物退运进境的,需提交退运进口报关单。海关认为需要时,还应提交具有资质的商品检验机构出具的原出口货物残损、短少、品质不良或者规格不符的检验证明书或者其他有关证明文件。

(二) 税收规定

进口无代价抵偿货物,海关不征收进口关税和进口环节海关代征税;出口无代价抵偿货物,不征收出口关税。

被更换的原进口货物退运出境时不征收出口关税;被更换的原出口货物退运进境时不征收进口关税和进口环节海关代征税。被更换的原进口货物不退运出境且不放弃交由海关处理的,或者被更换的原出口货物不退运进境的,海关按照接受无代价抵偿货物申报进出口之日适用的税率、计征汇率和有关规定对原进出口货物重新估价征税。

(三)抵偿货物的一致性要求

当事人申报进出口的无代价抵偿货物,与退运出境或者退运进境的原货物不完全相同或与合同规定不完全相符的,应向海关说明原因。海关经审核认为理由正当,且其税则号列未发生改变的,按照审定进出口货物完税价格的有关规定和原进出口货物适用的计征汇率、税率,审核确定其完税价格,计算应征税款。应征税款高于原进出口货物已征税款的,补征税款的差额部分;应征税款低于原进出口货物已征税款,且原进出口货物的发货人、承运人或者保险公司同时补偿货款的,海关退还补偿货款部分的相应税款,未补偿货款的,差额部分不予退还。

当事人申报进出口的免费补偿或者更换的货物,其税则号列与原货物的税则号列不一致的,不适用无代价抵偿货物的有关规定,海关按照一般进出口货物的有关规定征收税款。

五、修理货物

进出境修理货物是指进境或出境维护修理后,在规定的期限复运出境的货物,以及修理货物维修所用的原材料、零部件。

进境维修货物免予缴纳进口关税和进口环节海关代征税,但要向海关提供担保,并接受海关后续监管。

出境修理货物进境时,在保修期内并由境外免费维修的,可以免征进口关税和进口环节海关代征税;在保修期外或者在保修期内境外收取维修费用的,应当按照境外修理费和材料费审定完税价格计征进口关税和进口环节海关代征税。

进出境修理货物免予交验许可证件。

(一)进境修理

当事人在办理进境修理货物的进口申报手续时,应填制"监管方式"为"修理物品(1300)"的进口报关单向海关申报,提交该货物的维修合同或含有保修条款的原出口合同,并且向海关提供进口税款担保。

进境修理货物需要单独进口原材料、零部件的,当事人在办理原材料、零部件进口申报手续时,应当向海关提交进境修理货物的维修合同或含有保修条款的原出口合同、进境修理货物的进口报关单,并且向海关提供进口税款担保。进口原材料、零部件只限用于进境修理货物的修理,修理剩余的原材料、零部件应随进境修理货物一同复运出境。

当事人在办理进境修理货物及剩余进境原材料、零部件复运出境手续时,应填制"监管方式"为"修理物品(1300)"的出口报关单向海关申报,提交该货物及进境原材料、零部件的原进口报关单、维修合同或含有保修条款的原出口合同等单证。海关凭此办理解除税款担保的相关手续。

进境修理货物应在海关规定的期限内复运出境。因正当理由不能在海关规定期限内将进境修理货物复运出境的,当事人应在规定期限届满前向海关说明情况,申请延期复运出境。进境修理货物未在海关允许期限内复运出境的,海关对其按照一般进口货物的征税管理规定实施管理,将该货物进境时提供的税款担保转为税款。

(二)出境修理

当事人在办理出境修理货物的出口申报手续时,应填制"监管方式"为"修理物品(1300)"的出口报关单向海关申报,提交该货物的维修合同或含有保修条款的原进口合同。在办理出境修理货物复运进境的进口申报手续时,应填制"监管方式"为"修理物品(1300)"的进口报关单向海关申报,提交该货物的原出口报关单、维修合同或含有保修条款的原进口合同、维修发票等单证。

运往境外修理的机械器具、运输工具或其他货物,出境时已向海关报明并在海关规定期限内复运进境的,海关以境外修理费和料件费审查确定完税价格,按接受该货物申报复运进境之日适用的计征汇率、税率,计征进口关税和海关代征税。

出境修理货物应当在海关规定的期限内复运进境。因正当理由不能在海关规定期限内将出境修理货物复运进境的,当事人应当在规定期限届满前向海关说明情况,申请延期复运进境。出境修理货物超过海关允许期限复运进境的,海关对其按照一般进口货物的征税管理规定征收进口税款。

六、租赁货物

(一)含义

租赁是指资产所有者(出租人)按契约规定,将物件出租给使用人(承租人),使用人在规定期限内支付租金并享有物件使用权的一种经济行为。跨越国(地区)境的租赁就是国际租赁,以国际租赁方式进出境的货物,即为租赁进出口货物。

(二)分类

国际租赁大体上有两种:一种是融资租赁,带有融资性质;另一种是经营租赁,带有服务性质。因此,租赁进口货物包含融资租赁进口货物和经营租赁进口货物两类。

融资租赁进口货物一般不复运出境,租赁期满,以较低的名义价格转让给承租人,承租人按合同规定分期支付租金,租金的总额一般都大于货价。

经营租赁进口货物一般是暂时性的，按合同规定期限复运出境，承租人按合同规定支付租金，租金总额一般小于货价。

（三）管理规定

1. 证件管理

租赁贸易进出口货物实行许可证件管理的，海关凭许可证件验放。以租赁贸易方式进口属于自动进口许可的机电产品的，应当交验"自动进口许可证"；租赁出口后复运进境属于自动进口许可机电产品的，免予交验"自动进口许可证"。

2. 申报及缴税程序

根据《中华人民共和国进出口关税条例》的规定，租赁进口货物的纳税义务人对租赁进口货物应当按照海关审查确定的租金作为完税价格缴纳进口税款，租金分期支付的可以选择一次性缴纳税款或者分期缴纳税款。

1）融资租赁进口货物的报关程序

融资租赁进口货物纳税义务人可申请一次性缴纳税款。在确定货物完税价格时，可选择按照海关审查确定的租金总额作为完税价格，也可与海关进行价格磋商，依次采用相同货物成交价格法、类似货物成交价格法、倒扣价格法、计算价格法、合理方法确定完税价格。收货人或其代理人在货物进口时应当向海关提供租赁合同，提供相关的进口许可证件和其他单证，按海关审查确定的货物完税价格计算税款数额，缴纳进口关税和进口环节海关代征税。

融资租赁进口货物纳税义务人也可申请按租金分期缴纳税款。在租赁货物进口时向海关提供租赁合同，按照第一期应当支付的租金和按照货物的实际价格分别填制报关单向海关申报，提供相关的进口许可证件和其他单证，按海关审查确定的第一期租金的完税价格计算税款数额，缴纳进口关税和进口环节海关代征税，海关按照货物的实际价格统计。海关现场放行后，对货物继续进行监管。纳税义务人在每次支付租金后的 15 日内（含第 15 日）按支付租金额向海关申报，并缴纳相应的进口关税和进口环节海关代征税，直到最后一期租金支付完毕。

需要后续监管的融资租赁进口货物租期届满之日起 30 日内，纳税义务人应当申请办结海关手续，将租赁进口货物退运出境，如不退运出境，以残值转让，则应当按照转让的价格审查确定完税价格计征进口关税和进口环节海关代征税。

2）经营租赁进口货物的报关程序

经营租赁进口货物由于租金小于货价，货物在租赁期满应当返还出境，纳税义务人只会选择按租金缴纳税款，不会选择按货物的实际价格缴纳税款。因此，经营租赁进口货物的报关程序只有下面这一种：

收货人或其代理人在租赁货物进口时应当向海关提供租赁合同,按照第一期应当支付的租金或者租金总额和按照货物的实际价格分别填制报关单并向海关申报,提供相关的进口许可证件和其他报关单证,按海关审查确定的第一期租金或租金总额的完税价格计算税款数额,缴纳进口关税和进口环节海关代征税,海关按照货物的实际价格统计。

海关现场放行后,对货物继续进行监管。分期缴纳税款的,纳税义务人在每次支付租金后的 15 日内(含第 15 日)按支付租金额向海关申报,提供报关单证,并缴纳相应的进口关税和进口环节海关代征税,直到最后一期租金支付完毕。

3. 后续管理

对分期缴税的租赁进口货物,海关现场放行后,对货物继续进行监管。纳税义务人需在每次支付租金后的 15 日内(含第 15 日)按支付租金额向海关申报,并缴纳相应的进口关税和进口环节海关代征税,直到最后一期租金支付完毕。

分期缴税租赁进口货物应在租期届满之日起 30 日内,向海关申请办结退运出境、留购、续租等手续。

对申报进口监管方式为“1500”(租赁不满 1 年)、“1523”(租赁贸易)、“9800”(租赁征税)的进口租赁飞机(税则品目:8802)的增值税,由税务机关按照现行政策征收。

七、超期未报关货物

(一) 范围

(1)自运输工具申报进境之日起超过 3 个月未向海关申报的进口货物;

(2)自运输工具卸货之日起超过 3 个月,或经海关批准延期 3 个月后仍办理退运出境或申报进口的误卸、溢卸进境货物;

(3)超过规定的期限 3 个月,未向海关办理复运出境或其他海关有关手续的保税货物、暂时进口货物;

(4)超过规定的期限 3 个月,未运输出境的过境、转运和通运货物。

(二) 变卖处理

超期未报关货物由海关提取依法变卖处理。货物属于危险品或者鲜活、易腐、易烂、易失效、易变质、易贬值等不宜长期保存的货物的,海关可以根据实际情况,提前提取依法变卖处理。

进口货物收货人自运输工具申报进境之日起 3 个月后、海关决定提取依法变卖处理前申请退运或进口超期未报进口货物的,应经海关审核同意,并按照有关规定向海关申报;申报进口的,应按规定缴纳滞报金,滞报期间的计算,自运输工具申报进境之日的第 15 日起至货物申报进口之日止。

超期未报关货物属于《出入境检验检疫机构实施检验检疫的进出境商品目录》范围的,由海关在变卖前提请出入境检验检疫机构进行检验、检疫,检验、检疫的费用与其他变卖处理实际支出的费用从变卖款中支付。

海关提取依法变卖处理所得价款,在优先拨付变卖处理实际支出的费用后,按照下列顺序扣除相关费用和税款:①运输、装卸、储存等费用;②进口关税;③进口环节海关代征税;④滞报金。所得价款不足以支付同一顺序的相关费用的,按照比例支付。

扣除相关费用和税款后尚有余款的,自货物依法变卖之日起一年内,经进口货物收货人申请,予以发还。依法变卖处理后予以发还余款的,滞报金征收以运输工具申报进境之日起第15日为起始日,以该3个月期限的最后一日为截止日。

进口收货人申请发还余款的,应向海关提供证明其为该进口货物收货人的相关资料,经海关审核同意后,申请人应当按照海关对进口货物的申报规定补办进口申报手续,属于国家限制进口的还应提交有关进口许可证件。不符合进口货物收货人资格、不能证明对进口货物享有权利的,申请不予受理;应当提交许可证件而不能提供的,余款不予发还。

逾期无进口货物收货人申请、申请不予受理或者不予发还的,余款上缴国库。超期未报关货物依法变卖处理后余款上缴国库的,不征收滞报金。

----本章小结----

海关通关一体化、关检融合等改革开创了进出口通关的新环境,进出境通关业务的范围和内容也发生巨大变化。"两步申报"提高了海关的通关效率,企业概要申报后经海关同意即可提离货物,然后企业在规定时间内完成完整申报,缩短了通关时间;海关税收征管方式改革推动了企业自报自缴;海关的监管过程前推后移,管理对象实现了"由企及人",但还是离不开进出境申报、查验、缴税、放行等基本通关作业环节。

通过本章的学习,需要掌握进出口货物海关现行基本通关作业模式与各类特殊通关作业模式;熟悉一般进出口货物的含义、范围及基本通关流程;理解加工贸易货物的含义、范围及基本通关流程;了解保税仓储物流货物的含义、范围及管理要求;熟悉海关特殊监管区域的含义、范围及管理要求;掌握特定减免税货物的范围及基本通关流程;熟悉暂时进出境货物的含义、范围及基本通关流程;了解其他货物的含义及基本通关流程。

思考题

1. 简述海关监管货物主要分类。
2. 简述进出口货物通关基本流程的作业环节。

3. 简述一般进出口货物的含义、特征及范围。

4. 简述加工贸易的含义、特点及分类。

5. 简述保税仓储物流货物的含义。

6. 简述海关特殊监管区域的类型。

7. 简述特定减免税货物的后续管理。

8. 简述暂时进出境货物的含义、范围以及 ATA 单证册的适用范围。

9. 简述租赁货物含义、分类及进口通关管理规定。

10. 简述直接退运货物、一般退运货物、无代价抵偿货物及修理物品的区别。

第四章

进出口商品归类

进出口商品归类是指在《商品名称及编码协调制度公约》(简称《协调制度公约》)商品分类目录体系下,以《中华人民共和国进出口税则》为基础,按照《进出口税则商品及品目注释》《中华人民共和国进出口税则本国子目注释》以及海关总署发布的关于商品归类的行政裁定、商品归类决定的要求,确定进出口货物商品编码的活动。

进出口商品归类是海关监管、海关征税及海关统计的基础。只有准确的商品归类才能保证依法征税,使国家的税收不受损失,使纳税人的利益得到保障;只有准确的归类才能保证国际贸易统计的准确性,为国家宏观调控和贸易政策的调整提供可靠的依据;只有准确的归类才能使国家对进出口商品的各项监管措施得到有效实施。归类的正确与否不仅与报关人的切身利益密切相关,而且直接影响进出口货物的通关效率。

本章分为两个部分,首先介绍《协调制度》的发展与结构特点,然后条文解读与案例分析相结合,逐条介绍 6 条归类总规则。需要说明的是,《协调制度》中 21 类不同商品的归类原则和归类方法各不相同,受篇幅限制,本章不作详细介绍,如需了解,可以参照相关教材学习。

第一节 《商品名称及编码协调制度》

一、《协调制度》概述

商品归类是建立在商品分类目录基础上的。早期国际贸易商品分类目录的主要目的是对进出本国的商品征收关税,其结构较为简单。后来随着社会化大生产的发展,进出口商品品种与数量的增加,除了税收的需要,人们还要了解进出口贸易情况,即需要进行贸易统计。因此,海关合作理事会(1994 年更名为世界海关组织)与联合国分别编制了两个独立的商品分类目录,即《海关合作理事会商品分类目录》(简称 CCCN)和《国际贸易标准分类目录》(简称 SITC)。

由于商品分类目录的不同,一种商品有时在一次国际贸易中要使用不同的编码,给国际贸易带来极大的不便。因此,海关合作理事会于 1983 年 6 月通过了《协调制度公约》及其附件《协调制度》。《协调制度》既满足了海关税则和贸易统计需要,又满足了运输及制造业等要求。该目录自 1988 年 1 月 1 日起正式生效,被广泛应用于海关税则、国际贸易统计、原产地规则、国际贸易谈判、贸易管制、风险管理等多个领域,所以又被称为"国际贸易的语言"。截至 2019 年 9 月,已有 200 多个国家、地区和国际组织采用《协调制度》分类目录,覆盖 98% 以上的国际货物贸易,《协调制度公约》缔约方达到 158 个。

随着新产品的不断出现和国际贸易结构的变化,《协调制度》需要不定期进行修订,增删目录或者修改注释及条文。自 1988 年生效以来,《协调制度》先后进行了 6 次修订,形成 1988 年、1996 年、2002 年、2007 年、2012 年和 2017 年共 6 个版本。

为了帮助人们正确理解《协调制度》,海关合作理事会在制定《协调制度》的同时,还制定了《商品名称及编码协调制度注释》(简称《协调制度注释》)。《协调制度注释》是《协调制度》的官方解释,是《协调制度》不可或缺的辅助性文件。《协调制度注释》与《协调制度》的各个版本同步进行修订。我国海关将《协调制度注释》翻译为《进出口税则商品及品目注释》,并通过法律程序将其规定为我国对进出口商品归类的依据。

二、《协调制度》的结构

《协调制度》是一部结构性目录,它将国际贸易中的商品按类、章、品目和子目进行分类。

《协调制度》共有 21 类,基本上按社会生产的分工分类,将属于同一生产部类的产品放在同一类。如农产品在第 1—2 类,化工产品在第 6 类,纺织产品在第 11 类,冶金工业产品在第 15 类,机电产品在第 16 类等。

《协调制度》的 21 类由 97 章构成,各章基本上按商品的自然属性或功能、用途来划分。第 1—83 章(第 64—66 章除外)基本上是按商品的自然属性来分章,如第 1—5 章是活动物和动物产品,第 6—14 章是活植物和植物产品,第 25—27 章是矿产品。又如第 11 类是纺织原料及纺织制品,其中,第 50 章的蚕丝和第 51 章的羊毛来自动物;第 52 章的棉花和第 53 章的麻纤维及其他植物纺织纤维来自植物;第 54 章和第 55 章为化学纤维。将商品按自然属性分类,便于根据其构成材料进行分类。另外,第 64—66 章和第 84—96 章则是按货物的功能或用途来分章的,其中,第 64 章是鞋靴,第 65 章是帽类,第 84 章是机械设备,第 85 章是电气设备,第 87 章是车辆,第 88 章是航空航天器,第 89 章是船舶等。这样分类的原因,一是因为这些物品往往由多种材料构成,难以将这些物品作为某一种材料制成的物品来分类;二是因为商品的价值主要体现在生产该物品的社会必要劳动时间上,如一台机器,其价值一般主要看生产这台机器所耗费的社会必要劳动时间,而不是看机器用了多少贱金属等。

《协调制度》的章由品目和品目项下进一步细分的子目构成。从品目的排列看，一般也是按动物、植物、矿物的顺序排列，而且原材料先于半制品和制成品，加工程度低的产品先于加工程度高的产品，列名具体的商品优先于列名一般的商品。如在第 44 章中，品目 4403 是原木，品目 4404 至 4408 是经简单加工的木材，品目 4409 至 4413 是压制的板材，品目 4414 至 4421 是木制品。

《协调制度》的每一个品目都由两部分组成：品目号和品目条文，采用结构性排列方式。品目号以 4 位数字编码来表示，前 2 位数字表示该品目所在的章，后 2 位数字表示该品目在该章中的顺序，如第 1 章的第 1 个品目号是"0101"，第 29 章的第 14 个品目号是"2914"。2017 年版《协调制度》共有 1222 个品目，其中 280 个品目没有进一步细分，其他 942 个品目则被细分为 3245 个一级子目，用 5 位数字编码表示，如 0102.2 是"家牛"。这些一级子目中又有 957 个被进一步细分出 2819 个二级子目，用 6 位数字编码表示，如 0102.21 是"改良种用的家牛"。至于那些兜底的一级子目"其他"，一般以数字"9"表示，而不用实际的顺序号，便于在不改变现行子目编码（结构）的情况下插入新的子目。如品目 0102 兜底的一级子目"其他"为"0102.9"。对于机电产品，若最后一个一级子目为"零部件"时，则兜底的一级子目往往用数字"8"表示。如品目 8438 的最后一个一级子目"8438.9"为"零件"，所以其兜底的一级子目"其他机器"是"8438.8"。2017 年版《协调制度》共有 5387 个 6 位子目。

为了明确商品归类的要求、避免商品归类交叉，在《协调制度》的类、章下设立了类注释、章注释和子目注释。对于涉及各类、各章商品归类的规则，《协调制度》设立了归类总规则，归类总规则共有 6 条，是商品归类的总原则。

三、我国海关进出口商品分类目录

中国海关于 1980 年采用《国际贸易标准分类目录》，并以其为基础编制我国的统计目录。1985 年，采用《海关合作理事会商品分类目录》，并以其为基础编制我国的税则目录。1991 年 6 月，国务院关税税则委员会审议通过了以 1992 年版《协调制度》为基础的《中华人民共和国进出口税则》和《中华人民共和国海关统计商品目录》，并从 1992 年 1 月 1 日起开始生效。

《中华人民共和国进出口税则》和《中华人民共和国海关统计商品目录》是在我国海关进出口商品分类目录的基础上，分别加上进出口税率和计量单位编制而成。根据我国关税和海关统计的需要，我国海关进出口商品分类目录采用 8 位数字编码，其中前 6 位与《协调制度》编码完全一致，第 7—8 位是在《协调制度》二级子目的基础上细分的三级子目和四级子目，又称"本国子目"。目前，我国海关进出口商品分类目录共有 8500 多个子目。根据我国进出口商品的实际情况，一般每年都会对本国子目进行适当调整。

另外,为满足统计需要,在《中华人民共和国海关统计商品目录》中增加了第22类(第98章)"特殊交易品及未分类商品"。

第二节　归类总规则

一、规则一

(一)条文内容

> 类、章及分章的标题,仅为查找方便而设。具有法律效力的归类,应按品目条文和有关类注或章注确定,如品目、类注或章注无其他规定,按以下规则确定。

(二)条文解释

1. 标题不是归类的依据

尽管《协调制度》系统地将商品按类、章(部分章内还设有分章)分类,每类、章及分章标有标题,并使这些标题尽可能地涵盖该类、章或分章所包含的商品,但是由于各类、章或分章所包含的商品种类繁多,标题不可能将其全部列出。例如,第86章的标题是"铁道及电车道机车、车辆及其零件;铁道及电车道轨道固定装置及其零件、附件;各种机械(包括电动机械)交通信号设备",但实际上,除了上述商品外,该章还包括章的标题所没有列出的"集装箱"。

由于类、章及分章的标题只是一个涵盖商品的主要描述,无法规定具体内容,即同一类的商品在不同条件下可能有不同的分类,而这种情况在标题上是无法得到体现的,因此,类、章及分章的标题所列出的商品也有可能不归入该类、章及分章。例如第1章的标题是"活动物",马、牛、羊等活动物归入该章,而鱼、甲壳动物、软体动物及其他水生无脊椎动物的活动物却归入第3章。

另外,各标题之间还会产生交叉,仅用标题就无法确定归类。例如,"塑料鞋"既属于第39章标题"塑料及其制品"所列的商品,又属于第64章标题"鞋靴、护腿和类似品及其零件"所列的商品,所以仅根据这两章的标题无法确定"塑料鞋"究竟是归入第39章还是第64章。

综上所述,类、章及分章的标题只为方便查找,本身不是归类的依据。

2. 归类的法律依据是品目条文和类注、章注

具有法律效力的归类,应该根据品目条文和相关的类注、章注确定。事实上,许多商品可直接按《协调制度》具体品目的商品名称进行归类。如大豆归入品目1201,肥皂归入品目

　　注释的作用在于准确限定类、章、品目或子目的商品范围，避免发生交叉归类，保证商品归类的唯一性和正确性。注释分为类注释（位于类标题下，用于品目的归类）、章注释（位于章标题下，用于品目的归类）和子目注释（位于类或章标题下，用于子目的归类），常见的形式有：

　　(1)排他法：用排除性条款列举不能归入某一类、章或品目的商品。如第48章的注释二"本章不包括：(五)税目3701至3704的感光纸或感光纸板"，说明感光纸或感光纸板不归入第48章。类似的例子在类注和章注中很常见。

　　(2)定义法：用定义形式来界定类、章或品目的商品范围或对条文及章、类中出现的专业术语或名词做出解释。如第43章注释五对"人造毛皮"进行了定义，第44章的子目注释一对"木屑棒"进行了定义，第15类注释四定义了"金属陶瓷"。

　　(3)列举法：用枚举的方式表述类、章或品目的商品范围，分为全部列举和不完全列举。

　　全部列举指全部具体列出某个品目或某组品目所包含的商品，在这类注释中往往出现"只""仅"等限定性的字。如第31章的注释二"品目3102只适用于下列货品……"，第59章的注释一"除条文另有规定的以外，本章所称'纺织物'，仅适用于……"。

　　不完全列举指未全部具体列出某个品目所包含的商品。如第12章的注释一"品目1207主要包括油棕果及油棕仁……"。

　　(4)其他：如第11类的注释二规定了"混纺材料"的归类原则和归类方法，第71章注释五定义并规定了"贵金属合金"的归类原则，第16类注释三规定了"组合式机器或多功能机器"的归类方法等。

　　例1 橡胶制防水雨靴

　　归类分析：根据章标题，该商品既可以作为橡胶制品归入第40章，也可以作为鞋靴归入第64章。但标题不是归类的依据，应根据品目条文和相关的类注及章注确定品目。根据第40章注释二"本章不包括：(二)第64章的鞋靴及其零件"，"橡胶制防水雨靴"不归入第40章，应归入第64章，并根据品目条文归入品目6401。

　　例2 皮革研光机

　　归类分析：该商品是机械器具，根据标题应归入第84章。根据第84章各品目条文，相关的品目有两个：品目8420的研光机和品目8453的皮革加工机器。根据第84章注释二：既符合品目8401至8424，又符合品目8425至8480的机械器具，应酌情归入品目8401至8424，因此，"皮革研光机"应归入品目8420。

如品目、类注或章注无法确定归类,则按以下的其他规则(规则二、三、四、五)确定品目的归类。

二、规则二

(一)条文内容

(一)品目所列货品,应包括该项货品的不完整品或未制成品,只要在进口或出口时该项不完整品或未制成品具有完整或制成品的基本特征;还应包括该项货品的完整品或制成品(或按本款可作为完整品或制成品归类的货品)在进口或出口时的未组装件或拆散件。

(二)品目中所列材料或物质,应视为包括该种材料或物质与其他材料或物质混合或组合的物品。品目所列某种材料或物质构成的货品,应视为包括全部或部分由该种材料或物质构成的货品。由一种以上材料或物质构成的货品,应按规则三归类。

(二)条文解释

1. 规定一

规则二(一)规定,品目所列货品的范围不仅限于品目条文本身,还应扩大为包括不完整品、未制成品,条件是它们要具有完整品或制成品的基本特征。其中,不完整品是指货品缺少某些部分,结构上不完整;未制成品是指货品尚未完全制成,需进一步加工才成为制成品。之所以这样规定,是因为编码资源有限,不可能将各种不完整品和未制成品一一列出,通过扩大品目的商品范围,简化商品归类。

例1〉缺少车门的小轿车

归类分析:缺少车门的小轿车属于小轿车的不完整品,由于其具有轿车的基本特征,所以仍应按小轿车归入品目8703。

例2〉钢铁制齿轮毛坯

归类分析:该产品属于齿轮的未制成品,虽未加工制成,但已初具齿轮的形状,一般只用于加工成齿轮,可以认为具有齿轮的基本特征,故按齿轮归入品目8483。

但是,"基本特征"的判断有时是很困难的,往往也是产生归类争议的主要原因。例如,缺少了多少零部件的电视机仍具有电视机的基本特征,仍可以按电视机归类? 由于商品的繁杂,寄希望于通过制定几条一刀切的规则来判断货品的基本特征是不现实的,因此对于具体的某种不完整品或未制成品,需要综合其结构、性能、价值、作用等方面的因素进行具体分析。但作为一般原则,可以这样判断:对于不完整品,主要是看其关键部件是否存在,如压缩机、蒸发器、冷凝器、箱体等关键部件如果存在,则可以判断为具有冰箱的基本特征;对于未制成品,主要看其是否具有制成品的特征。

另外,各国海关当局可根据本国的实际情况,制定一些具体规定来解决某些货品的基本特征的认定问题。例如我国曾在《国家限制进口机电进口零件、部件构成整机主要特征的确定原则和审批、征税的试行规定》中规定:"机电产品进口零件、部件每套到岸价格总和达到同型号产品整机到岸价格的60%及以上的,应视为已构成整机特征。"

2. 规定二

规则二(一)规定,品目所列货品的范围还应扩大为包括其未组装件或拆散件,以及以未组装或拆散形式报验的不完整品或未制成品,只要按照本规则第一部分的规定,它们可作为完整品或制成品看待。

未组装件或拆散件是指货品尚未组装或已拆散,例如尚未组装的活动房屋的各种预制件、拆散的家具。

3. 规定三

鉴于第一类至第六类各品目的商品范围,规则二(一)一般不适用于第一类至第六类的商品。

4. 规定四

规则二(二)规定,品目所列材料或物质,还应扩大到在该材料或物质中可以加入其他材料或物质;同理,品目所列由某种材料或物质构成的货品,也应扩大到包括加入其他材料或物质所构成的货品,其条件是加入其他材料或物质并不改变原来材料或物质或其所构成货品的基本特征。

例〉涂蜡的软木塞

归类分析:该商品由软木与蜡组合而成,根据总规则二(二)的规定,品目4503"天然软木制品"的范围应扩大为天然软木加其他材料或物质所构成的货品,故该产品应归入品目4503。

但是,需要注意品目中涉及的材料和物质不能任意扩大。如果所添加的材料或物质已改变原品目所列商品的特征,则不能根据本规则而应按规则三进行归类。例如,加糖的牛奶并未改变牛奶的特性,还应按牛奶归类;而添加了花椒粉的盐则改变了盐的特性,使其属性从盐改变为调味品。

5. 规定五

只有在规则一无法解决时，方能运用规则二。例如品目1503的条文规定为"液体猪油，未经混合"，则混合了其他油的液体猪油，不能运用规则二(二)归入品目1503。

三、规则三

(一)条文内容

当货品按规则二(二)或由于其他原因看起来可归入两个或两个以上品目时，应按以下规则归类：

> (一)列名比较具体的品目，优先于列名一般的品目。但是，如果两个或两个以上品目都仅述及混合或组合货品所含的某部分材料或物质，或零售的成套货品中的某些货品，即使其中某个品目对该货品描述得更为全面、详细，这些货品在有关品目的列名应视为同样具体。
>
> (二)混合物、不同材料构成或不同部件组成的组合物以及零售的成套货品，如果不能按规则三(一)归类时，在本款可适用的条件下，应按构成货品基本特征的材料或部件归类。
>
> (三)货品不能按规则三(一)或(二)归类时，应按号列顺序归入其可归入的最末一个品目。

(二)条文解释

1. 规定一

如果货品按规则二(二)或由于其他原因，看起来可归入两个或两个以上品目时，应按以下规则归类，这是运用规则三的前提。规则三有三条，可概括为：①具体列名优先；②基本特征；③从后归类。

这三条规定应按照先后次序加以运用。据此，只有在不能按照规则三(一)归类时，才能运用规则三(二)；不能按照规则三(一)和三(二)归类时，才能运用规则三(三)。

2. 规定二

规则三(一)规定，列名比较具体的品目优先于列名比较一般的品目。因此，列出品名比列出类名更为具体。例如，"电动剃须刀"应归入品目8510"电动剃须刀、电动毛发推剪及电动脱毛器"，而不归入品目8509"家用电动器具"。如果一个品目所列名称更为明确地述及某一货品，则该品目要比所列名称不那么明确地述及该货品的其他品目更为具体。

> [例] 钢化玻璃制的小轿车挡风玻璃

归类分析:该商品涉及品目 7007 的"钢化玻璃制的安全玻璃"和品目 8708"机动车辆的零件、附件",第 70 章和第 87 章及相应的类中均没有涉及该产品的排他性注释,故规则一不能解决品目的归类。因品目 7007 的"钢化玻璃制的安全玻璃"列名比品目 8708 的"机动车辆的零件、附件"更为具体,故应归入品目 7007。

但是,如果涉及的货品是混合物、组合物或零售成套货品时,当两个或两个以上品目都仅述及混合物或组合物所含的某部分材料或物质,或零售成套货品中的某些货品,则"具体列名优先"原则不再适用,应按规则三(二)或(三)的规定进行归类。

3. 规定三

混合物、不同材料构成或者不同部件组成的组合物以及零售成套货品,在规则三(一)不能解决的情况下,按构成货品基本特征的材料或部件归类。

但是,不同货品确定其基本特征的因素有所不同。一般来说,确定商品的主要特征,可根据商品的外观形态、使用方式、主要用途、购买目的、价值比例、贸易习惯、商业习惯、生活习惯等诸多因素进行综合考虑分析来确定。

这里所称的"零售成套货品",必须同时符合以下三个条件:

(1)至少由两种看起来可归入不同品目的不同物品构成;

(2)为了某项需求或某项专门活动而将几件产品或物品包装在一起;

(3)其包装形式适于直接销售给用户而无需重新包装。

符合上述三个条件时,应视为零售成套货品一并归类,按构成整套货品基本特征的商品归类;否则,不能视为规则三(二)中的零售成套货品,需要分别归类。

> [例1] 由一块面饼、一个脱水蔬菜包、一个调味包和一把塑料小叉构成的袋装方便面

归类分析:该方便面符合零售成套货品的三个条件,可以一并归类,其中,方便面构成该零售成套货品的基本特征,所以按面归入品目 1902。

> [例2] 包装在一起并一同销售的一瓶葡萄酒和一个打火机

归类分析:由于葡萄酒和打火机的搭配不符合零售成套货品的第二个条件,所以分别归入品目 2204 和品目 9613。

4. 规定四

当规则三(一)或三(二)都不能解决归类时,根据规则三(三),按号列顺序归入其可归入

的最后一个品目,即"从后归类"。

例〉50%大麦和50%燕麦构成的混合麦

归类分析:由于大麦(品目1003)和燕麦(品目1004)的含量相等,"基本特征"无法确定,因此根据"从后归类"的原则归入品目1004。

四、规则四

(一)条文内容

> 根据上述规则无法归类的货品,应归入与其最相类似的品目。

(二)条文解释

随着时代的发展、科技的进步,可能会出现一些《协调制度》在分类时无法预见的情况,这时按以上各规则仍无法归类的货品,只能用最相类似的货品来替代,将货品归入与其最相类似货品的同一品目。所述的"最相类似",是指名称、功能、用途或结构上的相似。

但是,由于《协调制度》中往往有兜底的品目"其他",用于安排未列名的商品。例如,"木制的搓衣板"是木制品,但在第44章未列名,应按"其他木制品"归入品目4421,而不需要运用规则四。因此,规则四在实际中较少运用。

五、规则五

(一)条文内容

除上述规则外,本规则适用于下列货品的归类:

> (一)制成特殊形状仅适用于盛装某个或某套物品并适合长期使用的,如照相机套、乐器盒、枪套、绘图仪器盒、项链盒及类似容器,如果与所装物品同时进口或出口,并通常与所装物品一同出售的,应与所装物品一并归类。但本款不适用于本身构成整个货品基本特征的容器。
>
> (二)除规则五(一)规定的以外,与所装货品同时进口或出口的包装材料或包装容器,如果通常是用来包装这类货品的,应与所装货品一并归类。但明显可重复使用的包装材料和包装容器可不受本款限制。

（二）条文解释

1. 规定一

规则五是一条关于包装容器归类的专门条款。

规则五（一）仅适用于同时符合以下各条规定的容器：

(1)制成特定形状或专用于盛装某一或某套物品；

(2)适合长期使用；

(3)与所装物品一同进口或出口；

(4)通常与所装物品一同出售；

(5)容器不构成整个货品的基本特征。

满足上述条件的容器,应与所装的货品一并归类,并按所装货品归类。但是,如果容器构成了整个货品的基本特征,则容器与所装货品分别归类。

> **例1** 与所装电动剃须刀一同报验的皮套

归类分析:该皮套满足上述条件,故应与所装的电动剃须刀一并归类,归入品目 8510。

> **例2** 装有普通茶叶的银质茶叶罐

归类分析:该茶叶罐相对于茶叶而言比较贵重,构成了整个货品的基本特征,因而不能与茶叶一起归类,应与茶叶分开归类,分别归入品目 7114 和品目 0902。

2. 规定二

除上述以外的通常用于包装有关货品的包装材料和包装容器,如果与所装货品同时进口或出口,则应与所装货品一并归类。例如,装有微波炉的瓦楞纸板箱,应与微波炉一并归入品目 8516。

但是,明显可以重复使用的包装材料或包装容器,不适用该规定。

> **例** 装有压缩液化气体的钢瓶

归类分析:由于该液化气钢瓶具有可重复使用的特点,因此不能跟液化气一并归类,而应与液化气分别归类。

六、规则六

(一)条文内容

> 货品在某一品目项下各子目的法定归类,应按子目条文或有关的子目注释以及以上各条规则来确定,但子目的比较只能在同一数级上进行。除《协调制度》条文另有规定的以外,有关的类注、章注也适用于本规则。

(二)条文解释

当商品的品目确定后,就需要进一步确定其子目的归类。

1.首先按子目条文和子目注释确定子目。

如"羊毛制的电暖毯"在归入品目6301项下的子目时,应按子目条文"电暖毯"归入子目6301.1000。再如,由"猪肝制成的均化食品"在归入品目1602项下的子目时,应按第16章子目注释一"归类时该子目优先于品目1602的其他子目"的规定而归入子目1602.1000。

2.如果按子目条文和子目注释还无法确定子目的归类,则以规则一至规则五经必要修改后,可运用于子目归类。

在确定子目时,还应注意:

(1)必须首先确定一级子目,再二级子目,然后是三级子目,最后是四级子目,按顺序进行;

(2)应遵循"同级比较"的原则,即一级子目与一级子目比较,二级子目与二级子目比较,依次类推。

　例1　鲜的冷水小虾虾仁

归类分析:根据总规则一,冷水小虾虾仁应归入品目0306。在确定品目0306项下子目时,应按以下步骤进行:

(1)先确定一级子目,将一级子目"冻的""活、鲜或冷的"和"其他"进行比较而归入子目0306.3"活、鲜或冷的";

(2)再确定二级子目,将二级子目"岩礁虾及其他龙虾(真龙虾属、龙虾属、岩龙虾属)""鳌龙虾(鳌龙虾属)""蟹""挪威海螯虾""冷水小虾及对虾(长额虾属、褐虾)""其他小虾及对虾""其他"进行比较,归入子目0306.35"冷水小虾及对虾(长额虾属、褐虾)";

(3)然后确定三级子目,即将"种苗""鲜、冷对虾""其他"进行比较,归入子目0306.3590。

3.有些子目注释涉及的问题已在类注或章注中标明,当类注或章注与子目条文或子目注释不一致时,子目注释应优先于类注和章注。

例2 铑粉

归类分析:根据总规则一,铑粉应归入品目7110。在确定品目7110项下的子目时,不能根据第71章注释四(二)"所称的'铂'是指铂、铱、锇、钯、铑及钌"的规定而将其作为"铂粉"归入子目7110.1100,因为第71章子目注释二规定"子目号7110.11及7110.19所称'铂',可不受本章注释四(二)的规定约束,不包括铱、锇、钯、铑及钌",即品目7110项下对子目"铂"的范围,该章子目注释与章注不一致。在这种情况下,应按子目注释的规定归入子目7110.3100。

本章小结

商品编码对应着税率与监管,也关系着企业的风险与成本。通过本章的学习,要掌握《商品名称及编码协调制度》的概念:是指原海关合作理事会(1994年更名为世界海关组织)在《海关合作理事会商品分类目录》(CCCN)和联合国的《国际贸易标准分类》(SITC)的基础上,参照国际上主要国家的税则、统计、运输等分类目录而制定的一个多用途的国际贸易商品分类目录;了解《商品名称及编码协调制度》的基本结构和主要优点;了解《协调制度》的归类总规则的地位和作用:人们在对各种商品进行归类时必须保证各类商品能准确无误地归入《协调制度》的恰当编码,解决注释、品目条文及子目条文无法解决的货品归类;对商品分类的普遍规律进行了归纳总结;重点掌握《协调制度》归类总规则一至规则六的内容和具体运用。

思考题

1.简述《商品名称及编码协调制度》的结构。

2.《协调制度》中具有法律效力的归类依据及使用时的优先顺序。

3.举例说明《协调制度》归类总规则一的内容。

4.具备什么条件的商品应该按照完整品、制成品、整机归类?

5.简述对看起来可归入两个及两个以上品目的商品归类的方法。

6.判断具体与否的一般原则是什么?什么条件下应该运用具体列名的方法归类?

7.判断基本特征的一般原则是什么?什么条件下应该运用基本特征的方法归类?

8.举例说明对于看起来可归入两个及两个以上品目的商品,在哪几种情况下不能运用从后类的方法。

9.简述货品包装物的归类原则。

10.简述规则六的归类要点。

第五章

进出口税费

本章首先介绍海关税收征管方式的改革及进出口税费的分类,其次给出进出口货物完税价格的确定和相关税率的适用,最后给出进出口税费的核算方法。

第一节　进出口税费概述

一、海关税收征管方式改革

当前,经济全球化以及区域经济一体化的发展脚步不断加快,新型贸易业态如雨后春笋般纷纷涌现,货物、服务、资本等要素跨境流动规模持续扩大,同时,我国经济发展进入新常态,全面深化改革成为建设新时代中国特色社会主义的基本方略之一。2014 年,海关总署印发《海关全面深化改革总体方案》,明确在 2020 年前全面建成全国海关一体化通关格局。按照《海关全面深化改革总体方案》,当前我国海关税收征管方式改革的原则和主要内容:建立"两个中心"即风险防控中心和税收征管中心;改革并实施"三项制度"即一次申报、分步处置,改革税收征管方式,优化协同监管。宏观上构建"审验征控一体化"四个环节紧密配合,协同治理的综合治税大格局。

《海关总署公告 2017 年第 25 号——关于推进全国海关通关一体化改革的公告》已于 2017 年 7 月 1 日起正式实施。三个税收征管中心正式亮相,税收征管方式改革扩大到全国口岸所有运输方式进口的《中华人民共和国进出口税则》全部章节商品。税收征管中心的建立以及征管方式的改革,将极大地改变进出口企业已经习惯的税收规则。

（一）税收征管中心的职责分工

全国共设立三个税收征管中心。海关总署税管中心(上海)负责机电大类(机电、仪器仪表、交通工具类)等商品,包括税则共 8 章(第 84—87 章、第 89—92 章);海关总署税管中心(广州)负责化工大类(化工原料、高分子、能源、矿产、金属类等)商品,包括税则共 30 章(第 25—29 章、第 31—40 章、第 68—83 章);海关总署税管中心(京津)负责农林、食品、药品、轻工、杂项、纺织类及航空器等商品,包括税则共 58 章(第 1—24 章、第 30 章、第 41—67 章、第

88 章、第 93—97 章)。

与原先的区域审单模式相比,税收征管中心的设立带来如下两个方面的变化:

一是更高的层级。从级别上来看,三个税收征管中心作为海关总署的直属单位,比以往直属海关的审单中心层级要高。这意味着税收征管中心在调动整合执法力量方面将更加具有优势,以往需要在不同关区协调解决的归类技术等问题将直接由税收征管中心代表海关总署作出决定。

二是更加统一的执法标准。三个税收征管中心在各自所负责的税号上,实现了全国范围的统一执法。这有助于解决不同关区的执法冲突问题,最突出的表现是相同商品归入不同税则号列的问题。

(二)税收征管方式

税收征管中心成立后,将继续沿用《海关总署公告 2016 年第 62 号——关于开展税收征管方式改革试点工作的公告》的税收征管模式。主要包括两项内容:

1. 自主申报、自行缴税(自报自缴)

进出口企业、单位在办理海关预录入时,应当如实、规范填报报关单各项目,利用预录入系统的海关计税(费)服务工具计算应缴纳的相关税费,并对系统显示的税费计算结果进行确认,连同报关单预录入内容一并提交海关。

进出口企业、单位在收到海关通关系统发送的回执后,自行办理相关税费缴纳手续;需要纸质税款缴款书的,可到申报地海关现场打印,该纸质税款缴款书上注明"自报自缴"字样,属于缴税凭证,不具有海关行政决定属性。

2. 税收要素审核后置

货物放行后,海关对进出口企业、单位申报的价格、归类、原产地等税收要素进行抽查审核;特殊情况下,海关实施放行前的税收要素审核。相关进出口企业、单位应当根据海关要求,配合海关做好税收征管工作。

此外,依据《海关总署公告 2017 年第 28 号——关于开展后续核查工作的公告》,后续核查将成为海关执法的常规方式,与海关稽查一道发挥保证国家税款安全的作用。

二、进出口税费概述

进出口税费是指在进出口环节中由海关依法征收的关税、消费税、增值税等税费。依法征收税费是海关的任务之一。依法缴纳税费是有关纳税义务人的基本义务。

进出口税费征收的法律依据主要是《海关法》《关税条例》及其他有关法律、行政法规。

(一)关税

关税是由海关代表国家,按照国家制定的关税政策和公布实施的税法及进出口税则,对进出关境的货物和物品征收的一种流转税。海关征收关税的依据是国家制定的法律和行政法规。

关税是国家税收的重要组成部分,是国家中央财政收入的重要来源,也是世界贸易组织允许缔约方保护其境内经济的一种手段,其基本作用在于体现国家主权,推动国家的经济建设。

关税征税主体,亦称关税征收主体。根据《海关法》的规定,行使征收关税职能的国家机关是中华人民共和国海关,征收关税是海关的一项主要任务。未经法律授权,其他任何单位和个人均无权征收关税。

关税征收对象,亦称关税征收客体。法律规定,作为征收关税的标的物,关税征收对象是进出一国关境的货物或物品,它是区别关税和其他税种的重要标志。

关税纳税义务人,亦称关税纳税人或关税纳税主体,是指依法负有直接向国家缴纳关税义务的法人或自然人。我国关税的纳税义务人是进口货物的收货人、出口货物的发货人、进出境物品的所有人。

按照不同的标准可对关税进行多种分类,本教材从应用角度将关税作如下划分:

1. 按照货物的流向分类

按照货物的流向,关税可分为进口关税、出口关税和过境关税。

1)进口关税

进口关税是指一国(地区)海关对进入其境内的货物和物品为课税对象所征收的关税,这是关税中最主要的一种。

2)出口关税

出口关税是指一国(地区)海关以出境货物、物品为课税对象所征收的关税。为鼓励出口,世界各国一般不征收出口关税或仅对少数商品征收出口关税。征收出口关税的主要目的是限制和调控某些商品的过度、无序出口,特别是防止本国一些重要自然资源和原材料的无序出口。

3)过境关税

过境关税亦称通过税,指一国(地区)海关对通过其关境的外国货物所征收的一种关税。征收过境关税的目的是增加财政收入。随着国际贸易的发展,特别是交通条件的改善,目前过境关税已很少见,大多采取税款担保形式操作,以保障过境货物依法原状运出关境。

2. 按照计征标准或计税方法分类

按照计征标准或计税方法,关税可分为从价税、从量税、复合税和滑准税。

1)从价税

从价税是以货物、物品的价格作为计税标准,以应征税额占货物价格的百分比为税率,价格和税额成正比例关系的关税。我国对进出口货物征收关税主要采用从价税计税标准。

2）从量税

从量税是以货物和物品的计量单位（如重量、数量、容量等）作为计税标准，按每一计量单位的应征税额征收的关税。

我国目前对冻整鸡及鸡产品、啤酒、石油原油、胶卷等进口商品征收从量税。

3）复合税

复合税是在《进出口税则》中，一个税目中的商品同时使用从价、从量两种标准计税，计税时按两者之和作为应征税额征收的关税。

我国目前对进口价格高于 2000 美元的磁带录像机、磁带放像机，对进口价格高于 5000 美元的非特种用途电视摄像机、非特种用途数字照相机、非特种用途型摄录一体机等进口商品征收复合关税。

4）滑准税

滑准税是在《进出口税则》中预先按产品的价格高低分档制定若干不同的税率，然后根据进口商品价格的变动而增减进口税率的一种关税。

当商品价格上涨时采用较低税率，当商品价格下跌时则采用较高税率，其目的是使该种商品的国内市场价格保持稳定。

我国目前对关税配额外进口的一定数量的棉花（税号：5201.0000）实行滑准税。

3. 按照是否施惠分类

按照是否施惠，关税可分为普通关税和优惠关税。

1）普通关税

普通关税又称一般关税，是指对与本国没有签署贸易或经济互惠等友好协定的国家或地区原产的货物征收的非优惠关税。

目前我国对少数与我国没有外交关系且不属于世界贸易组织成员的国家或地区的进口货物适用普通税率。

对无法判明原产地的货物，适用普通税率。

2）优惠关税

优惠关税是指对来自特定国家或地区的进口货物在关税方面给予优惠待遇，按照比普通关税税率低的税率征收的关税。

优惠关税一般有最惠国待遇关税、协定优惠关税、特定优惠关税、普遍优惠关税四种。

（1）最惠国待遇关税。

我国规定，原产于共同适用最惠国待遇条款的世界贸易组织成员的进口货物、原产于与我国签订含有相互给予最惠国待遇条款的双边贸易协定的国家或地区的进口货物，以及原产于我国关境内的进口货物,适用最惠国待遇关税。

（2）协定优惠关税。

我国规定,原产于与我国签订含有关税优惠条款的区域性贸易协定的国家或地区的进口货物,适用协定税率。

目前,我国对亚太、东盟、中国香港 CEPA（内地与香港关于建立更紧密经贸关系的安排）、中国澳门 CEPA（内地与澳门关于建立更紧密经贸关系的安排）、中国台湾、ECFA（海峡两岸经济合作框架协议）、秘鲁、新加坡、智利、巴基斯坦、新西兰、哥斯达黎加、冰岛、瑞士、澳大利亚、韩国、格鲁吉亚等自由贸易协定或优惠安排项下的进口货物实施协定优惠关税。

（3）特定优惠关税。

特定优惠关税又称特惠关税,原产于与我国签订含有特殊关税优惠条款的贸易协定的国家或地区的进口货物,适用特惠税率。目前,我国对孟加拉国、老挝、缅甸、柬埔寨、埃塞俄比亚等共 40 个国家的部分进口商品实施特惠关税。

（4）普遍优惠制关税。

普遍优惠制关税指发达国家对进口原产于发展中国家的工业制成品、半制成品和某些初级产品降低或取消进口关税待遇的一种关税优惠。我国是发展中国家,对进口货物不存在普惠税率。

4. 按照是否根据税则征收分类

按照是否根据税则征收,关税可分为正税和附加税。

1）正税

正税是按照《进出口税则》中的进口税率征收的关税。正税具有规范性、相对稳定的特点。

2）附加税

附加税指国家由于特定需要,对货物除征收关税正税之外另行征收的关税,一般具有临时性特点。附加税包括反倾销税、反补贴税、保障措施关税、报复性关税等。

世界贸易组织不准其成员方在一般情况下随意征收附加税,只有符合世界贸易组织反倾销、反补贴等有关规定的,才可以征收。

（1）反倾销税。

反倾销税是为抵制外国商品倾销进口,保护国内相关产业而征收的一种进口附加税,即在倾销商品进口时除征收进口关税外,另外加征反倾销税。根据我国《反倾销条例》的规定,凡进口产品以低于其正常价值出口到我国且对我国相关企业造成实质性损害的即为倾销。

反倾销税由商务部提出建议,国务院关税税则委员会作出决定,海关负责征收,其税额不超出倾销幅度。

我国目前征收的进口附加税主要是反倾销税。

(2)反补贴税。

反补贴税是指为抵消进口商品在制造、生产和输出时直接或间接接受的任何奖金或补贴而征收的附加税,即在补贴商品进口时除征收进口关税外,另外加征反补贴税。

根据我国《反补贴条例》的规定,补贴是指出口国(地区)政府或者任何公共机构提供的并为接受者带来利益的财政资助以及任何形式的收入或者价格支持。

进口产品存在补贴,并对已经建立的国内产业造成实质损害或者产生实质损害威胁,或者对建立国内产业造成实质阻碍的,采取反补贴措施。

反补贴税由商务部提出建议,国务院关税税则委员会作出决定,海关负责征收,其税额不超出补贴幅度。

(3)保障措施关税。

保障措施关税是指因进口产品数量增加,并对生产同类产品或直接竞争产品的国内产业造成严重损害或严重威胁而征收的关税,分临时保障措施关税和最终保障措施关税两类。其不分国别,对来自所有国家和地区的同一产品,一般只适用一个税率。

根据我国《保障措施条例》的规定,保障措施关税由商务部提出建议,国务院关税税则委员会作出决定,海关负责征收。

(4)报复性关税。

报复性关税是指当他国对本国出口货物有不利或歧视性待遇时,对从该国进口的货物予以报复而征收的一种附加税。

《关税条例》规定,任何国家或者地区违反与中华人民共和国签订或者共同参加的贸易协定及相关协定,对中华人民共和国在贸易方面采取禁止、限制、加征关税或者其他影响正常贸易措施的,对原产于该国家或者地区的进口货物可以征收报复性关税,适用报复性关税税率。征收报复性关税的货物、适用国别、税率、期限和征收办法,由国务院关税税则委员会决定并公布。

以上按照是否施惠及是否按税则征收标准对关税的分类,均只适用于进口关税。

(二)进口环节代征税

进口货物、物品在办理海关手续放行后,进入国内流通领域,与国内货物同等对待,需缴纳应征的国内税。

进口货物、物品的国内税依法由海关在进口环节征收。

目前,进口环节海关代征税(简称进口环节代征税)主要有增值税、消费税两种。

1. 增值税

增值税是以商品的生产、流通和劳务服务各个环节所创造的新增价值为课税对象的一种流转税。进口环节增值税是在货物、物品进口时,由海关依法向进口货物的法人或自然人征收的一种增值税。进口环节增值税由海关依法向进口货物的法人或自然人征收,其他环节的增值税由税务机关征收。

进口环节增值税以组成价格作为计税价格,征税时不得抵扣任何税额。其组成价格由关税完税价格加上关税税额组成,应征消费税的品种的增值税组成价格要另加上消费税税额。

进口环节增值税税率的调整及增值税的免税、减税项目由国务院规定,任何地区、部门均不得规定免税、减税项目。进口环节增值税的起征点为人民币 50 元,低于 50 元的免征。

在中华人民共和国境内销售货物或者提供加工、修理修配劳务以及进口货物的单位和个人,为增值税的纳税义务人,应当依照增值税条例缴纳增值税。

我国增值税的征收原则是中性、简便、规范,采取基本税率再加一档低税率的征收模式。自 2019 年 4 月 1 日起,适用基本税率(13%)的范围包括:纳税人销售或者进口除适用低税率的货物以外的货物,以及提供加工、修理修配劳务。

适用低税率(9%)的范围是指纳税人销售或者进口下列货物:农产品(含粮食)、自来水、暖气、石油液化气、天然气、食用植物油、冷气、热水、煤气、居民用煤炭制品、食用盐、农机、饲料、农药、农膜、化肥、沼气、二甲醚、图书、报纸、杂志、音像制品、电子出版物。

进口货物由纳税义务人(进口人或者其代理人)向办理进口手续的海关申报纳税。进口环节增值税的征收管理,适用关税征收管理的规定。

2. 消费税

消费税是以消费品或消费行为的流转额作为课税对象而征收的一种流转税。我国开征消费税的目的是调节我国的消费结构,引导消费方向,确保国家财政收入,它是在对货物普遍征收增值税的基础上,选择少数消费品再予征收的税。

在中华人民共和国境内生产、委托加工和进口《消费税暂行条例》规定的消费品(简称应税消费品)的单位和个人,以及国务院确定的销售《消费税暂行条例》规定的消费品的其他单位和个人,为消费税的纳税义务人。

我国的消费税由税务机关征收,进口的应税消费品的消费税由海关代征,由纳税义务人(进口人或者其代理人)在报关进口时向报关地海关申报纳税。

我国进口的应税消费品消费税采用从价、从量和复合计税的方法计征。消费税的税目、税率,依照《消费税暂行条例》所附的"消费税税目税率表"执行;消费税税目、税率的调整,由国务院决定。进口环节消费税的起征点为人民币 50 元,低于 50 元的免征。进口环节消费税的征收管理,适用关税征收管理的规定。

消费税的征收范围,仅限于少数消费品。应税消费品大体可分为以下四种类型:

（1）一些过度消费会对人的身体健康、社会秩序、生态环境等方面造成危害的特殊消费品，如烟、酒、酒精、鞭炮、焰火等；

（2）奢侈品、非生活必需品，如贵重首饰及珠宝玉石、化妆品等；

（3）高能耗的高档消费品，如小轿车、气缸容量 250 毫升以上的摩托车等；

（4）不可再生和替代的资源类消费品，如汽油、柴油等；

（5）为了环保节能，对电池（含铅蓄电池）、涂料征收消费税。

（三）滞纳金

为保证海关作出的征税决定得到执行，保证税款及时入库，必须规定纳税义务人缴纳税款的时间限制，逾期缴纳即构成滞纳。《关税条例》规定："进出口货物的纳税义务人，应当自海关填发税款缴款书之日起 15 日内向指定银行缴纳税款。"

1. 征收目的

征收滞纳金，其目的在于使纳税义务人承担增加的经济制裁责任，促使其尽早履行纳税义务。征收滞纳金并不影响海关采取的其他税收强制措施的执行。

2. 征收范围

按照规定，关税、进口环节增值税、进口环节消费税的纳税义务人或其代理人，应当自海关填发税款缴款书之日起 15 日内向指定银行缴纳税款，逾期缴纳的，海关依法在原应纳税款的基础上，按日加收滞纳税款万分之五的滞纳金。

纳税义务人在批准的延期缴纳税款期限内缴纳税款的，不征收滞纳金；逾期缴纳税款的，自延期缴纳税款期限届满之日起至缴清税款之日止，按日加收滞纳税款万分之五的滞纳金。

3. 滞纳期间

税款缴纳期限内含有星期六、星期日或法定节假日的不予扣除。缴纳期限届满日遇星期六、星期日等休息日或者法定节假日的，应当顺延至休息日或法定节假日之后的第一个工作日。国务院临时调整休息日与工作日的，则按照调整后的情况计算缴款期限。例如，缴款期限的最后一天是 9 月 30 日，该日恰好是星期日，国务院决定将 9 月 29 日、30 日与 10 月 4 日、5 日互相调换，即 9 月 29 日、30 日成为工作日，如果纳税义务人在 9 月 30 日仍未缴纳税款，则从 10 月 1 日开始即构成滞纳。

海关征收滞纳金，自缴款期限届满次日起，至纳税义务人缴纳税款之日止，按照滞纳税款的万分之五比例按日征收，滞纳期限内的星期六、星期日或法定节假日一并计算。

4. 征收标准

滞纳金按每票货物的关税、进口环节增值税和消费税单独计算，起征点为人民币 50 元，不足人民币 50 元的免予征收。其计算公式为：

$$关税滞纳金金额＝滞纳关税税额×0.5‰×滞纳天数$$

$$进口环节海关代征税滞纳金金额＝滞纳进口环节海关代征税税额×0.5‰×滞纳天数$$

5. 特殊情形

根据规定,对逾期缴纳税款应征收滞纳金的,还有以下几种情况:

(1)进出口货物放行后,海关发现因纳税义务人违反规定造成少征或者漏征税款的,可以自缴纳税款或货物放行之日起 3 年内追征税款,并从缴纳税款或货物放行之日起至海关发现之日止,按日加收少征或者漏征税款万分之五的滞纳金。

(2)因纳税义务人违反规定造成海关监管货物少征或者漏征税款的,海关应当自纳税义务人应缴纳税款之日起 3 年内追征税款,并自应缴纳税款之日起至海关发现违规行为之日止,按日加收少征或者漏征税款万分之五的滞纳金。

这里所述"应缴纳税款之日",是指纳税义务人违反规定的行为发生之日;该行为发生之日不能确定的,应当以海关发现该行为之日作为应缴纳税款之日。

(3)租赁进口货物分期支付租金的,纳税义务人应当在每次支付租金后的 15 日内向海关申报办理纳税手续,逾期办理申报手续的,海关除了征收税款外,还应当自申报办理纳税手续期限届满之日起至纳税义务人申报纳税之日止,按日加收应缴纳税款万分之五的滞纳金。

租赁进口货物自租期届满之日起 30 日内,应向海关申请办结海关手续,逾期办理手续的,海关除按照审定进口货物完税价格的有关规定和租期届满后第 30 日该货物适用的计征汇率、税率,审核确定其完税价格、计征应缴纳的税款外,还应当自租赁期限届满后 30 日起至纳税义务人申报纳税之日止,按日加收应缴纳税款万分之五的滞纳金。

(4)暂准进出境货物未在规定期限内复运出境或者复运进境,且纳税义务人未在规定期限届满前向海关申报办理进出口及纳税手续的,海关除按照规定征收应缴纳的税款外,还应当自规定期限届满之日起至纳税义务人申报纳税之日止,按日加收应缴纳税款万分之五的滞纳金。

(5)海关采取强制措施时,对纳税义务人、担保人未缴纳的滞纳金应当同时强制执行。滞纳金应当从税款缴纳期限届满的次日起至海关执行强制措施之日止,按日计算。

6. 延期纳税

纳税义务人因不可抗力或者国家税收政策调整不能按期缴纳税款的,应当在货物进出口前向办理进出口申报纳税手续所在地直属海关提出延期缴纳税款的书面申请并随附相关材料,同时还应当提供缴税计划,由海关总署审核批准。货物实际进出口时,纳税义务人要求海关先放行货物的,应当向海关提供税款担保。延期缴纳税款的期限,自货物放行之日起最长不超过 6 个月。

7. 纳税义务人违反规定造成少征或者漏征税款

(1)进口货物放行后,海关发现因纳税义务人违反规定造成少征或者漏征税款的,可以自缴纳税款或货物放行之日起 3 年内追征税款,并从缴纳税款或货物放行之日起至海关发现之日止,按日加收少征或者漏征税款万分之五的滞纳金。

(2)因纳税义务人违反规定造成海关监管货物少征或者漏征税款的,海关应当自纳税义务人应缴纳税款之日起 3 年内追征税款,并自应缴纳税款之日起至海关发现违规行为之日止,按日加收少征或者漏征税款万分之五的滞纳金。此处所述"应缴纳税款之日"是指纳税义务人违反规定的行为发生之日。该行为发生之日不能确定的,应当以海关发现该行为之日作为应缴纳税款之日。

8. 直属海关依法减免税款滞纳金的情形

(1)纳税义务人经营困难:纳税义务人确因经营困难,自海关填发税款缴款书之日起在规定期限内难以缴纳税款,但在规定期限届满后 3 个月内补缴税款的。

(2)非纳税义务人原因:因不可抗力或者国家政策调整原因导致纳税义务人自海关填发税款缴款书之日起在规定期限内无法缴纳税款,但在相关情形解除后 3 个月内补缴税款的。

(3)主动报告并补缴:货物放行后,纳税义务人通过自查发现少缴或漏缴税款并主动补缴税款的。

(4)其他:经海关总署认可的其他特殊情形。

第二节　进出口货物完税价格的确定

我国海关税收征管使用的主要为从价税,即以货物的价格为基础确定纳税义务人需向海关缴纳的税款。审定完税价格是海关根据一定的法律规范和判定标准,确定进出口货物海关计税价格的过程。准确认定进出口货物完税价格是贯彻关税政策的重要环节,也是海关依法行政的重要体现。

进出口关税、进口环节代征税的完税价格以人民币计征,采用四舍五入法计算至分。

一、我国海关审价的法律依据

我国已加入世界贸易组织,并已全面实施世界贸易组织估价协定,已基本建立起既与《WTO 估价协定》相衔接,又与我国国情相适应的审价体系。

海关审价的依据可分为三个层次：

第一是法律层次，即《海关法》。《海关法》规定："进出口货物的完税价格，由海关以该货物的成交价格为基础审查确定。成交价格不能确定时，完税价格由海关估定。"

第二是行政法规层次，即《关税条例》。其作为《海关法》的配套法规，对估价定义、估价方法、海关和纳税义务人之间的权利义务做了原则性的规定。

第三是部门规章层次，如海关总署颁布施行的《进出口货物审价办法》和《内销保税货物审价办法》。该办法结合我国加入世界贸易组织以来在探索实施《WTO 估价协定》过程中的经验及我国审价工作实际，完整、明确地体现了《WTO 估价协定》的基本原则和主要内容，进一步增强了规定的指导性和操作性，是最低层次的执法依据。

需要注意的是，准许进口的进境旅客行李物品、个人邮递物品及其他个人自用物品的完税价格和涉嫌走私的进出口货物、物品计税价格的核定不适用《进出口货物审价办法》，涉嫌走私的内销保税货物计税价格的核定不适用《内销保税货物审价办法》。上述特殊情况的进出口物品及货物完税价格的审定方法由海关总署另行制定。

二、进口货物完税价格的审定

《审价办法》规定："进口货物的完税价格，由海关以该货物的成交价格为基础审查确定，并应包括货物运抵中华人民共和国境内输入地点起卸前的运输及相关费用、保险费。""相关费用"主要是指与运输有关的费用，如装卸费、搬运费等属于广义运费范围内的费用。

进口货物完税价格的审定包括一般进口货物完税价格的审定和特殊进口货物完税价格的审定两方面的内容。

（一）一般进口货物完税价格的审定

海关确定进口货物完税价格共有进口货物成交价格估价方法、相同货物成交价格估价方法、类似货物成交价格估价方法、倒扣价格估价方法、计算价格估价方法、合理方法等 6 种估价方法。

上述估价方法应当依次采用，但如果进口货物纳税义务人提出要求，并提供相关资料，经海关同意，可以颠倒倒扣价格法和计算价格法的适用次序。

1. 进口货物成交价格估价方法

进口货物成交价格估价方法是《关税条例》及《进出口货物审价办法》规定的第一种估价方法，进口货物的完税价格应首先以成交价格估价方法审查确定。

进口货物的成交价格，是指卖方向中华人民共和国境内销售该货物时，买方为进口该货物向卖方实付、应付的，并按有关规定调整后的价款总额，包括直接支付的价款和间接支付的价款。

需要注意的是,成交价格不完全等同于贸易实际中的发票或合同价格。贸易中的发票或合同价格取决于买卖双方的约定,它的定价是自由的,但成交价格有其特定含义,必须符合"销售"的要求,并由实付、应付价格和直接、间接支付及调整因素构成,还要满足一定的条件。

1)关于"向中华人民共和国境内销售"

这是指将进口货物实际运入中华人民共和国境内,货物的所有权和风险由卖方转移给买方,买方为此向卖方支付价款的行为。

如果进口货物交易安排不同时符合上述要求,就不能认定存在成交价格,海关应依次使用其他估价方法估价。

2)关于"实付、应付价格"

这是指买方为购买进口货物而直接或者间接支付的价款总额,即作为卖方销售进口货物的条件,由买方向卖方或者为履行卖方义务由买方向第三方已经支付或者将要支付的全部款项。

3)关于"直接、间接支付"

成交价格应包括直接支付和间接支付,其中直接支付是买方直接向卖方支付的款项,而间接支付是指买方根据卖方的要求,将货款全部或者部分支付给第三方,或者冲抵买卖双方之间的其他资金往来的付款方式。

对于买方为自己利益进行的活动而支付的费用,尽管有可能使卖方受益,但它还是不属于买方向卖方的间接支付,如由买方负担的市场调研和营销费用、广告费用、参展费用、检测费用或开立信用证的费用等。

4)关于"调整因素"

调整因素包括计入项目和扣除项目。

(1)计入项目。

下列项目若由买方支付,必须计入完税价格。

A. 除购货佣金以外的佣金和经纪费。

佣金通常可分为购货佣金和销售佣金。

购货佣金指买方向其采购代理人支付的佣金,按照规定,购货佣金不应该计入进口货物的完税价格中。

销售佣金指卖方向其销售代理人支付的佣金,但上述佣金如果由买方直接付给卖方的代理人,按照规定应该计入完税价格中。

经纪费指买方为购进进口货物向代表买卖双方利益的经纪人支付的劳务费用,根据规定应计入完税价格中。

B. 与进口货物作为一个整体的容器费。

与有关货物归入同一个税号的容器与该货物视作一个整体,比如说酒瓶与酒构成一个不可分割的整体,两者归入同一税号,如果没有包括在酒的完税价格中间,则应该计入。

C. 包装费。

这里应注意包装费既包括材料费,也包括劳务费。

D. 协助价值。

在国际贸易中,买方以免费或以低于成本价的方式向卖方提供了一些货物或者服务,这些货物或服务的价值被称为协助价值。

协助价值计入进口货物完税价格中应满足以下条件:由买方以免费或低于成本价的方式直接或间接提供;未包括在进口货物的实付或应付价格之中;与进口货物的生产和向中华人民共和国境内销售有关;可按适当比例分摊。

下列四项协助费用应计入:进口货物所包含的材料、部件、零件和类似货物的价值;在生产进口货物过程中使用的工具、模具和类似货物的价值;在生产进口货物过程中消耗的材料的价值;在境外完成的为生产该进口货物所需的工程设计、技术研发、工艺及制图等工作的价值。

E. 特许权使用费。

特许权使用费是指进口货物的买方为取得知识产权权利人及权利人有效授权人关于专利权、商标权、专有技术、著作权、分销权或者销售权的许可或者转让而支付的费用。

以成交价格为基础审查确定进口货物的完税价格时,未包括在该货物实付、应付价格中的特许权使用费需计入完税价格,但是符合下列情形之一的除外:特许权使用费与该货物无关;特许权使用费的支付不构成该货物向中华人民共和国境内销售的条件。

F. 返回给卖方的转售收益。

如果买方在货物进口之后,把进口货物的转售、处置或使用收益的一部分返还给卖方,这部分收益的价格应该计入完税价格中。

上述所有项目的费用或价值计入完税价格中,必须同时满足三个条件:由买方负担;未包括在进口货物的实付或应付价格中;有客观量化的数据资料。

(2)扣减项目。

进口货物的价款中单独列明的下列税收、费用,不计入该货物的完税价格:

A. 厂房、机械或者设备等货物进口后发生的建设、安装、装配、维修或者技术援助费用,但是保修费用除外。

B. 货物运抵境内输入地点起卸后发生的运输及其相关费用、保险费。

C. 进口关税、进口环节代征税及其他国内税。

D. 为在境内复制进口货物而支付的费用。

E. 境内外技术培训及境外考察费用。

此外,同时符合下列条件的利息费用不计入完税价格:利息费用是买方为购买进口货物而融资所产生的;有书面的融资协议;利息费用单独列明的;纳税义务人可以证明有关利率不高于在融资当时当地此类交易通常具有的利率水平,且没有融资安排的相同或者类似进口货物的价格与进口货物的实付、应付价格非常接近的。

码头装卸费(简称 THC)是指货物从船舷到集装箱堆场间发生的费用,属于货物运抵中华人民共和国境内输入地点起卸后的运输相关费用,因此不应计入货物的完税价格。

5)成交价格本身须满足的条件

成交价格必须满足一定的条件才能被海关所接受,否则不能适用成交价格法。根据规定,成交价格必须具备以下四个条件:

(1)买方对进口货物的处置和使用不受限制。

如果买方对进口货物的处置权或者使用权受到限制,则进口货物就不适用成交价格估价方法。有下列情形之一的,视为对买方处置或者使用进口货物进行了限制:

A. 进口货物只能用于展示或者免费送出的;

B. 进口货物只能销售给指定第三方的;

C. 进口货物加工为成品后只能销售给卖方或者指定第三方的;

D. 其他经海关审查,认定买方对进口货物的处置或者使用受到限制的。

但是以下三种限制并不影响成交价格的成立:国内法律、行政法规规定的限制;对货物转售地域的限制;对货物价格无实质影响的限制。

(2)进口货物的价格不应受到某些条件或因素的影响而导致该货物的价格无法确定。

有下列情形之一的,视为进口货物的价格受到了使该货物成交价格无法确定的条件或者因素的影响:

A. 进口货物的价格是以买方向卖方购买一定数量的其他货物为条件而确定的;

B. 进口货物的价格是以买方向卖方销售其他货物为条件而确定的;

C. 其他经海关审查,认定货物的价格受到使该货物成交价格无法确定的条件或者因素影响的。

(3)卖方不得直接或间接从买方获得因转售、处置或使用进口货物而产生的任何收益,除非上述收益能够被合理确定。

(4)买卖双方之间没有特殊关系,或虽有特殊关系但不影响成交价格。

根据规定,有下列情形之一的,应当认定买卖双方有特殊关系:

A. 买卖双方为同一家族成员;

B. 买卖双方互为商业上的高级职员或董事；

C. 一方直接或间接地受另一方控制；

D. 买卖双方都直接或间接地受第三方控制；

E. 买卖双方共同直接或间接地控制第三方；

F. 一方直接或间接地拥有、控制或持有对方5%以上(含5%)公开发行的有表决权的股票或股份；

G. 一方是另一方的雇员、高级职员或董事；

H. 买卖双方是同一合伙的成员。

此外,买卖双方在经营上相互有联系,一方是另一方的独家代理、经销或受让人,若与以上规定相符,也应当视为有特殊关系。

买卖双方有特殊关系这个事实本身并不能构成海关拒绝成交价格的理由,买卖双方之间存在特殊关系,但是纳税义务人能证明其成交价格与同时或者大约同时发生的下列任何一款价格相近的,视为特殊关系未对进口货物的成交价格产生影响：

A. 向境内无特殊关系的买方出售的相同或者类似进口货物的成交价格；

B. 按照倒扣价格估价方法所确定的相同或者类似进口货物的完税价格；

C. 按照计算价格估价方法所确定的相同或者类似进口货物的完税价格。

海关在使用上述价格进行比较时,需考虑商业水平和进口数量的不同,以及买卖双方有无特殊关系造成的费用差异。

进口货物成交价格法是海关估价中使用最多的一种估价方法,但是如果货物的进口非因销售引起或销售不能符合成交价格须满足的条件,就不能采用成交价格法,而应该依次采用下列方法审查确定货物的完税价格。

2. 相同及类似货物成交价格估价方法

相同及类似进口货物成交价格估价方法,即以与被估货物同时或大约同时向中华人民共和国境内销售的相同货物及类似货物的成交价格为基础,审查确定进口货物完税价格的方法。

1)相同货物和类似货物

"相同货物",指与进口货物在同一国家或者地区生产的,在物理性质、质量和信誉等所有方面都相同的货物,但是表面的微小差异允许存在。

"类似货物",指与进口货物在同一国家或者地区生产的,虽然不是在所有方面都相同,但是却具有相似的特征、相似的组成材料、相同的功能,并且在商业中可以互换的货物。

2)相同或类似货物的时间要素

时间要素是指相同或类似货物必须与进口货物同时或大约同时进口,其中的"同时或大约同时"指在海关接受申报之日的前后各45天以内。

3)关于相同及类似货物成交价格法的运用

在运用这两种估价方法时,首先应使用和进口货物处于相同商业水平、大致相同数量的相同或类似货物的成交价格,只有在上述条件不满足时,才可采用以不同商业水平和不同数量销售的相同或类似进口货物的价格,但不能将上述价格直接作为进口货物的价格,还须对由此而产生的价格方面的差异作出调整。

此外,对进口货物与相同或类似货物之间由于运输距离和运输方式不同而在成本和其他费用方面产生的差异应进行调整。

上述调整都必须建立在客观量化的数据资料的基础上。

同时还应注意,在采用相同或类似货物成交价格估价法确定进口货物完税价格时,首先应使用同一生产商生产的相同或类似货物的成交价格,只有在没有同一生产商生产的相同或类似货物的成交价格的情况下,才可以使用同一生产国或地区不同生产商生产的相同或类似货物的成交价格。如果有多个相同或类似货物的成交价格,应当以最低的成交价格为基础估定进口货物的完税价格。需要注意,上述"同一生产国或地区"是指一个国家或其组成部分,包括某一国家规定的特别关税区;而由几个国家组成的关税同盟或地区联盟不属于相同或类似货物中的"同一生产国或地区",例如欧盟、东盟等。

3. 倒扣价格估价方法

倒扣价格估价方法即以进口货物、相同或类似进口货物在境内第一环节的销售价格为基础,扣除境内发生的有关费用来估定完税价格。

上述"第一环节"是指有关货物进口后进行的第一次转售,且转售者与境内买方之间不能有特殊关系。

1)用以倒扣的上述销售价格应同时符合的条件

(1)在被估货物进口时或大约同时,将该货物、相同或类似进口货物在境内销售的价格;

(2)按照该货物进口时的状态销售的价格;

(3)在境内第一环节销售的价格;

(4)向境内无特殊关系方销售的价格;

(5)按照该价格销售的货物合计销售总量最大。

2)倒扣价格法的核心要素

(1)按进口时的状态销售。

必须首先以进口货物、相同或类似进口货物按进口时的状态销售的价格为基础。

如果没有按进口时的状态销售的价格,应纳税义务人要求,可以使用经过加工后在境内销售的价格作为倒扣的基础。

（2）时间要素。

必须是在被估货物进口时或大约同时转售给国内无特殊关系方的价格，其中"进口时或大约同时"为在进口货物接受申报之日的前后各45天以内。

如果进口货物、相同或者类似货物没有在海关接受进口货物申报之日前后45天内在境内销售，可以将在境内销售的时间延长至接受货物申报之日前后90天内。

（3）合计的货物销售总量最大。

必须使用被估的进口货物、相同或类似进口货物售予境内无特殊关系方合计销售总量最大的价格为基础估定完税价格。

3）倒扣价格法的倒扣项目

确定销售价格以后，在使用倒扣价格法时，还必须扣除一些费用，这些倒扣项目根据规定有以下四项：

（1）该货物的同级或同种类货物在境内第一环节销售时通常支付的佣金及利润和一般费用；

（2）货物运抵境内输入地点之后的运输及其相关费用、保险费；

（3）进口关税、进口环节代征税及其他国内税；

（4）加工增值额，如果以货物经过加工后在境内转售的价格作为倒扣价格的基础，则必须扣除上述加工增值部分。

4. 计算价格估价方法

计算价格估价方法既不是以成交价格、也不是以在境内的转售价格为基础，而是以发生在生产国或地区的生产成本为基础的价格。

1）计算价格的构成项目

按有关规定采用计算价格法时，进口货物的完税价格由下列各项目的总和构成：

（1）生产该货物所使用的料件成本和加工费用。

"料件成本"是指生产被估货物的原料成本，包括原材料的采购价值及原材料投入实际生产之前发生的各类费用。"加工费用"是指将原材料加工为制成品过程中发生的生产费用，包括人工成本、装配费用及有关间接成本。

（2）向境内销售同等级或者同种类货物通常的利润和一般费用（包括直接费用和间接费用）。

（3）货物运抵中华人民共和国境内输入地点起卸前的运输及其相关费用、保险费。

2）运用计算价格法的注意事项

计算价格法按顺序为第五种估价方法，但如果进口货物纳税义务人提出要求，并经海关同意，可以与倒扣价格法颠倒顺序使用。此外，海关在征得境外生产商同意并提前通知有关国家或者地区政府后,可以在境外核实该企业提供的有关资料。

5. 合理方法

合理方法,是指当海关不能根据成交价格估价方法、相同货物成交价格估价方法、类似货物成交价格估价方法、倒扣价格估价方法和计算价格估价方法确定完税价格时,根据公平、统一、客观的估价原则,以客观量化的数据资料为基础审查确定进口货物完税价格的估价方法。

合理方法本身不是一种具体的估价方法,实际运用时,应按顺序合理、灵活使用成交价格法、相同货物成交价格估价方法、类似货物成交价格估价方法、倒扣价格估价方法和计算价格估价方法。

例如,使用相同或类似货物成交价格估价方法估价时,必须采用与被估货物同一原产地的货物价格,依次使用合理方法时就可采用与被估货物国家发展程度相当的其他国家相同或类似货物价格估定;又如使用倒扣价格估价方法中有时间要素的要求限制,不得采用被估货物进口前后 90 天外的价格作为倒扣价格的基础,按照合理方法,这个期限就可以突破,只要不违背客观、公平、统一的海关估价原则。

在运用合理方法估价时,禁止使用以下六种价格:

(1)境内生产的货物在境内的销售价格;

(2)在两种价格中较高的价格;

(3)依据货物在出口地市场的销售价格;

(4)以计算价格法规定之外的价值或者费用计算的相同或者类似货物的价格;

(5)依据出口到第三国或地区货物的销售价格;

(6)依据最低限价或武断、虚构的价格。

(二)特殊进口货物完税价格的审定

1. 非特殊区域及保税监管场所内加工贸易企业内销保税货物

由于种种原因,部分加工贸易进口料件或者其制成品不能按有关合同、协议约定复出口,经海关批准转为内销,须依法对其实施估价后征收进口税款。

对加工贸易进口货物估价的核心问题有两个:一是按制成品征税还是按料件征税,二是征税的环节是在进口环节还是在内销环节。

具体有以下五种情况:

(1)进料加工进口料件或者其制成品(包括残次品)内销时,以料件原进口成交价格为基础审查确定完税价格。

(2)来料加工进口料件或者其制成品(包括残次品)内销时,以接受内销申报的同时或者大约同时进口的与料件相同或者类似的保税货物的进口成交价格为基础审查确定完税价格。

（3）加工企业内销加工过程中产生的边角料或者副产品，以海关审查确定的内销价格作为完税价格。

（4）加工企业内销的加工过程中产生的边角料或者副产品，以其内销价格为基础审查确定完税价格。

（5）按照规定需要以残留价值征税的受灾保税货物，以其内销价格为基础审查确定完税价格。

2. 海关特殊监管区域及保税监管场所内销货物的一般估价方法

相关单位核算保税物流货物内销税费时，均应以该货物运出海关特殊监管区域、保税监管场所时的内销价格为基础审查确定完税价格。

3. 出境修理复运进境货物的估价方法

运往境外修理的机械器具、运输工具或者其他货物，出境时已向海关报明，并在海关规定的期限内复运进境的，海关以境外修理费和料件费审查确定完税价格。

出境修理货物复运进境超过海关规定期限的，由海关按照审定一般进口货物完税价格的规定审查确定完税价格。

4. 出境加工复运进境货物的估价方法

运往境外加工的货物，出境时已向海关报明，并在海关规定期限内复运进境的，海关以境外加工费和料件费，以及该货物复运进境的运输及其相关费用、保险费审查确定完税价格。

出境加工货物复运进境超过海关规定期限的，由海关按照审定一般进口货物完税价格的规定审查确定完税价格。

5. 暂时进境货物的估价方法

经海关批准的准时进境货物，应当缴纳税款的，由海关按照本节审定一般进口货物完税价格的规定审查确定完税价格。

经海关批准留购的准时进境货物，以海关审查确定的留购价格作为完税价格。

6. 租赁进口货物的估价方法

（1）以租金方式对外支付的租赁货物，在租赁期间以海关审定的该货物的租金作为完税价格，利息予以计入。

（2）留购的租赁货物以海关审定的留购价格作为完税价格。

（3）纳税义务人申请一次性缴纳税款的，可以选择申请按照规定估价方法确定完税价格,或者按照海关审查确定的租金总额作为完税价格。

7. 减免税货物的估价方法

特定减免税货物在监管年限内不能擅自出售、转让、移作他用,如果有特殊情况,经过海关批准可以出售、转让,须向海关办理纳税手续。减税或免税进口的货物需予征税时,海关以审定的该货物原进口时的价格,扣除折旧部分价值作为完税价格。

8. 无成交价格货物的估价方法

以易货贸易、寄售、捐赠、赠送等不存在成交价格的方式进口的货物,总体而言都不适用成交价格估价方法,海关与纳税义务人进行价格磋商后,依照《进出口货物审价办法》第6条列明的相同货物成交价格估价法、类似货物成交价格估价法、倒扣价格估价法、计算价格估价法及合理方法审查确定完税价格。

9. 软件介质的估价方法

进口载有专供数据处理设备用软件的介质,具有下列情形之一的,以介质本身的价值或者成本为基础审查确定完税价格:

(1)介质本身的价值或者成本与所载软件的价值分列;

(2)介质本身的价值或者成本与所载软件的价值虽未分列,但是纳税义务人能够提供介质本身的价值或者成本的证明文件,或者能提供所载软件价值的证明文件。

含有美术、摄影、声音、录像、影视、游戏、电子出版物的介质不适用上述规定。

10. 跨境电子商务零售进口商品的估价方法

跨境电子商务零售进口商品按照实际交易价格作为货物完税价格,实际交易价格包括货物零售价格、运费和保险费。

(三)进口货物完税价格中的运输及其相关费用、保险费的计算

1. 运费的计算标准

进口货物的运费,按照实际支付的费用计算。如果进口货物的运费及其相关费用无法确定,海关应当按照该货物的实际运输成本或者该货物进口同期运输行业公布的运费率(额)计算运费。运输费用已包含在向海关申报的货物价格中的,不再重复计算。

运输工具作为进口货物,利用自身动力进境的,海关在审查确定完税价格时,不再另行计入运费。

2. 保险费的计算标准

进口货物的保险费,按照实际支付的费用计算。如果进口货物的保险费无法确定或者未实际发生,海关按照"货价加运费"两者总额的3‰计算保险费,计算公式如下:

$$保险费＝（货价＋运费）×3‰$$

保险费用已包含在向海关申报的货物价格中的,不再重复计算。

3. 邮运货物运费计算标准

邮运进口的货物,以邮费作为运输及其相关费用、保险费。邮运进口的商品因超过一定价值而按货物属性进行管理的,其实际支付的邮费即为运保费。如邮费已包含在向海关申报的货物价格中的,不再重复计算。

三、出口货物完税价格的审定

(一) 出口货物的完税价格

出口货物的完税价格由海关以该货物的成交价格为基础审查确定,包括货物运至中华人民共和国境内输出地点装载前的运输及其相关费用、保险费。

(二) 出口货物的成交价格

出口货物的成交价格估价方法,是指该货物出口销售时,卖方为出口该货物向买方直接收取和间接收取的价款总额。

(三) 不计入出口货物完税价格的税收、费用

(1)出口关税;

(2)在货物价款中单独列明的货物运至中华人民共和国境内输出地点装载后的运费及其相关费用、保险费;

(3)在货物价款中单独列明由卖方承担的佣金。

(四) 出口货物其他估价方法

出口货物的成交价格不能确定的,海关经了解有关情况,并与纳税义务人进行价格磋商后,依次以下列价格审查确定该货物的完税价格:

(1)同时或者大约同时向同一国家或者地区出口的相同货物的成交价格;

(2)同时或者大约同时向同一国家或者地区出口的类似货物的成交价格;

(3)根据境内生产相同或者类似货物的成本、利润和一般费用(包括直接费用和间接费用)、境内发生的运输及其相关费用、保险费计算所得的价格;

(4)按照合理方法估定的价格。

如果出口货物的销售价格中包含了出口关税,则出口货物完税价格的计算公式如下:

$$出口货物完税价格＝FOB（中国境内口岸）－出口关税$$

因为出口关税＝出口货物完税价格×出口关税税率,由此可推导出:

$$出口货物完税价格＝（FOB中国境内口岸）/（1＋出口关税税率）$$

四、海关估价中的价格质疑程序和价格磋商程序

(一) 价格质疑程序

在确定完税价格过程中,海关对进出口单位申报价格的真实性或准确性有疑问,或有理由认为买卖双方的特殊关系可能影响到成交价格时,将向纳税义务人或者其代理人制发"中华人民共和国海关价格质疑通知书",将质疑的理由书面告知纳税义务人或者其代理人。

纳税义务人或者其代理人应自收到价格质疑通知书之日起 5 个工作日内,以书面形式提供相关资料或者其他证据,证明其申报价格真实、准确或者双方之间的特殊关系未影响成交价格。纳税义务人或者其代理人确有正当理由无法在规定时间内提供资料或证据的,可以在规定期限届满前以书面形式向海关申请延期。除特殊情况外,延期不得超过 10 个工作日。

价格质疑程序的履行是为了核实成交价格的真实性、准确性和完整性,如进出口货物没有成交价格,海关无须履行价格质疑程序,可直接进入价格磋商程序。

(二) 价格磋商程序

价格磋商是指海关在使用除成交价格以外的估价方法时,在保守商业秘密的基础上,与纳税义务人交换彼此掌握的用于确定完税价格的数据资料的行为。

海关制发"价格质疑通知书"后,有下列情形之一的,海关应进行价格磋商程序,按照《审价办法》列明的方法审查确定进出口货物的完税价格:

(1)纳税义务人在海关规定期限内,未能提供进一步说明的;

(2)纳税义务人提供有关资料、证据后,海关经审核其所提供的资料、证据后仍有理由怀疑申报价格的真实性、准确性的;

(3)纳税义务人提供有关资料、证据后,海关经审核其所提供的资料、证据后仍有理由认为买卖双方之间的特殊关系影响成交价格的。

海关按照《审价办法》规定通知纳税义务人进行价格磋商时,纳税义务人须自收到"中华人民共和国海关价格磋商通知书"之日起 5 个工作日内与海关进行价格磋商。纳税义务人未在规定的时限内与海关进行磋商的,视为其放弃价格磋商的权利,海关可以直接按照《审价办法》规定的方法审查确定进出口货物的完税价格。

海关与纳税义务人进行价格磋商时,应当制作"中华人民共和国海关价格磋商记录表"。

进行价格磋商的目的不是为了达成一个海关与纳税义务人都可以接受的价格,而是交换彼此掌握的价格信息。比如,有时海关掌握着纳税义务人所不知道的相同或类似货物的成交价格,有时则恰好相反,只有通过双方的充分交流,才便于得到海关估价的适当依据。

因此,进出口货物的纳税义务人应重视价格磋商环节,积极配合海关履行价格磋商程序,如实填报进出口货物有关情况并提供相关的信息资料。

(三)价格质疑与价格磋商的特殊情形

对符合下列情形之一的,经纳税义务人书面申请,海关可以不进行价格质疑或价格磋商,依法审查确定进出口货物的完税价格:

(1)同一合同项下分批进出口的货物,海关对其中一批货物已经实施估价的;

(2)进出口货物的完税价格在人民币 10 万元以下或者关税及进口环节代征税总额在人民币 2 万元以下的;

(3)进出口货物属于危险品、鲜活品、易腐品、易失效品、废品、旧品等情况的。

五、纳税义务人在海关审定完税价格时的权利和义务

(一)纳税义务人的权利

(1)要求具保放行货物的权利,即在海关审查确定进出口货物的完税价格期间,纳税义务人可以在依法向海关提供担保后,先行提取货物。

(2)选择估价方法的权利,即纳税义务人向海关提供有关资料后,可以提出申请,颠倒倒扣价格估价法和计算价格估价法的适用次序。

(3)对海关如何确定进出口货物完税价格的知情权,即纳税义务人可以提出书面申请,要求海关就如何确定其进出口货物的完税价格作出书面说明。

(4)获得救济的权利,即对海关估价决定有权提出复议、诉讼。

(二)纳税义务人的义务

(1)如实提供单证及其他相关资料的义务,即纳税义务人向海关申报时,应该按照《审价办法》的有关规定,向海关如实提供发票、合同、提单、装箱清单等单证。

根据海关要求,纳税义务人还应当如实提供与货物买卖有关的支付凭证,以及证明申报价格真实、准确的其他商业单证、书面资料和电子数据。

(2)如实申报及提供相关资料的义务,即货物买卖中发生《审价办法》规定中所列的价格调整项目的,纳税义务人应当如实向海关申报。价格调整项目如果需要分摊计算的,纳税义务人应当根据客观量化的标准进行分摊,并同时向海关提供分摊的依据。

(3)举证证明特殊关系未对进口货物的成交价格产生影响的义务,即买卖双方之间虽然存在特殊关系,但是纳税义务人认为特殊关系未对进口货物的成交价格产生影响时,应提供相关资料,以证明其成交价格符合《审价办法》的规定。

六、价格预裁定

进出口货物的收发货人,应当在货物拟进出口3个月前(确有正当理由的,可以在货物拟进出口前3个月内提出)通过单一窗口"海关事务联系系统"或"互联网+海关"提出"中华人民共和国海关预裁定申请书"及规定的所需资料,向其注册地直属海关提出进出口货物完税价格相关要素或估价方法的预裁定申请。完税价格相关要素主要指特殊关系、特许权使用费、运保费、佣金、其他与审定完税价格有关的要素。

海关将自收到预裁定申请书及相关材料之日起10日内作出是否受理的决定,如决定受理,自受理之日起60日内制发预裁定决定书,并送达申请人,自送达之日起在全国关境内生效,但对决定下发前已经进出口的货物,没有溯及力。已作出价格预裁定决定的货物,自预裁定生效之日起3年内申请人进出口预裁定合同项下的进出口货物,应按预裁定决定向海关申报,经海关审核其实际进出口的货物与预裁定决定所述情形相符的,海关不再重新确定估价方法及调整完税价格要素认定结果;经海关审核其实际进出口的货物与预裁定决定所述情形不相符的,海关应当重新审核确定该进出口货物的估价方法及相关完税价格要素。需要注意,海关受理价格预裁定申请后,并不针对申请裁定的合同完税价格具体金额予以审定,而仅是裁定使用何种估价方法或有关涉税要素是否应计入完税价格。

预裁定属于海关的具体行政行为,仅对申请人有效,但除涉及商业秘密情形外,海关可以将预裁定决定对外公开,为从事进出口相关贸易活动的从业者提供借鉴参考。

第三节 税率的适用

税率适用是指进出口货物在征税、补税、追税或退税时选择适用的各种税率。税率适用尤其是关税税率适用的确定与税率适用时间、商品归类、货物原产国(地区)确定的关系十分密切,税率适用确定的前提是税率适用时间、商品归类、货物原产国(地区)已经确定,并在此基础上运用税率适用的相关规定选择确定最为适合的计征税率。

一、税率适用的时间

《关税条例》规定,进出口货物应当适用海关接受该货物申报进口或者出口之日实施的税率。

在实际运用时应区分以下不同情况:

(1)进口货物到达前,经海关核准先行申报的,应当适用装载该货物的运输工具申报进境之日实施的税率。

（2）进口转关运输货物，应当适用指运地海关接受该货物申报进口之日实施的税率；货物运抵指运地前，经海关核准先行申报的，应当适用装载该货物的运输工具抵达指运地之日实施的税率。

（3）出口转关运输货物，应当适用启运地海关接受该货物申报出口之日实施的税率。

（4）经海关批准，实行集中申报的进出口货物，应当适用每次货物进出口时海关接受该货物申报之日实施的税率。

（5）因超过规定期限未申报而由海关依法变卖的进口货物，其税款计征应当适用装载该货物的运输工具申报进境之日实施的税率。

（6）因纳税义务人违反规定需要追征税款的进出口货物，应当适用违反规定的行为发生之日实施的税率；行为发生之日不能确定的，适用海关发现该行为之日实施的税率。

（7）已申报进境并放行的保税货物、减免税货物、租赁货物或者已申报进出境并放行的暂时进出境货物，有下列情形之一需缴纳税款的，应当适用海关接受纳税义务人再次填写报关单申报办理纳税及有关手续之日实施的税率：①保税货物经批准不复运出境的；②保税仓储货物转入国内市场销售的；③减免税货物经批准转让或者移作他用的；④可暂不缴纳税款的暂时进出境货物，经批准不复运出境或者进境的；⑤租赁进口货物，分期缴纳税款的。

二、商品归类的确定

按照商品归类原则将进出口货物归入恰当的税则号列。确定好税则号列后，查找并记录《进出口税则》对应的该税号的全部税率。

《进出口税则》又称"海关税则"，是一国通过一定的立法程序制定和公布实施的进出口货物应税与免税的关税税率表。它是海关凭以征收关税的法律依据，也是一个国家关税政策的具体体现。我国的《进出口税则》是以《协调制度》为基础，结合我国实际进出口情况编制而成的，其结构与 HS 目录结构基本相同。

《进出口税则》一般由税目和税率两个部分组成。税目部分是税则的技术部分，主要包括税则号列和商品名称，税率部分列出一栏或多栏税率，对不同的商品或不同的国家给予相同或者不同的关税待遇。

三、原产地规则的适用

在国际贸易中，原产地这个概念是指货物生产的国家（地区），就是货物的"国籍"。随着世界经济一体化和生产国际化的发展，准确认定进出口货物的"国籍"变得更为重要。因为确定了进口货物的"国籍"，就确定了其依照进口国的贸易政策所适用的关税和非关税待遇。原产地的不同决定了进口商品所享受的待遇不同。为适应国际贸易的需要，并为执行本国关税及非关税方面的贸易措施,进口国必须对进出口商品的原产地进行认定。

为此,各国以本国立法形式制定出其鉴别货物"国籍"的标准,这就是原产地规则。世界贸易组织《原产地规则协议》将原产地规则定义为:一国(地区)为确定货物的原产地而实施的普遍适用的法律、法规和行政决定。

从是否适用优惠贸易协定来分,原产地规则分为两大类:

1. 优惠原产地规则

优惠原产地规则是指一国为了实施国别优惠政策而制定的法律、法规,是以优惠贸易协定通过双边、多边协定形式或是由本国自主制定的一些特殊原产地认定标准,因此也称为"协定原产地规则"。

2. 非优惠原产地规则

非优惠原产地规则是一国根据实施其海关税则和其他贸易措施的需要,由本国立法自主制定的,因此也称为"自主原产地规则"。

四、税率的适用原则

1. 进口关税正税税率

1)进口关税税率的设置

我国实行复式进口税则,对进口关税设置最惠国税率、协定税率、特惠税率、关税配额税率、普通税率等。对适用最惠国税率、协定税率、特惠税率、关税配额税率的进口货物及出口货物在一定期限内可以实行暂定税率。

原产于共同适用最惠国待遇条款的世界贸易组织成员的进口货物,原产于与中华人民共和国签订含有相互给予最惠国待遇条款的双边贸易协定的国家或者地区的进口货物,以及原产于中华人民共和国境内的进口货物,适用最惠国税率。

原产于与中华人民共和国签订含有关税优惠条款的贸易协定的国家或者地区的进口货物,适用协定税率。

原产于与中华人民共和国签订含有特殊关税优惠条款的贸易协定的国家或者地区的进口货物,或者原产于中华人民共和国自主给予特别优惠关税待遇的国家或者地区的进口货物,适用特惠税率。

上述之外的国家或者地区的进口货物及原产地不明的进口货物,适用普通税率。

2)进口关税税率具体适用原则

(1)对于同时适用多种税率的进口货物,在选择适用的税率时,基本的原则是"从低适用",特殊情况除外。

(2)适用最惠国税率的进口货物有暂定税率的,应当适用暂定税率。

（3）适用协定税率、特惠税率的进口货物有暂定税率的，应当从低适用税率。

（4）适用普通税率的进口货物，不适用暂定税率。

（5）按照国家规定实行关税配额管理的进口货物，关税配额内的，如能提供关税配额证明，适用关税配额税率；关税配额外的，其税率的适用按其所适用的其他相关规定执行。

（6）执行国家有关进出口关税减征政策时，首先应当在最惠国税率基础上计算有关税目的减征税率，然后根据进口货物的原产地及各种税率形式的适用范围，将这一税率与同一税目的特惠税率、协定税率、进口暂定税率进行比较，税率从低执行，但不得在暂定税率基础上再进行减免。

3）适用协定税率或特惠税率需满足的要求

（1）提交符合规定的原产地证书及相应商业发票、运输等单证。

（2）货物运输符合"直接运输"的规定。

（3）应按照报关单的填制规范正确向海关申报。

如申报环节暂时无法提供相应证书，可就原产地资格向海关补充申报并办理海关事务担保先期放行货物，在规定时限内补交相应证书。对超过担保期限提供相关证书的情形海关不予接受，对已按其他税率征收税款的不予调整。如进口环节未提供有效原产地证书，也未就进口货物是否具备原产地资格向海关补充申报，海关按照其他税率征收税款后，进口人要求按照协定税率或特惠税率征税的，海关将不予调整。但应注意，提交符合要求的原产地及直接运输等单证是适用协定税率或特惠税率的必备条件，但不是适用优惠税率的全部条件，如进口货物经查验或原产地核查，确认货物原产地与申报内容不符，或者无法确定货物真实原产地的，即使完整提供上述所有单证及正确申报，进口货物也将无法适用协定税率或特惠税率。

2.进口关税附加税税率

国家规定对某类商品征收反倾销等附加关税的，应在选择关税正税税率适用基础上，同时加征附加税。

（1）按照有关法律、行政法规的规定对进口货物采取反倾销、反补贴、保障措施的，其税率的适用按照《反倾销条例》《反补贴条例》和《保障措施条例》的有关规定执行。

（2）凡进口原产于与我国达成优惠贸易协定的国家或地区并享受协定税率的商品，同时该商品又属于我国实施反倾销或反补贴措施范围内的，应按照优惠贸易协定税率计征进口关税，并同时实施反倾销税、反补贴措施。

（3）凡进口原产于与我国达成优惠贸易协定的国家或地区并享受协定税率的商品，同时该商品又属于我国采取保障措施范围内的，应在该商品全部或部分中止、撤销、修改关税减让义务后所确定的适用税率基础上计征进口关税。

(4)任何国家或者地区违反与中华人民共和国签订或者共同参加的贸易协定及相关协定,对中华人民共和国在贸易方面采取禁止、限制、加征关税或者其他影响正常贸易措施的,对原产于该国家或者地区的进口货物可以征收报复性关税,适用报复性关税税率。征收报复性关税的货物、适用国别、税率、期限和征收办法,由国务院关税税则委员会决定并公布。

3. 出口税率

对于出口货物,在计算出口关税时,出口暂定税率的执行优先于出口税率。

4. 进口环节海关代征税税率

(1)增值税税率:确定好货物税则号列后,根据货物种类的不同确定 13% 或 9% 或其他适用税率计征税款。

(2)消费税税率:确定好货物税则号列后,按照消费税税目税率表所示,确定是否应征消费税。如征收,按照税目表查找对应的计征税率。

5. 退、补税税率适用

进出口货物关税的补征和退还时适用的税率,适用按照上述规定确定的税率。

第四节 进出口税费的核算

一、进口关税正税的核算

1. 从价税

从价计征进口关税的核算步骤:

(1)根据归类原则确定税则归类,将应税货物归入适当的税号;

(2)根据原产地规则和税率适用规定,确定应税货物所适用的税率;

(3)根据审定完税价格办法的有关规定,确定应税货物的 CIF 价格;

(4)按照汇率适用规定,将以外币计价的 CIF 价格折算成人民币(完税价格);

(5)按照计算公式正确计算应征税款。

需要注意的是:

(1)目前,我国采用复式税率设置,即针对同一税则号列(商品编码)货物存在不同的关税税率。复式税率设置主要缘于原产国(地区)差异、国家税收政策等因素。适用税率的确定与商品归类、货物原产国(地区)关系十分密切,只有在准确核定进出口货物商品归类、货物原产地的基础上,才能运用税率适用的相关规定选择和确定最为适合的计征税率。

(2)进出口货物的价格及有关费用以外币计价的,海关按照该货物适用税率之日所适用的计征汇率折合为人民币的完税价格,完税价格采用四舍五入法计算至分。

（3）按照公式准确计算税款。在完税价格、税率等关键要素确定无误的情况下,按照规定的计算公式进行准确计算是进口关税核算的最后步骤,也是核心所在。计算公式如下:

$$进口关税税额＝完税价格×进口关税税率$$

2. 从量计征方式

从量计征进口关税时,需要确定完税数(重)量和单位税额。

1)完税数(重)量

即计税数(重)量,计税数(重)量可参照合同或发票,提单体现的数(重)量确定。大宗散货数(重)量在最终缴税时可能会有变化,海关在确定大宗散货最终数(重)量时一般会参考数(重)量证书或有资质的第三方出具的相关证书。

需注意,某些商品需要在成交计量单位与法定计量单位之间进行折算。如申报进口啤酒,若成交计量单位为吨,进行税款核算时需要折合成法定计量单位后计算,啤酒1吨合988升。同样,汽油折算比例为1吨合1388升,柴油1吨合1176升。涉及从量计征税款的税种时都需考虑此问题。

2)单位税额

需要先确定进口货物的商品归类,之后根据税则号列和原产国对应的税率查找适用的从量定额税率。

3)按照公式准确计算税款

在完税数(重)量及单位税额确定无误的情况下,按照公式进行核算。

计算公式如下:

$$进口关税税额＝完税数(重)量×进口从量关税税率$$

3. 复合计征方式

复合计征是对某种商品征收关税时同时采用从价计征和从量计征关税的征税方式。复合计征时,分别按照上述从价计征和从量计征两个步骤计算,结果相加。

计算公式如下:

$$进口关税税额＝完税价格×进口关税税率＋完税数(重)量×进口从量关税税率$$

二、进口附加税核算步骤（以反倾销税为例）

反倾销税等附加税的核算步骤同样为三个:确定完税价格;选择适用的反倾销税税率;按照公式准确计算税款。

1. 确定完税价格

反倾销税等附加税的完税价格确定过程与关税正税的完税价格确定过程完全一致。

2. 确定反倾销税率

确定商品归类及原产地等方法与关税正税一致。

国家对相关国家货物进口采取反制措施时均会以公告等形式发布反倾销税率，进口单位及报关服务单位核算此类税款时按照已经公布的决定对照货物商品归类及原产国、厂商等信息，确定适用的反倾销税率。相关决定及公告可在海关总署及商务部网站查找。

3. 按照公式准确计算税款

在完税价格、反倾销税率等关键要素确定无误的情况下，按照规定的计算公式进行计算。

计算公式如下：

$$应纳反倾销税税额＝完税价格×反倾销税税率$$

反补贴税等其他附加税的税款核算，在方法上与反倾销税款一致。

同一货物同时征收关税正税与附加税时应分别核算；同一货物同时执行反倾销和反补贴措施时，不同附加税款亦应分别核算。涉及征收临时的反倾销及反补贴保证金等措施情况的，比照前述征收反倾销和反补贴税款的情况核算。

三、进口环节海关代征税核算步骤

进口环节海关代征税主要是进口环节增值税及进口环节消费税两个税种，其中消费税征收有从价、从量、复合三种计征方式，不同应征消费税商品的计税方式均有明确规定。增值税征收采用从价计征方式。

（一）进口环节消费税核算步骤

国家对进口环节消费税计征规定有从价定率、从量定额、从价定率和从量定额的复合计税 3 种方式，核算时需要根据具体的应税商品选择国家规定的进口环节消费税计税方法。需注意，国家仅对少数货物征收消费税，不属于应征消费税征收范围的，无须进行消费税核算。

1. 从价定率方式

该种消费税计税方式需要先确定关税完税价格及关税税额，它们是消费税计税价格的组成部分，之后按照《进出口税则》随附的消费品税目税率表查找对应的税率。最后，按照公式准确计算税款

需注意，计算从价计征方式征收的消费税时，采用价内税的计税方法，即其计税价格的组成中包含消费税税额。

计算公式为：

$$消费税应纳税额＝消费税组成计税价格×消费税比例税率$$

其中：

$$消费税组成计税价格＝(关税完税价格＋关税税额)÷(1－消费税比例税率)$$

2. 从量定额方式

目前，我国对啤酒、黄酒、成品油、生物柴油等进口商品实行从量计征方式。该种消费税计征方式，需要确定应征消费税的进口数量和单位定额税率。

1）进口数量

进口数量可凭合同及发票等单据确定。需注意，某些商品需要在成交计量单位与法定计量单位之间进行折算。

2）单位定额税率

按照归类原则准确进行归类，之后根据税则号列在《进出口税则》随附的消费品税目税率表查找对应的税率。

3）按照公式准确计算税款

计算公式为：

$$消费税应纳税额＝应征消费税进口数量×消费税定额税率$$

3. 从价定率和从量定额的复合计税方式

目前，我国对香烟、白酒、威士忌、白兰地等烈性酒等进口商品实行复合计税方式，应缴税税款是从价定率与从量定额方式应缴税款的总和。

核算时，需要分别计算出从价税款及从量税款。

计算公式为：

$$消费税应纳税额＝消费税组成计税价格×消费税比例税率＋$$
$$应征消费税进口数量×消费税定额税率$$

其中：

$$消费税组成计税价格＝(关税完税价格＋关税税额＋应征消费税进口数量×$$
$$消费税定额税率)÷(1－消费税比例税率)$$

（二）进口环节增值税核算步骤

进口环节增值税组成计税价格中包含关税税额和消费税税额（如征收），核算增值税税款时需要先计算进口关税税额及消费税税额（非应征消费税商品无须计算），之后按照《进出口税则》所示的增值税税率选定适用的税率，最后按照公式计算。

计算公式：

$$增值税应纳税额＝增值税组成计税价格×增值税税率$$

其中：

$$增值税组成计税价格＝关税完税价格＋关税税额＋消费税税额$$

四、出口关税核算步骤

（一）从价计征方式

首先按照相关规定确定出口货物的完税价格，再选取出口货物适用的应征关税税率（有出口暂定税率的，应优先选用暂定税率），之后按照公式核算出口关税税款。

从价计征出口关税核算步骤主要有三个：

(1)确定完税价格；

(2)选择适用税率；

(3)按照公式准确计算税款。

计算公式：

$$出口关税税额＝出口货物完税价格×出口关税税率$$

其中：

$$出口货物完税价格＝FOB(中国境内口岸)÷(1＋出口关税税率)$$

（二）从量计征方式

从量计征出口关税时，需要确定出口完税数(重)量及单位税额。

1. 完税数(重)量

出口完税数(重)量可参照合同或发票、提单体现的数(重)量确定。涉及大宗散货数(重)量可能会有变化，海关在确定大宗散货最终出口数(重)量时一般会参考数(重)量证书或有资质的第三方出具的相关证书。

2. 单位税额

需要先确定出口货物的商品归类，之后根据税则号列对应的出口关税税率查找适用的从量定额税率。

3. 按照公式准确计算税款

计算公式：

$$出口关税税额＝完税数(重)量×出口从量关税税率$$

本章小结

征收关税是《海关法》赋予海关的基本任务之一,海关在进出口环节要代征消费税和增值税。向海关申报纳税、办理有关进出口通关手续是进出口货物收发货人向国家履行的法定义务,也是一项十分复杂、专业性非常强的工作。进出口货物能否合法、顺利、快速完成通关手续,其关键在于企业是否有良好的管理和信誉,是否熟悉法律、税务、外贸、商品知识,是否精通海关法律、法规、海关业务制度和拥有具备办理海关手续技能的专业人员。

海关估价、商品归类和原产地管理与海关征税紧密相关号称海关领域的"三大技术"。进出口货物最终适用的税率由进出口货物的税则归类、货物的原产地和税率的适用原则这三个方面决定。

通过本章的学习,要了解关税的定义与分类、计征标准和作用。理解完税价格的确定:审定完税价格是海关依据一定的法律规范和判定标准,确定进出口货物计税价格的过程。理解原产地规则:原产地规则指的是确定进出口产品生产或制造国家(或地区)的标准与方法,是各国海关关税制度的一项重要内容。重点掌握进出口货物完税价格的审定和关税税款的具体计算。

思考题

1. 关税的含义、关税的特点是什么? 什么是关税纳税义务人?

2. 关税的种类及关税税率设置如何规定的?

3. 进口环节增值税和消费税由何部门负责征收,各自的征纳范围是什么?

4. 滞纳金如何征收?

5. 完税价格和成交价格的关系如何?

6. 成交价格的价格调整项目有哪些?

7. 进口货物的完税价格确定过程是如何规定的?

8. 几类特殊进口货物的完税确定过程是如何规定的?

9. 进口关税正税税率适用的原则有哪些?

10. 关税税款核算步骤有哪些?

第六章

进出口货物报关单填制实务

根据 2018 年《深化党和国家机构改革方案》要求,原出入境检验检疫业务全部整合融入海关业务,海关总署制定下发了《全国通关一体化关检业务全面融合框架方案》,全面推进关检业务融合改革。

作为报关报检的主要服务平台,国际贸易"单一窗口"报关报检业务同步进行整合改革,推出了"单一窗口"关检融合统一申报系统。按照海关总署统一部署,从 2018 年 8 月 1 日起,海关进出口货物实行整合申报,报关单、报检单合并为一张报关单。此次整合申报项目是关检业务融合标志性的改革举措,将改变企业原有报关流程和作业模式,实现报关报检"一张大表"货物申报。

整合申报项目主要是对海关原报关单申报项目和检验检疫原报检单申报项目进行梳理,报关报检面向企业端整合形成"四个一",即"一张报关单、一套随附单证、一组参数代码、一个申报系统"。

1. 整合原报关、报检申报数据项

在前期征求各部委、报关协会、部分报关企业意见的基础上,按照"依法依规、去繁就简"的原则,对海关原报关单和检验检疫原报检单申报项目进行梳理整合,通过合并共有项、删除极少使用项,将原报关、报检单合计 229 个货物申报数据项精简到 105 个,大幅减少企业申报项目。

2. 原报关报检单整合形成为一张报关单

整合后的新版报关单以原报关单 48 个项目为基础,增加部分原报检内容形成了具有 56 个项目的新报关单打印格式。此次整合对进口、出口货物报关单和进境、出境货物备案清单布局结构进行优化,版式由竖版改为横版,与国际推荐的报关单样式更加接近,纸质单证全部采用普通打印方式,取消套打,不再印制空白格式单证。修改后的进口、出口货物报关单和进境、出境货物备案清单格式自 2018 年 8 月 1 日起启用,原报关单、备案清单同时废止,原入境、出境货物报检单同时停止使用。

3. 原报关报检单据单证整合为一套随附单证

整合简化申报随附单证,对企业原报关、报检所需随附单证进行梳理,整理随附单证类别代码及申报要求,整合原报关、报检重复提交的随附单据和相关单证,形成统一的随附单证申报规范。

4. 原报关报检参数整合为一组参数代码

对原报关、报检项目涉及的参数代码进行梳理,参照国际标准,实现现有参数代码的标准化。梳理整合后,统一了8个原报关、报检共有项的代码,包括国别(地区)代码、港口代码、币制代码、运输方式代码、监管方式代码、计量单位代码、包装种类代码、集装箱规格代码等。具体参数代码详见:海关总署门户网站＞在线服务＞通关参数＞关检融合部分通关参数查询及下载。

5. 原报关报检申报系统整合为一个申报系统

在申报项目整合的基础上,将原报关报检的申报系统进行整合,形成一个统一的申报系统。用户由"互联网＋海关"、国际贸易"单一窗口"接入。新系统按照整合申报内容对原有报关、报检的申报数据项、参数、随附单据等都进行了调整。

2018年8月1日起,海关进出口货物实行整合申报,报关单、报检单合并为一张报关单。本章按照海关总署2018年第60、61号公告要求的进出口货物报关单填制规范及版式要求,介绍进出口货物报关单各栏目填制的基本要求及应注意的事项。

第一节　进出口货物报关单概述

一、含义

《中华人民共和国海关进(出)口货物报关单》是指进出口货物的收发货人或其代理人,按照海关规定的格式对进出口货物的实际情况作出的书面申明,以此要求海关对其货物按适用的海关制度办理通关手续的法律文书。

二、类别

按货物的进出口状态、表现形式、使用性质的不同,进出口货物报关单分为以下几种类型:

(1)按进出口流向分类:①进口货物报关单;②出口货物报关单。

(2)按载体表现形式分类:①纸质报关单;②电子数据报关单。

三、进出口货物报关单的法律效力

《海关法》规定:"进口货物的收货人、出口货物的发货人应当向海关如实申报,交验进出口许可证件和有关单证。"

进出口货物报关单及其他进出境报关单(证)在对外经济贸易活动中具有十分重要的法律效力,是货物的收发货人向海关报告其进出口货物实际情况及适用海关业务制度、申请海关审查并放行货物的必备法律文书。它既是海关对进出口货物进行监管、征税、统计以及开展稽查、调查的重要依据,又是出口退税和外汇管理的重要凭证,也是海关处理进出口货物走私、违规案件及税务、外汇管理部门查处骗税、逃套汇犯罪活动的重要书证。因此,申报人对所填报的进出口货物报关单的真实性和准确性应承担法律责任。

四、海关对进出口货物报关单填制的一般要求

第一,进出口货物的收发货人或其代理人应按照《中华人民共和国海关进出口货物申报管理规定》《中华人民共和国海关报关单填制规范》《中华人民共和国海关统计商品目录》《中华人民共和国海关进出口商品规范申报目录》等有关规定要求向海关申报,并对申报内容的真实性、准确性、完整性和规范性承担相应的法律责任。

第二,报关单的填报应做到"两个相符":一是单证相符,即所填报关单各栏目的内容必须与合同、发票、装箱单、提单及批文等随附单据相符;二是单货相符,即所填报关单各栏目的内容必须与实际进出口货物的情况相符,不得伪报、瞒报、虚报。

第三,不同运输工具、不同航次、不同提运单、不同贸易方式、不同备案号、不同征免性质的货物,均应分单填报。

同一份报关单上的商品不能同时享受协定税率和减免税。同一批次项下享受和不享受协定税率的商品可以在同一张报关单中申报。

一份原产地证书,只能用于同一批次进口货物。含有原产地证书管理商品的一份报关单,只能对应一份原产地证书。

同一批次货物中实行原产地证书联网管理的,如涉及多份原产地证书应分单填报;如同时含有非原产地证书商品,港澳 CEPA 项下应分单填报,但《海峡两岸经济合作框架协议》(ECFA)项下可在同一张报关单中填报。

第四,一份报关单所申报的货物,必须分项填报的情况主要有:商品编号不同的,商品名称不同的,计量单位不同的,原产国(地区)/最终目的国(地区)不同的,币制不同的,征免不同的。

第二节　进出口货物报关单关务申报项目填报

进出口货物报关单上方的预录入编号是指预录入单位录入报关单的编号,预录入编号指预录入报关单的编号,一份报关单对应一个预录入编号,由系统自动生成。

进出口货物报关单上方的海关编号是指海关接受申报时给予报关单的编号,一份报关单对应一个海关编号,由系统自动生成。

进口报关单和出口报关单分别编号,确保在同一公历年度内,能按进口和出口唯一标志本关区的每一份报关单。报关单海关编号由 18 位数组成,其中前 4 位为接受申报海关的编号(关区代码表中相应关区代码),第 5－8 位为海关接受申报的公历年份,第 9 位为进出口标志("1"为进口,"0"为出口;集中申报清单"I"为进口,"E"为出口),第 10－18 位为报关单顺序编号。例如:

5302	2011	0	027514049
罗湖海关	年份	出口	报关单顺序编号

一、境内收货人/境内发货人

填报在海关备案的对外签订并执行进出口贸易合同的中国境内法人、其他组织名称及编码。编码填报 18 位法人和其他组织统一社会信用代码,没有统一社会信用代码的,填报其在海关的备案编码。

(一)统一社会信用代码

统一社会信用代码是一组长度为 18 位的用于法人和其他组织身份识别的代码,由登记管理部门代码、机构类别代码、登记管理机关行政区划码、主体标识码(组织机构代码)和校验码 5 个部分组成(见表 6.1)。

表 6.1　法人和其他组织统一社会信用代码构成

代码序号	1	2	3	4	5	6	7	8	9	10	11	12	13	14	15	16	17	18
代码	x	x	x	x	x	x	x	x	x	x	x	x	x	x	x	x	x	x
说明	登记管理部门代码1位	机构类别代码1位	登记管理机关行政区划码6位						主体标识码(组织机构代码)9位									校验码1位

（1）第1位是登记管理部门代码，使用阿拉伯数字或英文字母表示。

（2）第2位是机构类别代码，使用阿拉伯数字或英文字母表示。登记管理部门根据管理职能，确定在本部门登记的机构类别编码。

（3）第3—8位是登记管理机关行政区划码，使用阿拉伯数字表示。

（4）第9—17位是主体标识码（组织机构代码），使用阿拉伯数字或英文字母表示。

（5）第18位是校验码，使用阿拉伯数字或英文字母表示。

（二）海关注册编码

海关注册编码适用于在海关注册的进出口货物收发货人、报关企业、报关企业跨关区（或关区内）分支机构、临时注册登记单位、从事对外加工的生产企业、海关保税仓库、出口监管仓库等行政管理相对人。

海关注册编码共10位，由数字和24个英文大写字母（I、O除外）组成。其结构为：

（1）第1—4位为企业注册地行政区划代码，其中第1—2位表示省、自治区或直辖市，如北京市为11，江苏省为32；第3—4位表示省所直辖的市、地区、自治州、盟或其他省直辖的县级行政区划，如北京西城区1102，广州市4401。

（2）第5位为企业注册地经济区划代码：

"1"：经济特区；

"2"：经济技术开发区；

"3"：高新技术产业开发区；

"4"：保税区；

"5"：出口加工区/珠澳跨境工业园区；

"6"：保税港区/综合保税区；

"7"：保税物流园区；

"8"：综合实验区；

"9"：其他；

"A"：国际边境合作中心；

"W"：保税物流中心。

例如，珠海市为4404，包括珠海特区44041，珠海保税区44044，珠海国家高新技术产业开发区44043，珠澳跨境工业区（珠海园区）44045，珠海市其他地区44049。

（3）第6位为企业经济类型代码：

"1"：国有企业；

"2"：中外合作企业；

"3"：中外合资企业；

"4"：外商独资企业；

"5"：集体企业；

"6"：民营企业；

"7"：个体工商户；

"8"：报关企业；

"9"：其他，包括外国驻华企事业机构、外国驻华使领馆和临时进出口货物的企业、单位和个人等；

"A"：国营对外加工企业（无进出口经营权）；

"B"：集体对外加工企业（无进出口经营权）；

"C"：私营对外加工企业（无进出口经营权）。

（4）第 7 位为企业注册用海关经营类别代码，表示海关行政管理相对人的类别。如数字 0—9 为进出口货物收发货人/报关企业，英文大写字母 D—I 为各类保税仓库，L 为临时注册登记单位，Z 为报关企业分支机构，J 为国内结转型出口监管仓库，P 为出口配送型出口监管仓库。

（5）第 8—10 位为企业注册流水编号。

（三）本栏特殊填报要求

（1）进出口货物合同的签订者和执行者非同一企业的，填报执行合同的企业。

（2）外商投资企业委托进出口企业进口投资设备、物品的，填报外商投资企业，并在标记唛码及备注栏注明"委托某进出口企业进口"，同时注明被委托企业的 18 位法人和其他组织统一社会信用代码。

（3）有代理报关资格的报关企业代理其他进出口企业办理进出口报关手续时，填报委托的进出口企业。

（4）海关特殊监管区域收发货人填报该货物的实际经营单位或海关特殊监管区域内经营企业。

（5）免税品经营单位经营出口退税国产商品的，填报免税品经营单位名称。

二、进出境关别

报关单中的"进出境关别"特指根据货物实际进出境的口岸海关，本栏目应填报海关规定的"关区代码表"中相应口岸海关的名称及代码。

"关区代码表"由 3 部分组成，包括关区代码、关区名称和关区简称。关区代码由 4 位数字组成，前 2 位为直属海关关别代码，后 2 位为隶属海关或海关监管场所的代码；关区名称指直属海关、隶属海关或海关监管场所的中文名称；关区简称指关区（海关）的中文简称，一

般为 4 个汉字。例如,货物由天津新港口岸进境,"进境关别"栏不能填报为"天津关区"+
"0200",亦不应填报为"天津海关"+"0201",而应填报为"新港海关"+"0202"。

（一）特殊填报要求

进口转关运输货物应填报货物进境地海关名称及代码,出口转关运输货物应填报货物
出境地海关名称及代码。按转关运输方式监管的跨关区深加工结转货物,出口报关单填报
转出地海关名称及代码,进口报关单填报转入地海关名称及代码。

在不同海关特殊监管区域或保税监管场所之间调拨、转让的货物,填报对方海关特殊监
管区域或保税监管场所所在的海关名称及代码。

其他无实际进出境的货物,填报接受申报的海关名称及代码。

（二）限定口岸要求

国家实行许可证件管理的货物,按证件核准口岸限定进出口。

加工贸易进出境货物,应填报主管海关备案时所限定或指定货物进出的口岸海关名称
及其代码。限定或指定口岸与货物实际进出境口岸不符的,应向合同备案主管海关办理变
更手续后填报。

三、进口日期/出口日期

进口日期是指运载所申报进口货物的运输工具申报进境的日期。

出口日期是指运载所申报出口货物的运输工具办结出境手续的日期。

填报要求:

（1）日期均为 8 位数字,顺序为年（4 位）、月（2 位）、日（2 位）。例如,2018 年 8 月 10 日
申报进口一批货物,运输工具申报进境日期为 2018 年 8 月 8 日,"进口日期"栏填报为:
"20180808"。

（2）进口货物进口日期以运载进口货物的运输工具申报进境日期为准,进口货物申报时
无法明确运输工具的实际进境日期的,申报时可免予填报。海关与运输企业实行舱单数据
联网管理的,进口日期由海关自动生成。

（3）出口日期以运载出口货物的运输工具实际离境日期为准,海关与运输企业实行舱单
数据联网管理的,出口日期由海关自动生成。本栏目供海关签发打印报关单证明联用,在申
报时免予填报。

（4）集中申报的报关单,进出口日期以海关接受报关单申报的日期为准。

（5）无实际进出境的报关单,以海关接受申报的日期为准。

四、申报日期

申报日期是指海关接受进出口货物的收发货人或受其委托的报关企业向海关申报货物进出口的日期。

以电子数据报关单方式申报的,申报日期为海关计算机系统接受申报数据时记录的日期;以纸质报关单方式申报的,申报日期为海关接受纸质报关单并对报关单进行登记处理的日期。

申报日期为8位数字,顺序为年(4位)、月(2位)、日(2位)。本栏目在申报时免予填报。

五、备案号

填报进出口货物收发货人、消费使用单位、生产销售单位在海关办理加工贸易合同备案或征、减、免税审核确认等手续时,海关核发《加工贸易手册》、海关特殊监管区域和保税监管场所保税账册、《征免税证明》或其他备案审批文件的编号。

一份报关单只允许填报一个备案号。无备案审批文件的报关单,本栏目免予填报。

具体填报要求如下:

(1)加工贸易项下货物,除少量低值辅料按规定不使用《加工贸易手册》及以后续补税监管方式办理内销征税的以外,填报《加工贸易手册》编号。

使用异地直接报关分册和异地深加工结转出口分册在异地口岸报关的,填报分册号;本地直接报关分册和本地深加工结转分册限制在本地报关,填报总册号。

加工贸易成品凭《征免税证明》转为减免税进口货物的,进口报关单填报《征免税证明》编号,出口报关单填报《加工贸易手册》编号。

对加工贸易设备、使用账册管理的海关特殊监管区域内减免税设备之间的结转,转入和转出企业分别填制进、出口报关单,在报关单"备案号"栏目填报《加工贸易手册》编号。

(2)涉及征、减、免税审核确认的报关单,填报《征免税证明》编号。

(3)减免税货物退运出口,填报《中华人民共和国海关进口减免税货物准予退运证明》的编号;减免税货物补税进口,填报《减免税货物补税通知书》的编号;减免税货物进口或结转进口(转入),填报《征免税证明》的编号;相应的结转出口(转出),填报《中华人民共和国海关进口减免税货物结转联系函》的编号。

(4)免税品经营单位经营出口退税国产商品的,免予填报。

备案号的字头为备案或审批文件的标记,如表6.2所列:

表 6.2　备案审批文件代码

首位代码	备案审批文件	首位代码	备案审批文件
B	加工贸易手册(来料加工)	K	保税仓库备案式电子账册
C	加工贸易手册(进料加工)	Y	原产地证书
D	加工贸易不作价进口设备	Z	征免税证明
E	加工贸易电子账册	RB	减免税货物补税通知书
H	出口加工区电子账册	RT	减免税进口货物同意退运证明
J	保税仓库记账式电子账册	RZ	减免税进口货物结转联系函

六、境外发货人/境外收货人

境外发货人通常指签订并执行进口贸易合同中的卖方。

境外收货人通常指签订并执行出口贸易合同中的买方或合同指定的收货人。

填报境外收发货人的名称及编码。名称一般填报英文名称,检验检疫要求填报其他外文名称的,在英文名称后填报,以半角括号分隔;对于 AEO 互认国家(地区)企业的,编码填报 AEO 编码,填报样式为"国别(地区)代码＋海关企业编码",例如:新加坡 AEO 企业 SG123456789012(新加坡国别代码＋12 位企业编码);非互认国家(地区)AEO 企业等其他情形,编码免予填报。

特殊情况下无境外收发货人的,名称及编码填报"NO"。

七、运输方式

报关单中的运输方式包括实际运输方式和海关规定的特殊运输方式,前者指货物实际进出境的运输方式,按进出境所使用的运输工具分类;后者指货物无实际进出境的运输方式,按货物在境内的流向分类。

本栏目应根据货物实际进出境的运输方式或货物在境内流向的类别,按照海关规定的"运输方式代码表"选择填报相应的运输方式(见表 6.3)。

表 6.3　运输方式代码表及说明

代码	名称	运输方式说明
0	非保税区	境内非保税区运入保税区和保税区退区(退运境内)货物
1	监管仓库	境内存入出口监管仓库和出口监管仓库退仓
2	水路运输	

（续表）

代码	名称	运输方式说明
3	铁路运输	
4	公路运输	
5	航空运输	
6	邮件运输	
7	保税区	保税区运往境内非保税区
8	保税仓库	保税仓库转内销
9	其他运输	人扛、驮畜、输水管道、输油管道、输送带和输电网等方式实际进出境货物；部分非实际进出境货物
A	全部运输方式	
H	边境特殊海关作业区	境内运入深港西部通道港方口岸区；境内进出中哈霍尔果斯边境合作中心中方区域
T	综合实验区	经横琴新区和平潭综合实验区（简称"综合试验区"）二线指定申报通道运往境内区外或从境内经二线指定申报通道进入综合试验区的货物，以及综合试验区内按选择性征收关税申报的货物
W	物流中心	从境内保税物流中心外运入保税物流中心或从保税物流中心运往境内非保税物流中心
X	物流园区	从境内特殊监管区域之外运入园区内或从保税物流园区运往境内
Y	保税港区	保税港区（不包括直通港区）运往区外和区外运入保税港区
Z	出口加工区	出口加工区运往加工区外和区外运入出口加工区（区外企业填报）
L	旅客携带	进出境旅客随身携带的货物
G	固定设施	以固定设施（包括输油、输水管道和输电网等）运输货物

（一）实际进出境货物填报要求

（1）进境货物的运输方式，按货物运抵我国关境第一个口岸时的运输方式填报；出境货物的运输方式，按货物运离我国关境最后一个口岸时的运输方式填报。运输方式具体包括水路运输（代码2）、铁路运输（代码3）、公路运输（代码4）、航空运输（代码5）、邮件运输（代码6）、其他运输（代码9）。

（2）进口转关运输货物，按载运货物抵达进境地的运输工具填报；出口转关运输货物，按载运货物驶离出境地的运输工具填报。

（3）非邮件方式进出境的快递货物，按实际运输方式填报。

(4)不复运出(入)境而留在境内(外)销售的进出境展览品、留赠转卖物品等,填报"其他运输"(代码9)。

(5)进出境旅客随身携带的货物,填报"旅客携带"(代码L)。

(6)以固定设施(包括输油、输水管道和输电网等)运输货物的,填报"固定设施运输"(代码G)。

(二)无实际进出境货物在境内流转填报要求

(1)境内非保税区运入保税区货物和保税区退区货物,填报"非保税区"(代码0)。

(2)保税区运往境内非保税区货物,填报"保税区"(代码7)。

(3)境内存入出口监管仓库和出口监管仓库退仓货物,填报"监管仓库"(代码1)。

(4)保税仓库转内销货物或转加工贸易货物,填报"保税仓库"(代码8)。

(5)从境内保税物流中心外运入中心或从中心运往境内中心外的货物,填报"物流中心"(代码W)。

(6)从境内保税物流园区外运入园区或从园区内运往境内园区外的货物,填报"物流园区"(代码X)。

(7)保税港区、综合保税区与境内(区外)(非海关特殊监管区域、保税监管场所)之间进出的货物,填报"保税港区/综合保税区"(代码Y)。

(8)出口加工区、珠澳跨境工业区(珠海园区)、中哈霍尔果斯边境合作中心(中方配套区)与境内(区外)(非海关特殊监管区域、保税监管场所)之间进出的货物,填报"出口加工区"(代码Z)。

(9)境内运入深港西部通道港方口岸区的货物以及境内进出中哈霍尔果斯边境合作中心中方区域的货物,填报"边境特殊海关作业区"(代码H)。

(10)经横琴新区和平潭综合实验区(简称"综合试验区")二线指定申报通道运往境内区外或从境内经二线指定申报通道进入综合试验区的货物,以及综合试验区内按选择性征收关税申报的货物,填报"综合试验区"(代码T)。

(11)海关特殊监管区域内的流转、调拨货物,海关特殊监管区域、保税监管场所之间的流转货物,海关特殊监管区域与境内区外之间进出的货物,海关特殊监管区域外的加工贸易余料结转、深加工结转、内销货物,以及其他境内流转货物,填报"其他运输"(代码9)。

八、运输工具名称及航次号

运输工具名称指载运货物进出境的运输工具的名称或运输工具编号。

航次号指载运货物进出境的运输工具的航次编号。

报关单"运输工具名称"与"航次号"的填报内容应与运输部门向海关申报的舱单(载货

清单)所列相应内容一致。

在纸质报关单上,"运输工具名称"与"航次号"合并填报在"运输工具名称及航次号"一个栏目。

一份报关单只允许填报一个运输工具名称及其航次号。

(一)运输工具名称的填报要求

1. 直接在进出境地或采用全国通关一体化通关模式办理报关手续的报关单填报要求

(1)水路运输:填报船舶编号(来往港澳小型船舶为监管簿编号)或者船舶英文名称。

(2)公路运输:启用公路舱单前,填报该跨境运输车辆的国内行驶车牌号,深圳提前报关模式的报关单填报国内行驶车牌号+"/"+"提前报关"。启用公路舱单后,免予填报。

(3)铁路运输:填报车厢编号或交接单号。

(4)航空运输:填报航班号。

(5)邮件运输:填报邮政包裹单号。

(6)其他运输:填报具体运输方式名称,如管道、驮畜等。

2. 转关运输货物的报关单填报要求

1)进口

(1)水路运输:直转、提前报关填报"@"+16位转关申报单预录入号(或13位载货清单号);中转填报进境英文船名。

(2)铁路运输:直转、提前报关填报"@"+16位转关申报单预录入号;中转填报车厢编号。

(3)航空运输:直转、提前报关填报"@"+16位转关申报单预录入号(或13位载货清单号);中转填报"@"。

(4)公路及其他运输:填报"@"+16位转关申报单预录入号(或13位载货清单号)。

(5)以上各种运输方式使用广东地区载货清单转关的提前报关货物填报"@"+13位载货清单号。

2)出口

(1)水路运输:非中转填报"@"+16位转关申报单预录入号(或13位载货清单号)。如多张报关单需要通过一张转关单转关的,运输工具名称字段填报"@"。

中转货物,境内水路运输填报驳船船名;境内铁路运输填报车名(主管海关4位关区代码+"TRAIN");境内公路运输填报车名(主管海关4位关区代码+"TRUCK")。

(2)铁路运输:填报"@"+16位转关申报单预录入号(或13位载货清单号),如多张报关单需要通过一张转关单转关的,填报"@"。

(3)航空运输:填报"@"+16位转关申报单预录入号(或13位载货清单号),如多张报关单需要通过一张转关单转关的,填报"@"。

(4)其他运输方式:填报"@"+16位转关申报单预录入号(或13位载货清单号)。

3. 采用"集中申报"通关方式办理报关手续的,报关单填报"集中申报"

4. 免税品经营单位经营出口退税国产商品的,免予填报

5. 无实际进出境的货物,免予填报

(二)航次号的填报要求

1. 直接在进出境地或采用全国通关一体化通关模式办理报关手续的报关单
    (1)水路运输:填报船舶的航次号。
    (2)公路运输:启用公路舱单前,填报运输车辆的8位进出境日期[顺序为年(4位)、月(2位)、日(2位),下同]。启用公路舱单后,填报货物运输批次号。
    (3)铁路运输:填报列车的进出境日期。
    (4)航空运输:免予填报。
    (5)邮件运输:填报运输工具的进出境日期。
    (6)其他运输方式:免予填报。

2. 转关运输货物的报关单
    1)进口
    (1)水路运输:中转转关方式填报"@"+进境干线船舶航次。直转、提前报关免予填报。
    (2)公路运输:免予填报。
    (3)铁路运输:"@"+8位进境日期。
    (4)航空运输:免予填报。
    (5)其他运输方式:免予填报。

    2)出口
    (1)水路运输:非中转货物免予填报。中转货物:境内水路运输填报驳船航次号;境内铁路、公路运输填报6位启运日期[顺序为年(2位)、月(2位)、日(2位)]。
    (2)铁路拼车拼箱捆绑出口:免予填报。
    (3)航空运输:免予填报。
    (4)其他运输方式:免予填报。

3. 免税品经营单位经营出口退税国产商品的,免予填报

4. 无实际进出境的货物,免予填报

九、提运单号

提(运)单号是指进出口货物提单或运单的编号。报关单"提运单号"栏所填报的运输单证编号,主要包括海运提单号、海运单号、铁路运单号、航空运单号。提(运)单号必须与舱单数据一致。

一份报关单只允许填报一个提单或运单号,一票货物对应多个提单或运单时,应分单填报。

1. 直接在进出境地或采用全国通关一体化通关模式办理报关手续

(1)水路运输:填报进出口提单号。如有分提单的,填报进出口提单号+"∗"+分提单号。

(2)公路运输:启用公路舱单前,免予填报;启用公路舱单后,填报进出口总运单号。

(3)铁路运输:填报运单号。

(4)航空运输:填报总运单号+"_"+分运单号,无分运单的填报总运单号。

(5)邮件运输:填报邮运包裹单号。

2. 实际进出境,转关运输货物的报关单

1)进口转关

(1)水路运输:直转、中转填报提单号,提前报关免予填报。

(2)铁路运输:直转、中转填报铁路运单号,提前报关免予填报。

(3)航空运输:直转、中转货物填报总运单号+"_"+分运单号,提前报关免予填报。

(4)其他运输方式:免予填报。

(5)以上运输方式进境货物,在广东省内用公路运输转关的,填报车牌号。

2)出口转关

(1)水路运输:中转货物填报提单号;非中转货物免予填报;广东省内汽车运输提前报关的转关货物,填报承运车辆的车牌号。

(2)其他运输方式:免予填报;广东省内汽车运输提前报关的转关货物,填报承运车辆的车牌号。

3. 采用"集中申报"通关方式办理报关手续的,报关单填报归并的集中申报清单的进出口起止日期[按年(4位)月(2位)日(2位)年(4位)月(2位)日(2位)]

4. 非实际进出境货物,本栏目免予填报

十、货物存放地点

填报货物进境后存放的场所或地点,包括海关监管作业场所、分拨仓库、定点加工厂、隔离检疫场、企业自有仓库等。

十一、消费使用单位/生产销售单位

消费使用单位是已知的进口货物在境内的最终消费、使用单位的名称,包括:

(1)自行从境外进口货物的单位;

(2)委托进出口企业进口货物的单位。

生产销售单位是指出口货物在境内的生产或销售单位的名称,包括:

(1)自行出口货物的单位;

(2)委托进出口企业出口货物的单位。

填报要求:

(1)本栏目可选填18位法人和其他组织统一社会信用代码或10位海关注册编码。没有代码的应填报"NO"。

(2)有10位海关注册编码或18位法人和其他组织统一社会信用代码或加工企业编码的消费使用单位/生产销售单位,本栏目应填报其中文名称及编码;没有编码的应填报其中文名称。

(3)减免税货物报关单的消费使用单位/生产销售单位应与中华人民共和国海关进出口货物征免税证明的"减免税申请人"一致;保税监管场所与境外之间的进出境货物,消费使用单位/生产销售单位填报保税监管场所的名称[保税物流中心(B型)填报中心内企业名称]。

(4)海关特殊监管区域的消费使用单位/生产销售单位填报区域内经营企业("加工单位"或"仓库")。

(5)进口货物在境内的最终消费或使用以及出口货物在境内的生产或销售的对象为自然人的,填报身份证号、护照号、台胞证号等有效证件号码及姓名。

(6)免税品经营单位经营出口退税国产商品的,填报该免税品经营单位统一管理的免税店。

十二、监管方式

进出口货物报关单上所列的贸易方式专指以国际贸易中进出口货物的交易方式为基础,结合海关对进出口货物监督管理综合设定的对进出口货物的管理方式,即海关监管方式。

监管方式代码为4位数字。前两位按照海关监管业务分类,例如02-08、44、46表示加工贸易货物,11-12表示保税仓储、转口货物,20-22表示外商投资企业进口货物,45表示退运货物,50-53表示特殊区域货物。后两位以海关统计方式为基础分类,其中10-39表示列入海关贸易统计,41—66 表示列入单项统计;00 表示不列入海关贸易统计和单项统计。
表 6.4 是贸易方式(监管方式)代码表。

表 6.4　贸易方式(监管方式)代码表

代码	简　称	全　　称
0110	一般贸易	一般贸易
0130	易货贸易	易货贸易
0139	旅游购物商品	用于旅游者 5 万美元以下的出口小批量订货
0200	料件销毁	加工贸易料件、残次品(折料)销毁
0214	来料加工	来料加工装配贸易进口料件及加工出口货物
0245	来料料件内销	来料加工料件转内销
0255	来料深加工	来料深加工结转货物
0258	来料余料结转	来料加工余料结转
0265	来料料件复出	来料加工复运出境的原进口料件
0300	来料料件退换	来料加工料件退换
0314	加工专用油	国有贸易企业代理来料加工企业进口柴油
0320	不作价设备	加工贸易外商提供的不作价进口设备
0345	来料成品减免	来料加工成品凭征免税证明转减免税
0400	边角料销毁	加工贸易边角料、副产品(按状态)销毁
0420	加工贸易设备	加工贸易项下外商提供的进口设备
0444	保区进料成品	按成品征税的保税区进料加工成品转内销货物
0445	保区来料成品	按成品征税的保税区来料加工成品转内销货物
0446	加工设备内销	加工贸易免税进口设备转内销
0456	加工设备结转	加工贸易免税进口设备结转
0466	加工设备退运	加工贸易免税进口设备退运出境
0500	减免设备结转	用于监管年限内减免设备的结转
0513	补偿贸易	补偿贸易
0544	保区进料料件	按料件征税的保税区进料加工成品转内销货物
0545	保区来料料件	按料件征税的保税区来料加工成品转内销货物
0615	进料对口	进料加工
0642	进料以产顶进	进料加工成品以产顶进
0644	进料料件内销	进料加工料件转内销
0654	进料深加工	进料深加工结转货物

（续表）

代码	简　称	全　称
0657	进料余料结转	进料加工余料结转
0664	进料料件复出	进料加工复运出境的原进口料件
0700	进料料件退换	进料加工料件退换
0715	进料非对口	进料加工（非对口合同）
0744	进料成品减免	进料加工成品凭征免税证明转减免税
0815	低值辅料	低值辅料
0844	进料边角料内销	进料加工项下边角料转内销
0845	来料边角料内销	来料加工项下边角料内销
0864	进料边角料复出	进料加工项下边角料复出口
0865	来料边角料复出	来料加工项下边角料复出口
1039	市场采购	义乌市市场、江苏省海门叠石桥国际家纺城、浙江省海宁皮革城、江苏常熟服装城、广州花都皮革皮具市场、山东临沂商城工程物资市场、武汉汉口北国际商品交易中心、河北白沟箱包市场集聚区内采购的出口商品
1139	国轮油物料	中国籍运输工具境内添加的保税油料、物料
1200	保税间货物	海关保税场所及保税区域之间往来的货物
1210	保税电商	保税跨境贸易电子商务
1233	保税仓库货物	保税仓库进出境货物
1234	保税区仓储转口	保税区进出境仓储转口货物
1239	保税电商A	保税跨境贸易电子商务A
1300	修理物品	进出境修理物品
1427	出料加工	出料加工
1500	租赁不满1年	租期不满1年的租赁贸易货物
1523	租赁贸易	租期在1年及以上的租赁贸易货物
1616	寄售代销	寄售、代销贸易
1741	免税品	免税品
1831	外汇商品	免税外汇商品
2025	合资合作设备	合资合作企业作为投资进口设备物品
2225	外资设备物品	外资企业作为投资进口的设备物品
2439	常驻机构公用	外国常驻机构进口办公用品
2600	暂时进出货物	暂时进出口货物

代码	简　称	全　称
2700	展览品	进出境展览品
2939	陈列样品	驻华商业机构不复运出口的进口陈列样品
3010	货样广告品	有进出口经营权的单位进出口货样广告品
3100	无代价抵偿	无代价抵偿进出口货物
3339	其他进出口免费	其他进出口免费提供货物
3410	承包工程进口	对外承包工程进口物资
3422	对外承包出口	对外承包工程出口物资
3511	援助物资	国家和国际组织无偿援助物资
3910	军事装备	军事装备
3612	捐赠物资	进出口捐赠物资
4019	边境小额	边境小额贸易（边民互市贸易除外）
4039	对台小额	对台小额贸易
4139	对台小额商品交易市场	进入对台小额商品交易专用市场的货物
4200	驻外机构运回	我驻外机构运回旧公用物品
4239	驻外机构购进	我驻外机构境外购买运回国的公务用品
4400	来料成品退换	来料加工成品退换
4500	直接退运	直接退运
4539	进口溢误卸	进口溢卸、误卸货物
4561	退运货物	因质量不符、延误交货等原因退运进出境货物
4600	进料成品退换	进料成品退换
5000	料件进出区	料件进出海关特殊监管区域
5010	特殊区域研发货物	海关特殊监管区域与境外之间进出的研发货物
5014	区内来料加工	海关特殊监管区域与境外之间进出的来料加工货物
5015	区内进料加工货物	海关特殊监管区域与境外之间进出的进料加工货物
5034	区内物流货物	海关特殊监管区域与境外之间进出的物流货物
5100	成品进出区	成品进出海关特殊监管区域
5300	设备进出区	设备及物资进出海关特殊监管区域
5335	境外设备进区	海关特殊监管区域从境外进口的设备及物资
5361	区内设备退运	海关特殊监管区域设备及物资退运境外
6033	物流中心进出境货物	保税物流中心与境外之间进出仓储货物

（续表）

代码	简　称	全　称
9600	内贸货物跨境运输	内贸货物跨境运输
9610	电子商务	跨境贸易电子商务
9639	海关处理货物	海关变卖处理的超期未报货物、走私违规货物
9700	后续补税	无原始报关单的后续补税
9739	其他贸易	其他贸易
9800	租赁征税	租赁期1年及以上的租赁贸易货物的租金
9839	留赠转卖物品	外交机构转售境内或国际活动留赠放弃特批货物
9900	其他	其他

注：本栏目应根据实际对外贸易情况，按海关规定的"监管方式代码表"选择填报相应的监管方式简称及代码。一份报关单只允许填报一种监管方式。

常见贸易方式的名称、代码、适用范围及主要填报要求如下：

（一）一般贸易

一般贸易是指我国境内有进出口经营权的企业单边进口或单边出口的贸易。

本监管方式代码"0110"，简称"一般贸易"，适用范围包括：

(1) 以正常交易方式成交的进出口货物；

(2) 贷款援助的进出口货物；

(3) 外商投资企业为加工内销产品而进口的料件；

(4) 外商投资企业用国产原材料加工成品出口或采购产品出口；

(5) 供应外国籍船舶、飞机等运输工具的国产燃料、物料及零配件；

(6) 保税仓库进口供应给中国籍国际航行运输工具使用的燃料、物料等保税货物；

(7) 境内企业在境外投资以实物投资进出口的设备、物资；

(8) 来料养殖、来料种植进出口货物；

(9) 国有公益性收藏单位通过合法途径从境外购入的藏品。

（二）加工贸易项下进口料件和出口成品

1. 来料加工

来料加工是指进口料件由境外企业提供，经营企业不需要付汇进口，按照境外企业的要求进行加工或装配，只收取加工费，制成品由境外企业销售的经营活动。

本监管方式代码"0214"，简称"来料加工"，主要适用于来料加工项下进口的料件和加工出口的成品。

来料加工进出口货物报关单"备案号"栏目应填报加工贸易手册或电子账册编号。成品出口报关单"征免"栏方式应填报"全免",应征出口税的,应填报"照章征税"。

2. 进料加工

进料加工是指进口料件由经营企业付汇进口,制成品由经营企业外销出口的经营活动。进料加工对口合同是指买卖双方分别签订进出口对口合同,料件进口时,我方先付料件款,加工成品出口时再向对方收取出口成品款项的交易方式,包括动用外汇的对口合同或不同客户的对口联号合同,以及对开信用证的对口合同。

本监管方式代码"0615",简称"进料对口",主要适用于进料加工项下的进口料件和出口成品,以及进料加工贸易中外商免费提供的进口的主料、辅料和零部件。

进料加工进出口货物报关单"备案号"栏目应填报加工贸易手册或电子账册编号。成品出口报关单"征免"栏方式应填报"全免",应征出口税的,应填报"照章征税"。

(三) 加工贸易项下其他货物

1. 结转

加工贸易经营企业将保税进口料件所加工的产品在境内结转给另一个加工贸易企业,用于再加工后复出口的,转入、转出企业分别填制进、出口报关单,监管方式填报"来料深加工"(0255)或"进料深加工"(0654)。

加工贸易经营企业将加工过程中剩余的进口料件,结转到本企业同一加工监管方式下的另一个加工贸易合同,继续加工为制成品后复出口的,应分别填制进、出口报关单,监管方式填报"来料余料结转"(0258)或"进料余料结转"(0657)。

2. 内销

1)料件内销

加工贸易加工过程产生的剩余料件、制成品、半成品、残次品及受灾保税货物,经批准转为国内销售、不再加工复出口的,以及海关事后发现企业擅自转内销并准予补办进口补税手续的加工贸易项下货物,应填制进口报关单,监管方式填报"来料料件内销"(0245)或"进料料件内销"(0644)。

2)边角料内销

加工贸易加工过程中有形损耗产生的边角料,以及加工副产品,有商业价值且经批准在境内销售的,以及销毁处置加工贸易货物获得收入的,应填制进口报关单,监管方式填报"来料边角料内销"(0845)或"进料边角料内销"(0844)。

3)成品转减免税

加工贸易项下制成品,在境内销售给凭征免税证明进口的货物的企业,加工贸易经营企业填制出口报关单,监管方式填报"来料成品减免"(0345)或"进料成品减免"(0744)。

3. 退运(复出)

加工贸易进口料件因品质、规格等原因退运出境,或加工过程中产生的剩余料件、边角料退运出境,且不再更换同类货物进口的,分别填报"来料料件复出"(0265)、"来料边角料复出"(0865)、"进料料件复出"(0664)、"进料边角料复出"(0864)。

4. 退换

1)料件退换

加工贸易保税料件因品质、规格等原因退运出境,更换料件后复进口的,退运出境报关单和复运进境报关单的监管方式应填报为"来料料件退换"(0300)或"进料料件退换"(0700)。

2)成品退换

加工贸易出口成品因品质、规格等原因退运进境,经加工、维修或更换同类商品复出口的,退运进境报关单和复运出境报关单的监管方式应填报为"来料成品退换"(4400)或"进料成品退换"(4600)。

5. 销毁

(1)监管方式"料件销毁",代码"0200",全称"加工贸易料件、残次品(折料)销毁",适用于加工贸易企业因故无法内销或者退运而作销毁处置且未因处置获得收入的料件、残次品,其中残次品应按单耗折成料件。

(2)监管方式"边角料销毁",代码"0400",全称"加工贸易边角料、副产品(按状态)销毁",适用于加工贸易企业因故无法内销或者退运而作销毁处置且未因处置获得收入的边角料、副产品。

(四)加工贸易进口设备

1. 加工贸易设备

加工贸易设备,指来料加工、进料加工贸易项下外商作价提供、不扣减企业投资总额的进口设备,以及服务外包企业履行国际服务外包合同,由国际服务外包业务境外发包方免费提供的进口设备。

本监管方式代码"0420",对应征免性质为"一般征税"(101)或"加工设备"(501)。

2. 不作价设备

加工贸易项下外商提供的不作价设备,指境外企业与境内企业开展来料、进料业务,外商免费向境内加工贸易经营单位提供加工生产所需设备,境内经营单位不需支付外汇、不需用加工费或差价偿还。

本监管方式代码"0320"，简称"不作价设备"，对应征免性质为"加工设备"(501)。

加工贸易进口不作价设备由加工贸易合同备案地海关办理备案手续，核发加工贸易手册，手册编号第一位标记为"D"。进口《外商投资项目不予免税的进口商品目录》所列商品范围外的不作价设备，且符合规定条件的，免征进口关税。

与加工贸易免税进口不作价设备相关的监管方式有：

(1)加工设备内销，指海关监管期内的加工贸易免税进口设备经批准转售给境内非加工企业，代码"0446"。

(2)加工设备结转，指海关监管期内的加工贸易免税进口设备经批准转让给另一加工企业，或从本企业一本加工贸易手册结转入另一本加工贸易手册，代码"0456"。

(3)加工设备退运，指加工贸易免税进口设备退运出境，代码"0466"。

(五)外商投资企业进口自用设备、物品

1.投资总额内进口设备、物品

外商投资企业作为投资进口的设备、物品，是指外商投资企业投资总额内的资金(包括中方投资)进口的机器设备、零部件和其他建厂(场)物料，安装、加固机器所需材料，以及进口本企业自用合理数量的交通工具、生产用车辆、办公用品(设备)。

中外合资、合作企业进口设备、物品，监管方式代码"2025"，简称"合资合作设备"；外商独资企业(简称"外资企业")进口设备、物品，监管方式代码"2225"，简称"外资设备物品"。

2.投资总额外自有资金免税进口设备

鼓励类外商投资企业，以及符合中西部利用外资优势产业和优势项目目录的项目，利用企业投资总额以外的自有资金，在原批准的生产经营范围内，对设备进行更新维修，进口国内不能生产或性能不能满足需要的自用设备及其配套的技术、配件、备件，进口报关单监管方式应为"一般贸易"(0110)，对应征免性质为"自有资金"(799)。

3.减免税设备结转

这是指海关监管年限内的减免税设备，从进口企业结转到另一享受减免税待遇的企业，监管方式代码"0500"，简称"减免设备结转"。减免设备结转的转入、转出企业应分别填写进、出口报关单向海关申报。

需注意的是，加工贸易项下免税进口的不作价设备结转给另一加工贸易企业，不适用本贸易方式，应适用"加工设备结转"(0456)。

(六)暂准进出境货物

1.进出境展览品

进出境展览品指外国为来华或我国为到外国举办经济、文化、科技等展览或参加博览会

而进出口的展览品,以及与展览品有关的宣传品、布置品、招待品、小卖品和其他物品。

本监管方式代码"2700",简称"展览品",对应征免性质为"其他法定"(299)。

进出境展览品的范围主要包括在展览会、交易会、会议及类似活动中展示或者使用的货物。不复运出入境而留在境内外销售的进出境展览品,应按实际监管方式填报,不适用本监管方式。ATA单证册项下的暂准进出展览品,持证人免填报关单,无须使用本监管方式。

2. 暂时进出境货物

暂时进出境货物是指经海关批准,暂时进出关境并且在规定的期限内复运出境或进境的货物,包括国际组织、外国政府或外国和香港、澳门及台湾地区的企业、群众团体及个人为开展经济、技术、科学、文化合作交流而暂时运入或运出我国关境及复运出入境的货物。

本监管方式代码"2600",简称"暂时进出货物",对应征免性质为"其他法定"(299)。

(七) 租赁贸易

租赁贸易是指经营租赁业务的企业与外商签订国际租赁合同项下境内企业租赁进口或出租出口的货物。

相关贸易方式包括:租赁期在一年及以上的进出口货物,监管方式代码"1523",简称"租赁贸易";租赁期在一年及以上的进出口货物分期办理征税手续时,每期征税适用监管方式代码"9800",简称"租赁征税";租赁期不满1年的进出口货物,监管方式代码"1500",简称"租赁不满1年"。

上述贸易方式的适用范围不包括:经营租赁业务的企业进口自用的设备、办公用品,监管方式为"一般贸易"(0110);加工贸易租赁进口的机器设备,监管方式应为"加工贸易设备"(0420)。

租赁贸易货物报关单的主要填制要求如下:

(1)首次进口时,分期支付租金的,应填制两份报关单,一份监管方式为"租赁贸易"(1523)或"租赁不满1年"(1500),申报租赁货物的全值,用于监管和统计;另一份监管方式为"租赁征税"(9800),用于计征税款。纳税义务人申请一次性缴纳税款的,可以选择申请按照依次审查确定的该货物的完税价格的方法,或者按照海关审查确定的租金总额作为完税价格。

(2)进口后,按合同约定支付各期租金并征税的,报关单监管方式均为"租赁征税"(9800),并将首次进口的报关单号作为"关联报关单"填报于"标记唛码及备注"栏。

(3)退运时,"租赁贸易"(1523)期满复运出(进)口的货物,监管方式为"退运货物"(4561);"租赁不满1年"(1500)期满复运出(进)口境的货物,监管方式为"租赁不满1年"(1500)。

（八）修理物品

进出境修理物品是指进境或出境维护修理的货物、物品。

本监管方式代码"1300"，简称"修理物品"。

本监管方式适用于各类进出境维修的货物，以及货物维修所用的原材料、零部件，但不包括按加工贸易保税货物管理的进境维修业务，以及加工贸易项下进口料件和出口成品的进出境维修退换（0300、0700、4400、4600）业务。

修理物品进口报关单对应征免性质为"一般征税"（101）或"其他法定"（299）。进出境维修货物复运出进境，进出口报关单需将关联的出、进口报关单号作为关联报关单号填报在"标记唛码及备注"栏。

（九）无代价抵偿进出口货物

无代价抵偿进出口货物是指进出口货物经海关征税或免税放行后，因货物残损、短少或品质不良及规格不符等原因，而由进出口货物的发货人、承运人或保险公司免费补偿或更换的与原货物相同或者与合同规定相符的货物。

本监管方式代码"3100"，简称"无代价抵偿"。

无代价抵偿进出口货物相关申报要求如下：

（1）如原进出口货物退运出进境，其报关单的"贸易方式"栏应填报为"其他"（9900）。补偿进口货物的报关单监管方式填报"无代价抵偿"（3100），"征免性质"填报"其他法定"（299）或"一般征税"（101）；补偿出口报关单"征免性质"填报"其他法定"（299）。

（2）退运出进境货物报关单（9900）及补偿进出口货物报关单（3100），均应在"标记唛码及备注"栏内填报原进出口货物报关单号。

（十）退运货物

退运进出口货物是指原进、出口货物因残损、缺少、品质不良、规格不符、延误交货或其他原因退运出、进境的货物。

本监管方式代码"4561"，简称"退运货物"。

1. 适用范围

本监管方式适用于以下货物的退运出、进境：一般贸易（0110）、易货贸易（0130）、旅游购物商品（0139）、租赁贸易（1523）、寄售代销（1616）、外商投资企业设备物品（2025/2225）、外汇免税商品（1831）、货样广告品（3010/3039）、其他进出口免费（3339）、承包工程进口（3410）、对外承包出口（3422）、无偿援助（3511）、捐赠物资（3612）、边境小额（4019）、对台小额（4039）、其他贸易（9739）。

本监管方式不适用于以下货物：

（1）加工贸易项下料件、成品维修退换，监管方式为"来料料件退换"（0300）、"进料料件退换"（0700）、"来料成品退换"（4400）、"进料成品退换"（4600）。

（2）加工贸易项下料件、边角料退运，监管方式为"来料料件复出"（0265）、"来料边角料复出"（0865）、"进料料件复出"（0664）、"进料边角料复出"（0864）。

（3）加工贸易设备退运，监管方式为"加工设备退运"（0466）。

（4）货物进境后、放行结关前退运的货物，监管方式为"直接退运"（4500）。

（5）"租赁不满1年"货物退运，监管方式为"租赁不满1年"（1500）。

（6）进出口无代价抵偿货物，被更换的原进口货物退运出境，监管方式为"其他"（9900）。

2. 相关申报要求

退运货物进出口时，应随附原出（进）口货物报关单，并将原出（进）口货物报关单号填报在"标记唛码及备注"栏内。

（十一）直接退运货物

直接退运货物是指进口货物收发货人、原运输工具负责人或者其代理人在货物进境后、办结海关放行手续前，因海关责令或有正当理由获准退运境外的货物。

本监管方式代码"4500"，简称"直接退运"。

1. 直接退运货物适用范围

（1）在货物进境后、办结海关放行手续前，由于客观原因需向海关申请办理直接退运手续的，包括错发、误卸、溢卸货物、残损货物等。

（2）在货物进境后，办结海关放行手续前，由于不符合有关法令，依法应当退运的，由海关责令当事人将进口货物直接退运境外的，包括违反有关进口法令，经海关处理后责令退运境外的。

（3）保税区、出口加工区及其他海关特殊监管区域和保税监管场所进口货物直接退运的。

2. 直接退运货物不适用范围

海关放行后需办理退运出境的进口货物，以及进口转关货物在进境地海关放行后申请办理退运手续的货物。两者均应按"退运货物"（4561）手续办理报关手续。

3. 直接退运货物相关申报要求

按照"先报出、后报进"的原则，先办理出口手续，后办理进口手续，进口报关单"标记唛码及备注"栏将对应的出口报关单号作为"关联报关单号"填报，进出口报关单监管方式均为"直接退运货物"，"标记唛码及备注"栏均应填报"进口货物直接退运表"或"海关责令进口货物直接退运通知书"的编号。

（十二）国家或国际组织无偿援助和赠送的物资

国家或国际组织无偿援助和赠送的物资，是指我国根据两国政府间的协议或临时决定，对外提供无偿援助的物资、捐赠品，或我国政府、组织基于友好关系向对方国家政府、组织赠送的物资，以及我国政府、组织接受国际组织、外国政府或组织无偿援助、捐赠或赠送的物资。

本监管方式代码"3511"，简称"无偿援助物资"。本监管方式对应征免性质为"无偿援助"（201）。

商务部负责管理的援外项目实施企业应当持由商务部、紧急援助部际工作机制领导小组或项目管理机构出具的"援外项目任务通知函"向海关办理援外物资出口手续。监管方式填报"援助物资"（3511），且免予提交出口许可证。

（十三）进出口捐赠物资

进出口捐赠物资是指境外捐赠人以扶贫、慈善、救灾为目的向我国境内捐赠的直接用于扶贫、救灾、兴办公益福利事业的物资，以及境内捐赠人以扶贫、慈善、救灾为目的向境外捐赠的直接用于扶贫、救灾、兴办公益福利事业的物资。

本监管方式代码"3612"，简称"捐赠物资"。对应征免性质为"救灾捐赠"（801）、"扶贫慈善"（802）、"公益收藏"（698）、"科教用品"（401）、"残疾人"（413）等。

（十四）其他免费提供的进出口货物

其他免费提供的进出口货物指除已具体列名的礼品、无偿援助和赠送物资、捐赠物资、无代价抵偿进口货物、国外免费提供的货样、广告品等归入列名监管方式的免费提供货物以外，进出口其他免费提供的货物。

本监管方式代码"3339"，简称"其他进出口免费"。适用范围包括：外商在经贸活动中赠送的物品；外国人捐赠品；驻外中资机构向国内单位赠送的物资；经贸活动中由外商免费提供的试车材料、消耗性物品等。

本监管方式对应征免性质："一般征税"（101）、"其他法定"（299）。

（十五）保税仓库进出境仓储、转口货物

保税仓库进出境仓储及转口货物，指从境外进口直接存入保税仓库、保税仓库出境的仓储、转口货物，以及出口监管仓库出境的货物。

本监管方式代码"1233"，简称"保税仓库货物"。

本监管方式无对应征免性质代码，报关单"运输方式"栏应为实际进出境的运输方式。

相关申报要求如下：

(1)保税仓库进境货物销往境内，按货物运出保税仓库的实际用途填报相应的监管方

式,运输方式为"保税仓库"(8)。

(2)境内存入出口监管仓库和出口监管仓库退仓货物,按实际监管方式填报,运输方式为"监管仓库"(1)。

(3)保税仓库货物出仓运往境内其他地方转为正式进口的,在仓库主管海关办结出仓报关手续,填制出口报关单,监管方式代码填写"1200",进口报关单按实际进口监管方式填报。

(十六) 物流中心进出境货物

保税物流中心进出境仓储货物是指从境外直接存入保税物流中心和从保税物流中心运出境的仓储、转口货物。

本监管方式代码"6033",简称"物流中心进出境货物"。

相关申报要求如下:

(1)从境内(海关特殊监管区域除外)运入保税物流中心货物应填制出口报关单,从保税物流中心提取运往境内的货物应填制进口报关单,监管方式按实际情况选择填报。

(2)保税物流中心与保税区、出口加工区、保税物流园区、保税仓库、出口监管仓库及保税物流中心之间等海关特殊监管区域或保税监管场所之间往来的货物,监管方式填报"保税间货物"(1200)。

(十七) 保税区进出境仓储、转口货物

保税区进出境仓储、转口货物是指从境外存入保税区、保税物流园区和从保税区、保税物流园区运出境的仓储、转口货物。

本监管方式代码"1234",简称"保税区仓储转口"。

保税区、保税物流园区进出境仓储、转口货物实行"备案制",区内企业凭"保税区、保税物流园区进(出)境货物备案清单"向保税区、保税物流园区海关办理申报手续。保税区仓储、转口货物无须填报征免性质。

相关申报要求如下:

(1)保税区、保税物流园区除仓储、转口货物以外的其他进出境货物,应按实际监管方式填报。如区内企业开展加工贸易业务所需进口料件和制成品出口,监管方式应填报为"来料加工"(0214)或"进料对口"(0615)。

(2)从保税区、保税物流园区运往境内非海关特殊监管区域、保税监管场所的货物,按实际监管方式填报,运输方式为"保税区"(7)。

(3)从境内非海关特殊监管区域、保税监管场所运入保税区、保税物流园区的货物,以及从境内非海关特殊监管区域、保税监管场所运入保税区、保税物流园区后又退回境内的货物,按实际监管方式填报,运输方式为"非保税区"(0)。

（十八）保税区加工贸易内销货物

保税区进料加工、来料加工成品不复运出境，转为国内使用的，按征税方式区分适用以下监管方式：

（1）区内加工企业来料、进料加工全部用境外运入料件加工的制成品销往非保税区，以及来料、进料加工内销制成品所含进口料件的品名、数量、价值难以区分的，按照制成品征税。监管方式分为"保区来料成品"（0445）和"保区进料成品"（0444）。

（2）区内企业来料、进料加工用含有部分境外运入料件加工的制成品销往非保税区时，对其制成品按照所含进口料件征税，监管方式分为"保区来料料件"（0545）和"保区进料料件"（0544）。

相关申报要求如下：

保税区加工贸易成品转内销货物填报进口报关单，运输方式均为"保税区"（7），"0444"和"0445"备案号栏目应填报加工贸易手册编号，原产国（地区）填报中国（142）；"0544"和"0545"备案号为空，原产国（地区）填报原进口料件的原产国（地区）。

（十九）海关特殊监管区域、保税监管场所间往来的货物

指保税区、保税物流园区、出口加工、出口监管仓库、保税仓库、保税物流中心等海关特殊监管区域、保税监管场所间往来的货物。本监管方式代码"1200"，简称"保税间货物"。

本监管方式不适用出口加工区间结转货物。不同出口加工区企业结转货物适用"成品进出区"（5100）和"料件进出区"（5000）。

本监管方式下的货物，转出企业和转入企业应分别填制出口货物报关单或进口货物报关单，监管方式为"保税间货物"（1200），征免性质免予填报，运输方式为"其他"（9），启运国或运抵国为"中国"（142），原产国或最终目的国按照实际国别填报。

（二十）海关特殊监管区域进出境货物

下述代码分别为5014、5015、5034、5335、5361和5010的6种监管方式，适用于保税港区、综合保税区、出口加工区、珠澳跨境工业园区（珠海园区）、中哈霍尔果斯边境合作区（中方配套区）内企业申报使用，不适用于区外企业和保税区、保税物流园区内企业。

（1）5014"区内来料加工"指海关特殊监管区域与境外之间进出的来料加工货物，适用于海关特殊监管区域内企业在来料加工贸易业务项下的料件从境外进口及制成品出境。

（2）5015"区内进料加工货物"指海关特殊监管区域与境外之间进出的进料加工货物，适用于海关特殊监管区域内企业在进料加工贸易业务项下的料件从境外进口及制成品出境。

（3）5034"区内物流货物"指海关特殊监管区域与境外之间进出的物流货物，适用于海关特殊监管区域内企业从境外运进或运往境外的仓储、分拨、配送、转口货物，包括流通领域的物流货物及供区内加工生产用的仓储货物。

(4)5335"境外设备进区"指海关特殊监管区域从境外进口的设备及货物,适用于海关特殊监管区域内企业从境外进口用于区内业务所需的设备、物资,以及区内企业和行政管理机构自用合理数量的办公用品等。

(5)5361"区内设备退运"指海关特殊监管区域设备及货物退运境外,适用于海关特殊监管区域内企业将监管方式代码"5335"项下的设备、物资退运境外。

(6)5010"特殊区域研发货物"指海关特殊监管区域与境外之间进出的研发货物,适用于海关特殊监管区域内企业从境外购进的用于研发的材料、成品,或研发后将上述货物退回境外,但不包括企业自用或其他用途的设备。

上述监管方式中,"区内进料加工货物"(5015)适用征免性质代码"进料加工"(503),"区内物流货物"(5034)无须填报征免性质代码。

(二十一)海关特殊监管区域进出区货物

下述代码为5000、5100、5300的3种监管方式,适用于保税港区、综合保税区、出口加工区、珠澳跨境工业园区(珠海园区)、中哈霍尔果斯边境合作区(中方配套区)内企业申报使用,不适用于区外企业和保税区、保税物流园区内企业。

(1)5000"料件进出区"指料件进出海关特殊监管区域,适用于海关特殊监管区域内保税加工、保税物流或研发企业与境内(区外)之间进出的料件,包括此类料件在境内的退运、退换。

(2)5100"成品进出区"指成品进出海关特殊监管区域,适用于海关特殊监管区域内保税加工、保税物流或研发企业与境内(区外)之间进出的成品,包括此类成品在境内的退运、退换。

(3)5300"设备进出区"指设备及物资进出海关特殊监管区域,适用于海关特殊监管区域内企业从境内(区外)购进的自用设备、物资,或将设备、物资销往区外,结转到同一海关特殊监管区域或另一海关特殊监管区域的企业,以及在境内的退运、退换。

相关申报要求如下:

1)出区货物

(1)区外企业填制《中华人民共和国海关进口货物报关单》,监管方式填报区外企业提取区内货物适用的监管方式,运输方式为"Z";原产国按实际填报(对于未经加工的进口货物,按货物原进口时的原产国统计;对于经加工的成品或半成品,按现行进口原产地规则确定原产国);启运国填写"中国"(142)。

(2)区内企业填制出境货物备案清单,监管方式分别适用"料件进出区"(5000)、"成品进出区"(5100)、"设备进出区"(5300),运输方式填报"其他"(9)。

2）进区货物

（1）区外企业填制《中华人民共和国海关出口货物报关单》，监管方式填报区外企业将货物运入区内货物适用的监管方式，运输方式为"Z"，目的国和运抵国填写"中国"（142）。

（2）区内企业填制进境货物备案清单，监管方式分别适用"料件进出区"（5000）、"成品进出区"（5100）、"设备进出区"（5300），运输方式填报"其他"（9）。

5000、5100、5300监管方式下的进出区货物均无须填报征免性质代码。

上述（二十）、（二十一）特殊区域进出货物不包括下列情形：

（1）出口加工区企业加工贸易进口料件退换进出境或在区内企业间退换，监管方式代码为"0700"，简称"进料料件退换"。

（2）出口加工区企业加工贸易成品退换进出境或在区内企业间退换，监管方式代码为"4600"，简称"进料成品退换"。

（3）出口加工区企业进境料件退运出境，监管方式代码为"0664"，简称"进料料件复出"。

（4）出口加工区企业边角料退运出境，监管方式代码为"0864"，简称"进料边角料复出"。

（5）出口加工区企业加工设备运出境外、区外维修及维修后运回，监管方式代码为"1300"，简称"修理物品"。

（6）出口加工区企业产品运出区外展览及展览完毕运回区内，监管方式代码为"2700"，简称"展览品"。

（7）出口加工区企业产品、设备运往区外测试、检验及复运回区内，加工区企业委托区外加工产品运出、运回加工区，监管方式代码为"2600"，简称"暂时进出货物"。

（二十二）货样广告品

进出口货样广告品是指进出口用以宣传有关商品内容的广告宣传品。监管方式代码为"3010"，简称"货样广告品"，适用于有进出口经营权的单位进出口货样广告品。暂时进出口的货样、广告品和驻华商业机构不复运出口的进口陈列样品不适用本监管方式。

（二十三）低值辅料

进口少量低值辅料（即5000美元以下，78种以内的低值辅料）按规定不使用加工贸易手册的，填报"低值辅料"。使用加工贸易手册的，按加工贸易手册上的监管方式填报。

（二十四）跨境电商

1. 直购进口模式

监管方式代码为"9610"，全称"跨境贸易电子商务"，简称"电子商务"，俗称"集货模式"。直购进口即商家将多个已售出商品统一打包，通过国际物流运送至国内的保税仓库，电商企业为每件商品办理海关通关手续，经海关查验放行后，由电商企业委托国内快递派送至消费者手中。每个订单附有海关单据。

适用于境内个人或电子商务企业通过电子商务交易平台实现交易,并采用"清单核放、汇总申报"模式办理通关手续的电子商务零售进出口商品。

2. 一般出口模式

监管方式代码为"9610"。采用"清单核放、汇总申报"的方式,电商出口商品以邮、快件方式分批运送,海关凭清单核放出境,定期把已核放的清单数据汇总形成出口报关单,电商企业或平台凭此办理结汇、退税手续。

3. 保税出口模式

监管方式代码为"1210",全称"保税跨境贸易电子商务",简称"保税电商",俗称"备货模式"。保税出口即商家将商品批量备货至海关监管下的保税仓库,消费者下单后,电商企业根据订单为每件商品办理海关通关手续,在保税仓库完成贴面单和打包,经海关查验放行后,由电商企业委托物流配送至消费者手中。

要求开展区域必须是跨境贸易电子商务进口试点城市的特殊监管区域,现在已经有上海、杭州、宁波、郑州、重庆、广州、深圳、福州、平潭、天津10个试点城市。

4. 保税电商 A 模式

监管方式代码为"1239",全称"保税跨境贸易电子商务 A",简称"保税电商 A"。

与"1210"监管方式相比,"1239"监管方式适用于境内电子商务企业通过海关特殊监管区域或保税物流中心(B 型)一线进境的跨境电子商务零售进口商品。同时,区别于"1210"监管方式的是,10 个试点城市暂不适用"1239"监管方式开展跨境电子商务零售进口业务。

(二十五)免税品经营单位经营出口退税国产商品,填报"其他"

十三、征免性质

根据实际情况按海关规定的《征免性质代码表》选择填报相应的征免性质简称及代码,持有海关核发的《征免税证明》的,按照《征免税证明》中批注的征免性质填报(见表6.5)。一份报关单只允许填报一种征免性质。

表6.5 征免性质代码表

代码	简　称	全　　称
101	一般征税	一般征税进出口货物
118	整车征税	构成整车特征的汽车零部件纳税
119	零部件征税	不构成整车特征的汽车零部件纳税

代码	简　称	全　称
201	无偿援助	无偿援助进出口物资
299	其他法定	其他法定减免税进出口货物
301	特定区域	特定区域进口自用物资及出口货物
307	保 税 区	保税区进口自用物资
399	其他地区	其他执行特殊政策地区出口货物
401	科教用品	大专院校及科研机构进口科教用品
402	示范平台用品	
403	技术改造	企业技术改造进口货物
405	科技开发用品	科学研究、技术开发机构进口科技开发用品
406	重大项目	国家重大项目进口货物
407	动漫用品	动漫开发生产用品
408	重大技术装备	生产重大技术装备进口关键零部件及原材料
409	科技重大专项	科技重大专项进口关键设备、零部件和原材料
412	基础设施	通信、港口、铁路、公路、机场建设进口设备
413	残 疾 人	残疾人组织和企业进出口货物
417	远洋渔业	远洋渔业自捕水产品
418	国 产 化	国家定点生产小轿车和摄录机企业进口散件
419	整车特征	构成整车特征的汽车零部件进口
420	远洋船舶	远洋船舶及设备部件
421	内销设备	内销远洋船用设备及关键部件
422	集成电路	集成电路生产企业进口货物
423	新型显示器件	新型显示器件生产企业进口货物
499	ITA 产品	非全税号信息技术产品
501	加工设备	加工贸易外商提供的不作价进口设备
502	来料加工	来料加工装配和补偿贸易进口料件及出口成品
503	进料加工	进料加工贸易进口料件及出口成品
506	边境小额	边境小额贸易进口货物
510	港澳 OPA	港澳在内地加工的纺织品获证出口
601	中外合资	中外合资经营企业自产出口货物
602	中外合作	中外合作经营企业自产出口货物

（续表）

代码	简　称	全　称
603	外资企业	外商独资企业自产出口货物
605	勘探开发煤层气	勘探开发煤层气
606	海洋石油	勘探、开发海洋石油进口货物
608	陆上石油	勘探、开发陆上石油进口货物
609	贷款项目	利用贷款进口货物
611	贷款中标	国际金融组织贷款、外国政府贷款中标机电设备零部件
698	公益收藏	国有公益性收藏单位进口藏品
704	花卉种子	花卉种子
705	科普影视	科普影视
707	博览会留购展品	博览会留购展品
710	民用卫星	民用卫星
711	救助船舶设备	救助船舶设备
789	鼓励项目	国家鼓励发展的内外资项目进口设备
799	自有资金	外商投资额度外利用自有资金进口设备、备件、配件
801	救灾捐赠	救灾捐赠进口物资
802	扶贫慈善	境外向我境内无偿捐赠用于扶贫慈善的免税进口物资
803	抗艾滋病药物	进口抗艾滋病病毒药物
811	种子种源	进口种子(苗)、种畜(禽)、鱼种(苗)和种用野生动植物种源
818	中央储备粮油	中央储备粮油免征进口环节增值税政策
819	科教图书	进口科研教学用图书资料
888	航材减免	经核准的航空公司进口维修用航空器材
898	国批减免	国务院特准减免税的进出口货物
899	选择征税	选择征税
901	科研院所	科研院所进口科学研究、科技开发和教学用品
902	高等院校	高等院校进口科学研究、科技开发和教学用品
903	工程研究中心	国家工程研究中心进口科学研究、科技开发和教学用品
904	国家企业技术中心	国家企业技术中心进口科学研究、科技开发和教学用品
905	转制科研机构	转制科研机构进口科学研究、科技开发和教学用品
906	重点实验室	国家重点实验室及国家重点实验室进口科学研究、科技开发和教学用品
907	国家工程技术研究中心	国家工程技术研究中心进口科学研究、科技开发和教学用品

(续表)

代码	简　称	全　称
908	科技民非单位	科技民非企业单位进口科学研究、科技开发和教学用品
909	示范平台	国家中小企业公共服务示范平台(技术类)进口科学研究、科技开发和教学用品
910	外资研发中心	外资研发中心进口科学研究、科技开发和教学用品
911	科教图书	出版物进口单位进口用于科研、教学的图书、文献、报刊及其他资料
921	大型客机研制物资	大型客机、大型客机发动机研制进口物资
922	进博会留购展品	进博会留购展品
997	自贸协定	
998	内部暂定	享受内部暂定税率的进出口货物
999	例外减免	例外减免税进出口货物

(一) 常见征免性质及其适用范围

(1)一般征税(101),适用于依照《海关法》《关税条例》《进出口税则》及其他法律、行政法规和规章所规定的税率征收进出口关税、进口环节增值税和其他税费的进出口货物,包括除其他征免性质另有规定者外的一般照章(包括按照公开暂定税率、关税配额、反倾销、反补贴、保障措施等)征税或补税的进出口货物。

(2)其他法定(299),适用于依照《海关法》《关税条例》,对除无偿援助进出口物资外的其他实行法定减免税的进出口货物,以及根据有关规定非按全额货值征税的部分进出口货物。具体适用范围如下:

A. 无代价抵偿进出口货物(照章征税的除外);

B. 无商业价值的广告品和货样;

C. 进出境运输工具装载的途中必需的燃料、物料和饮食用品;

D. 因故退还的境外进口货物;

E. 因故退还的我国出口货物;

F. 在境外运输途中或者在起卸时遭受损坏或损失的货物;

G. 起卸后海关放行前,因不可抗力遭受损坏或者损失的货物;

H. 因不可抗力因素造成的受灾保税货物;

I. 海关查验时已经破漏、损坏或者腐烂,经证明不是保管不慎造成的货物;

J. 我国缔结或者参加的国际条约规定减征、免征关税的货物和物品;

K. 暂准进出境货物；

L. 展览会货物；

M. 出料加工项下的出口料件及复进口的成品；

N. 进出境的修理物品；

O. 租赁期不满1年的进出口货物；

P. 边民互市进出境货物；

Q. 非按全额货值征税的进出口货物（如按租金、修理费征税的进口货物）；

R. 其他不按"进出口货物征免税证明"管理的减免税货物。

(3)保税区(307)，适用于对保税区单独实施征减免税政策的进口自用物资，包括保税区用于基础设施建设的物资，以及保税区内企业(外商投资企业除外)进口的生产设备、其他自用物资和出口货物、保税区行政管理机构自用合理数量的管理设备和办公用品等。

(4)科教用品(401)，适用于为促进科学研究和教育事业的发展，科学研究机构和学校以科学研究、教学为目的按照有关征减免税政策，在合理数量范围以内，进口国内不能生产的或性能不能满足需要的、直接用于科研或教学的货物。

(5)科技开发用品(405)，指为鼓励科学研究和技术开发，促进科技进步，科学研究、技术开发机构在规定的时间内，在合理数量范围内进口国内不能生产或者性能不能满足需要的科技开发用品。

(6)加工设备(501)，适用于加工贸易经营单位按照有关征减免税政策进口的外商免费(即不需经营单位付汇，也不需用加工费或差价偿还)提供的加工生产所需设备。

(7)来料加工(502)，适用于来料加工装配项下进口所需的料件等，以及经加工后出口的成品、半成品。

(8)进料加工(503)，适用于为生产外销产品用外汇购买进口的料件，以及加工后返销出口的成品、半成品。

(9)中外合资(601)，目前一般适用于中外合资企业自产的出口产品。

(10)中外合作(602)，目前一般适用于中外合作企业自产的出口产品。

(11)外资企业(603)，目前一般适用于外商独资企业自产的出口产品。

(12)鼓励项目(789)，适用于1998年1月1日后经主管部门审批并确认的国家鼓励发展的国内投资项目、外商投资项目、利用外国政府贷款和国际金融组织贷款项目，以及从1999年9月1日起，按国家规定程序审批的外商投资研究开发中心及中西部省、自治区、直辖市利用外资优势产业和优势项目目录的项目，在投资总额内进口的自用设备，以及按合同随设备进口的技术及数量合理的配套件、备件。

(13)自有资金(799)，适用于已设立的鼓励类外商投资企业(外国投资者的投资比例不低于 25%），以及符合中西部利用外资优势产业和优势项目目录的项目，在投资总额以外利用自有资金（包括企业储备基金、发展基金、折旧和税后利润），在原批准的生产经营范围内进口国内不能生产或性能不能满足需要的（即不属于《国内投资项目不予免税的进口商品目录》）自用设备及其配套的技术、配件、备件，用于本企业原有设备更新（不包括成套设备和生产线）或维修。

"鼓励项目"和"自有资金"的使用，须依程序取得海关核发的《征免税证明》并与之"征免性质"栏批注内容相符。

（二）填报要求

（1）报关单"征免性质"栏应按照海关核发的进出口货物《征免税证明》中批注的征免性质填报，或根据实际情况按"征免性质代码表"选择填报相应的征免性质简称或代码。

（2）一份报关单只允许填报一种征免性质，涉及多个征免性质的，应分单填报。

（3）加工贸易货物报关单按照海关核发的《加工贸易手册》中批注的征免性质简称及代码填报。

特殊情况填报要求如下：

（1）加工贸易转内销货物，按实际情况填报（如一般征税、科教用品、其他法定等）。

（2）料件退运出口、成品退运进口货物填报"其他法定"。

（3）加工贸易结转货物，免予填报。

（4）免税品经营单位经营出口退税国产商品的，填报"其他法定"。

十四、许可证号

许可证号是指商务部配额许可证事务局、驻各地特派员办事处以及各省、自治区、直辖市、计划单列市及商务部授权的其他省会城市商务厅（局）、外经贸委（厅、局）签发的进出口许可证编号。

进（出）口下表所列许可证管理商品（见表 6.6），申报时应将相关证件编号（不包括证件代码）填报在报关单本栏目。非许可证管理商品本栏目为空。

一份报关单只允许填报一个许可证号。

表 6.6 监管证件名称代码

代码	监管证件名称
1	进口许可证
2	两用物项和技术进口许可证
3	两用物项和技术出口许可证

代码	监管证件名称
4	出口许可证
G	两用物项和技术出口许可证（定向）
x	出口许可证（加工贸易）
y	出口许可证（边境小额贸易）

十五、启运港

填报进口货物在运抵我国关境前的第一个境外装运港。

根据实际情况，按海关规定的《港口代码表》填报相应的港口名称及代码，由3位英文和3位数字组成。例如：缅甸仰光的港口代码为"MMR018"。

（1）未在《港口代码表》列明的，填报相应的国家名称及代码。

（2）货物从海关特殊监管区域或保税监管场所运至境内区外的，填报《港口代码表》中相应海关特殊监管区域或保税监管场所的名称及代码，未在《港口代码表》中列明的，填报"未列出的特殊监管区"及代码。

（3）其他无实际进境的货物，填报"中国境内"及代码。

十六、合同协议号

合同（协议）号是指在进出口贸易中，买卖双方或数方当事人根据国际贸易惯例或国家有关法律、法规，自愿按照一定条件买卖某种商品签订的合同（包括协议或订单）的编号。

本栏目填报进（出）口货物合同（包括协议或订单）的全部字头和号码。在原始单据上合同号一般表示为"Contract No.：××××××"，此处的"××××××"即为"合同协议号"所应填报内容。

进出口报关单所申报货物必须是在合同中明确包含的货物。未发生商业性交易的免予填报。免税品经营单位经营出口退税国产商品的，免予填报。

十七、贸易国（地区）

贸易国（地区）是指对外贸易中与境内企业签订贸易合同的外方所属的国家（地区）。发生商业性交易的进口填报购自国（地区），出口填报售予国（地区）。

未发生商业性交易的填报货物所有权拥有者所属的国家（地区）。

本栏目应按海关规定的"国别（地区）代码表"选择填报相应的贸易国（地区）或贸易国

（地区）中文名称及代码（见表 6.7）。

无实际进出境的，填报"中国"（代码 142）。

表 6.7　主要贸易国（地区）代码表

代码	中文名称	代码	中文名称
110	中国香港	307	意大利
116	日本	331	瑞士
121	中国澳门	344	俄罗斯联邦
132	新加坡	501	加拿大
133	韩国	502	美国
142	中国	601	澳大利亚
143	台澎金马关税区	609	新西兰
303	英国	701	国（地）别不详的
304	德国	702	联合国及其机构和国际组织
305	法国		

十八、启运国（地区）/运抵国（地区）

启运国（地区）是指进口货物起始发出直接运抵我国的国家或地区，或者在运输中转国（地区）未发生任何商业性交易的情况下运抵我国的国家或地区。

运抵国（地区）是指出口货物离开我国关境直接运抵的国家或地区，或者在运输中转国（地区）未发生任何商业性交易的情况下最后运抵的国家或地区。

进口货物报关单的"启运国（地区）"栏和出口货物报关单的"运抵国（地区）"栏，应按海关规定的"国别（地区）代码表"选择填报相应国别（地区）的中文名称或代码。

（一）直接运抵货物

不经过第三国（地区）转运的直接运输进出口货物，以进口货物的装货港所在国（地区）为启运国（地区），以出口货物的指运港所在国（地区）为运抵国（地区）。

（二）在第三国（地区）中转（转运）货物

所谓中转（转运）货物，指船舶、飞机等运输工具从装运港将货物装运后，不直接驶往目的港，而在中途的港口卸下后，再换装另外的船舶、飞机等运输工具转运往目的港。货物中转的原因很多，如至目的港无直达船舶（飞机），或目的港虽有直达船舶（飞机）而时间不定或航次间隔时间太长，或目的港不在装载货物的运输工具的航线上，或货物属于多式联运等。

货物是否中转，可根据随附单据中的有关信息来判断。例如"FROM LONDON TO PARIS VIA DOVER"意为"从伦敦出发经多佛中转运至巴黎"；又如"HAMBURG IN

TRANSIT TO ZURICH SWITZERLAND"意为"经汉堡中转运至瑞士苏黎世"。

对于中转货物,启运国(地区)或运抵国(地区)分两种不同情况填报:

(1)发生运输中转而未发生任何买卖关系的货物,其启运国(地区)或运抵国(地区)不变,仍以进口货物的始发国(地区)为启运国(地区)填报,以出口货物的最终目的国(地区)为运抵国(地区)填报。

例1 上海某进出口公司与日本某公司签约,进口100台日本产丰田面包车从日本某港口起运,经香港中转运抵中国境内。

进口报关单"启运国(地区)""原产国(地区)"均应为日本。

例2 深圳某公司与日本某公司签约,出口1万台自产DVD机,经香港中转运至日本名古屋。

出口报关单"运抵国(地区)""最终目的国(地区)"均应为日本。

(2)发生运输中转并发生了商业性交易(买卖关系)的货物,其中转地为启运国(地区)或运抵国(地区)。可通过发票等商业单证来判断货物中转时是否发生了买卖关系。

例1 上海某进出口公司与香港某公司签约,进口100台日本产丰田面包车从日本某港口起运,经香港中转运抵中国境内。

进口报关单"原产国(地区)"应为日本,"启运国(地区)"应为中国香港,因为境外签约人香港某公司所在地是中转地香港。

例2 深圳某公司与香港某公司签约,出口1万台自产DVD机,经香港中转运至日本名古屋。

出口报关单"最终目的国(地区)"应为日本,"运抵国(地区)"应为中国香港,因为境外签约人香港某公司所在地是中转地香港。

(三)非实际进出境货物

运输方式代码为"0""1""7""8""W""X""Y""Z""H"的,以及贸易方式后两位为42—46、54—58的货物,启运国(地区)和运抵国(地区)均为"中国"(142)。

十九、经停港/指运港

经停港填报进口货物在运抵我国关境前的最后一个境外装运港。

指运港填报出口货物运往境外的最终目的港;最终目的港不可预知的,按尽可能预知的目的港填报。

根据实际情况,按海关规定的《港口代码表》选择填报相应的港口名称及代码。经停港/指运港在《港口代码表》中无港口名称及代码的,可选择填报相应的国家名称及代码。

无实际进出境的货物,填报"中国境内"及代码。

二十、入境口岸/离境口岸

入境口岸填报进境货物从跨境运输工具卸离的第一个境内口岸的中文名称及代码,采取多式联运跨境运输的,填报多式联运货物最终卸离的境内口岸中文名称及代码;过境货物填报货物进入境内的第一个口岸的中文名称及代码,从海关特殊监管区域或保税监管场所进境的,填报海关特殊监管区域或保税监管场所的中文名称及代码。其他无实际进境的货物,填报货物所在地的城市名称及代码。

离境口岸填报装运出境货物的跨境运输工具离境的第一个境内口岸的中文名称及代码,采取多式联运跨境运输的,填报多式联运货物最初离境的境内口岸中文名称及代码;过境货物填报货物离境的第一个境内口岸的中文名称及代码,从海关特殊监管区域或保税监管场所离境的,填报海关特殊监管区域或保税监管场所的中文名称及代码。其他无实际出境的货物,填报货物所在地的城市名称及代码。

入境口岸/离境口岸类型包括港口、码头、机场、机场货运通道、边境口岸、火车站、车辆装卸点、车检场、陆路港、坐落在口岸的海关特殊监管区域等。按海关规定的《国内口岸编码表》选择填报相应的境内口岸名称及代码。

二十一、包装种类

填报进出口货物的所有包装材料,包括运输包装和其他包装,按海关规定的《包装种类代码表》选择填报相应的包装种类名称及代码。

运输包装指提运单所列货物件数单位对应的包装。例如,使用再生木托作为运输包装的,在本栏填报中文"再生木托"及代码"92"。

其他包装包括货物的各类包装,以及植物性铺垫材料等。例如,其他包装中含有纸制或纤维板制盒(箱)包装的,在本栏填报中文"纸制或纤维板制盒(箱)"及代码"22"。

二十二、件数

件数是指有外包装的单件进出口货物的实际件数。货物可以单独计数的一个包装称为一件。

报关单件数栏目不得为空,件数应大于或等于1,不得填报"0"。

舱单件数为集装箱的,填报集装箱个数;舱单件数为托盘的,填报托盘数。

散装、裸装货物填报"1"。

二十三、毛重

毛重是指商品重量加上商品的外包装物料的重量。

"毛重"栏填报进出口货物及其包装材料的重量之和,不得为空。

毛重的计量单位为千克,毛重应大于或等于1,不足1千克的填报为"1"。

应以合同、发票、提运单、装箱单等有关单证中"GROSS WEIGHT(缩写 G.W.)"栏所显示的重量确定进出口货物的毛重。

二十四、净重

净重是指货物的毛重扣除外包装材料后的重量,即商品本身的实际重量。部分商品的净重还包括直接接触商品的销售包装物料的重量(如罐头装食品等)。

"净重"栏填报进出口货物实际净重,不得为空。

净重的计量单位为千克,净重应大于或等于1,不足1千克的填报为"1"。

商品的净重一般都在合同、发票、装箱单或提运单据的"Net Weight(缩写 N.W.)"栏体现。合同、发票等有关单证不能确定净重的货物,可以估重填报。

以毛重作为净重计价的,可填毛重。按照国际惯例以公量重计价的货物,如未脱脂羊毛、羊毛条等,填报公量重。

二十五、成交方式

在进出口贸易中,进出口商品的价格构成和买卖双方各自应承担的责任、费用和风险,以及货物所有权转移的界限,以贸易术语(价格术语)进行约定。

在填制进出口货物报关单时,应依据发票中的实际成交价格条款,按照海关"成交方式代码表"选择填报相应的成交方式代码(见表6.8)。

表6.8 成交方式代码表

成交方式代码	成交方式名称	成交方式代码	成交方式名称
1	CIF	4	C&I
2	CFR(C&F/CNF)	5	市场价
3	FOB	6	垫仓

应注意的是,海关规定的"成交方式"与国际贸易术语解释通则中的贸易术语内涵并非完全一致。"CIF""CFR""FOB"等常见的成交方式,并不仅限于水路,而适用于任何国际货物运输方式,主要体现成本、运费、保险费等成交价格构成因素,具体见表6.9与表6.10。

表 6.9 《2000 通则》13 种贸易术语与报关单"成交方式"栏一般对应关系

组别	E 组	F 组			C 组				D 组				
术语	EXW	FCA	FAS	FOB	CFR	CPT	CIF	CIP	DAF	DES	DEQ	DDU	DDP
成交方式	FOB				CFR			CIF					

表 6.10 《2010 通则》11 种贸易术语与报关单"成交方式"栏一般对应关系

组别	E 组	F 组			C 组				D 组		
术语	EXW	FCA	FAS	FOB	CFR	CPT	CIF	CIP	DAT	DAP	DDP
成交方式	FOB				CFR			CIF			

无实际进出境的货物,进口成交方式为 CIF 或其代码,出口成交方式为 FOB 或其代码。

采用集中申报的归并后的报关单,进口的成交方式必须为 CIF 或其代码,出口的成交方式必须为 FOB 或其代码。

二十六、运费

进出口报关单所列的运费是指除货价以外,进口货物运抵我国境内输入地点起卸前的运输费用或出口货物运至我国境内输出地点装载后的运输费用。

进口货物成交价格不包含前述运输费用或者出口货物成交价格含有前述运输费用,即进口成交方式为 FOB、C&I 或出口成交方式为 CIF、CFR 的,应在本栏填报运费。进口货物成交价格包含前述运输费用或者出口货物成交价格不包含前述运输费用的,本栏目免予填报。

本栏应根据具体情况选择运费单价、运费总价或运费率三种方式之一填报,同时注明运费标记,并按海关规定的"货币代码表"选择填报相应的币种代码。运费标记"1"表示运费率,"2"表示货物的运费单价,"3"表示运费总价。

运保费合并计算的,运保费填报在本栏目。

免税品经营单位经营出口退税国产商品的,免予填报。

二十七、保费

进出口报关单所列的保费是指进出口货物在国际运输过程中,由被保险人付给保险人的保险费用。其中,进口货物保费是指货物运抵我国境内输入地点起卸前的保险费用,出口货物保费是指货物运至我国境内输出地点装载后的保险费用。

进口货物成交价格包含前述保险费用或者出口货物成交价格不包含前述保险费用的,本栏目免予填报。进口货物成交价格不包含保险费的或出口货物成交价格含有保险费的,即进口成交方式为 FOB、CFR 或出口成交方式为 CIF、C&I 的,应在本栏填报保费。

陆运、空运和海运进口货物的保险费,按照实际支付的费用计算。进口货物保险费无法确定或者未实际发生的,按货价加运费的 3‰ 计算保险费,计算公式:

$$保险费＝(货价＋运费)×3‰$$

本栏应根据具体情况选择保险费总价或保险费率两种方式之一填报,同时注明保险费标记,并按海关规定的"货币代码表"选择填报相应的币种代码。保险费标记"1"表示保险费率,"3"表示保险费总价。

运保费合并计算的,运保费填报在"运费"栏中,本栏目免予填报。

免税品经营单位经营出口退税国产商品的,免予填报。

二十八、杂费

杂费是指成交价格以外的、按照《关税条例》等相关规定应计入完税价格或应从完税价格中扣除的费用,如手续费、佣金、折扣等费用。

本栏目应根据具体情况选择杂费总价或杂费率两种方式之一填报,同时注明杂费标记,并按海关规定的"货币代码表"选择填报相应的币种代码。杂费标记"1"表示杂费率,"3"表示杂费总价。

应计入完税价格的杂费填报为正值或正率,应从完税价格中扣除的杂费填报为负值或负率。无杂费时,本栏免填。

二十九、随附单证

随附单证是指随进出口货物报关单一并向海关递交的,除商业、货运单证及"许可证号"栏填报的进出口许可证以外的监管证件。

本栏目分为随附单证代码和随附单证编号两栏,其中代码栏应按海关规定的《监管证件代码表》选择填报相应证件代码;编号栏应填报证件编号。纸质报关单在本栏目打印所有随附单证代码。

报关单随附单证栏所填写的字符,必须使用非中文状态下的半角字符。

（一）随附单证代码表

在海关监管和报关实务中,为满足计算机管理和便捷通关的需要,海关依据我国对外贸易法律法规和规章,对于每一商品编码项下的商品,在通关系统中均对应设置一定的监管条件,用以表示该商品是否可以进出口,或者进出口时是否需要提交监管证件,以及提交何种监管证件。监管条件以监管证件代码(见表6.11)来表示;如监管条件为空,则表示该商品可以进出口且无须提交任何监管证件。

表 6.11　监管证件代码表

代码	监管证件名称	代码	监管证件名称
1	进口许可证	2	两用物项和技术进口许可证
3	两用物项和技术出口许可证	4	出口许可证
6	旧机电产品禁止进口	7	自动进口许可证
8	禁止出口商品	9	禁止进口商品
E	濒危物种允许出口证明书	F	濒危物种允许进口证明书
G	两用物项和技术出口许可证(定向)	H	港澳 OPA 纺织品证明
I	精神药物进(出)口准许证	J	黄金及其制品进出口准许证或批件
L	药品进出口准许证	M	密码产品和设备进口许可证
O	自动进口许可证(新旧机电产品)	P	固体废物进口许可证
Q	进口药品通关单	R	进口兽药通关单
S	农药进出口登记管理放行通知单	T	银行调运现钞进出境许可证
U	合法捕捞产品通关证明	W	麻醉药品进出口准许证
X	有毒化学品环境管理放行通知单	Y	原产地证明
Z	音像制品进口批准单或节目提取单	e	关税配额外优惠税率进口棉花配额证
q	国别关税配额证明	s	适用 ITA 税率的商品用途认定证明
t	关税配额证明	v	自动进口许可证(加工贸易)
x	出口许可证(加工贸易)	y	出口许可证(边境小额贸易)

除上表所示监管条件及主管部门签发的许可证件外,海关通关系统中亦包含部分由海关设置的监管证件,如"内销征税联系单"(c)、"预归类标志"(r)、"深加工结转申请表"(K)等。

(二) 随附单证编号

(1)加工贸易内销征税报关单(使用金关二期加贸管理系统的除外),随附单证代码栏填报"c",随附单证编号栏填报海关审核通过的内销征税联系单号。

(2)一般贸易进出口货物,只能使用原产地证书申请享受协定税率或者特惠税率(以下统称"优惠税率")的(无原产地声明模式),"随附单证代码"栏填报原产地证书代码"Y",在

"随附单证编号"栏填报"〈优惠贸易协定代码〉"和"原产地证书编号"。

例1〉 凭编号为 EB14CA12345 的原产地证书进出口 ECFA 项下货物,应在报关单随附单证栏的随附单证代码栏填写"Y",随附单证编号栏填写"＜14＞EB14CA12345"。

可以使用原产地证书或者原产地声明申请享受优惠税率的(有原产地声明模式),"随附单证代码"栏填写"Y","随附单证编号"栏填报"〈优惠贸易协定代码〉""C"(凭原产地证书申报)或"D"(凭原产地声明申报)以及"原产地证书编号(或者原产地声明序列号)"。

例2〉 凭编号为 12345678 的原产地证书进出口中国—瑞士自贸协定项下货物,应在报关单随附单证栏的随附单证代码栏填写"Y",随附单证编号栏填写"＜17＞C12345678"。

例3〉 凭序列号为 00345201501010000000Abc 的原产地声明进出口中国—瑞士自贸协定项下货物,应在报关单随附单证栏的随附单证代码栏填写"Y",随附单证编号栏填写"＜17＞D00345201501010000000Abc"。

一份报关单对应一份原产地证书或原产地声明。优惠贸易协定代码对应表和相关情况如表 6.12 和表 6.13 所示:

表 6.12　优惠贸易协定代码表

代码	优惠贸易协定
01	亚太贸易协定
02	中国—东盟自贸区
03	香港 CEPA
04	澳门 CEPA
05	对非洲特别优惠关税待遇
06	台湾农产品零关税措施
07	中国—巴基斯坦自贸协定
08	中国—智利自贸协定
09	对也门等国特别优惠关税待遇
10	中国—新西兰自贸协定
11	中国—新加坡自贸协定
12	中国—秘鲁自贸协定
13	对最不发达国家的特别优惠关税待遇
14	海峡两岸经济合作框架协议(ECFA)

（续表）

代码	优惠贸易协定
15	中国—哥斯达黎加自贸协定
16	中国—冰岛自贸协定
17	中国—瑞士自贸协定
18	中国—澳大利亚自贸协定
19	中国—韩国自贸协定
20	中国—格鲁吉亚自贸协定

表 6.13　优惠贸易协定相关情况对照表

优惠贸易协定名称	优惠贸易协定代码	原产地声明模式	是否实现传输原产地证据文件电子数据
亚太贸易协定	01	无	否（部分）
中国—东盟自贸协定	02	无	否
香港 CEPA	03	无	是
澳门 CEPA	04	无	是
台湾农产品零关税措施	06	无	否
中国—巴基斯坦自贸协定	07	无	是
中国—智利自贸协定	08	无	否
中国—新西兰自贸协定	10	有	是
中国—新加坡自贸协定	11	无	否
中国—秘鲁自贸协定	12	无	否
最不发达国家特别优惠关税待遇	13	有	否（部分）
海峡两岸经济合作框架协议（ECFA）	14	无	是
中国—哥斯达黎加自贸协定	15	无	否
中国—冰岛自贸协定	16	有	否
中国—瑞士自贸协定	17	有	否
中国—澳大利亚自贸协定	18	有	否
中国—韩国自贸协定	19	无	是
中国—格鲁吉亚自贸协定	20	无	否

　　海关特殊监管区域和保税监管场所内销货物申请适用优惠税率的，有关货物进出海关

特殊监管区域和保税监管场所以及内销时,已通过原产地电子信息交换系统实现电子联网的优惠贸易协定项下货物报关单,按照上述一般贸易要求填报;未实现电子联网的优惠贸易协定项下货物报关单,"随附单证代码"栏填报"Y","随附单证编号"栏填报"〈优惠贸易协定代码〉"和"原产地证据文件备案号"。"原产地证据文件备案号"为进出口货物的收发货物人或者其代理人录入原产地证据文件电子信息后,系统自动生成的号码。

例1 凭编号为 AB001234 的原产地证书进口中国—哥斯达黎加自贸协定项下货物,企业录入原产证书电子信息后,系统自动生成的"原产地证据文件备案号"为 T15415201500000040,应当在报关单随附单证栏的随附单证代码栏填写"Y",随附单证编号栏填写"〈15〉T15415201500000040"。

向香港或者澳门特别行政区出口用于生产香港 CEPA 或者澳门 CEPA 项下货物的原材料时,按照上述一般贸易填报要求填制报关单,香港或澳门生产厂商在香港工贸署或者澳门经济局登记备案的有关备案号填报在"关联备案"栏。

"单证对应关系表"中填报报关单上的申报商品项与原产地证书(原产地声明)上的商品项之间的对应关系。报关单上的商品序号与原产地证书(原产地声明)上的项目编号应一一对应,不要求顺序对应。同一批次进口货物可以在同一报关单中申报,不享受优惠税率的货物序号不填报在"单证对应关系表"中。

例2 报关单第1、3、4、5、8、9、10 项为享受某优惠贸易协定项下优惠税率的商品,且其分别对应原产地证书(或者原产地声明)第3、1、4、5、6、7、8 项,则"单证对应关系表"应填写为:

报关单商品项号	对应原产地证书(或者原产地声明)项号
1	3
3	1
4	4
5	5
8	6
9	7
10	8

(3)各优惠贸易协定项下,免提交原产地证据文件的小金额进口货物"随附单证代码"栏填报"Y","随附单证编号"栏填报"〈优惠贸易协定代码〉XJE00000","单证对应关系表"享惠报关单项号按实际填报,对应单证项号与享惠报关单项号相同。

(4)根据海关总署 2018 号第 50 号公告,海关全面取消"入/出境货物通关单",涉及法定检验检疫要求的进口商品申报时,企业在报关单随附单证栏中不再填写原通关单代码和编号,可通过"单一窗口"报关报检合一界面向海关一次申报,如需使用"单一窗口"单独报关报检界面或者报关报检企业客户端申报的,企业应当在报关单随附单证栏中填写报检电子回执上的检验检疫编号,并填写代码"A";涉及法定检验检疫要求的出口商品申报时,企业不需在报关单随附单证栏中填写原通关单代码和编号,应当填写报检电子回执上的企业报检电子底账数据号,并填写代码"B"。

三十、标记唛码及备注

(一) 标记唛码

本栏用于填报标记唛码除图形以外的文字、数字,无标记唛码的填报 N/M。

(二) 备注

(1)受外商投资企业委托代理其进口投资设备、物品的进出口企业名称。

(2)与本报关单有关联关系的,同时在业务管理规范方面又要求填报的备案号,填报在电子数据报关单"关联备案"栏。

保税间流转货物、加工贸易结转货物及凭《征免税证明》转内销的货物,其对应的备案号填报在"关联备案"栏。

减免税货物结转进口(转入),"关联备案"栏填报本次减免税货物结转所申请的《中华人民共和国海关进口减免税货物结转联系函》的编号。

减免税货物结转出口(转出),"关联备案"栏填报与其相对应的进口(转入)报关单"备案号"栏中《征免税证明》的编号。

(3)与本报关单有关联关系的,同时在业务管理规范方面又要求填报的报关单号,填报在电子数据报关单中"关联报关单"栏。

保税间流转、加工贸易结转类的报关单,应先办理进口报关,并将进口报关单号填入出口报关单的"关联报关单"栏。

办理进口货物直接退运手续的,除另有规定外,应先填制出口报关单,再填制进口报关单,并将出口报关单号填报在进口报关单的"关联报关单"栏。

减免税货物结转出口(转出),应先办理进口报关,并将进口(转入)报关单号填入出口(转出)报关单的"关联报关单"栏。

(4)办理进口货物直接退运手续的,填报"<ZT"+"海关审核联系单号或者《海关责令进口货物直接退运通知书》编号"+">"。办理固体废物直接退运手续的,填报"固体废物,直接退运表××号/责令直接退运通知书××号"。

(5)保税监管场所进出货物,在"保税/监管场所"栏填报本保税监管场所编码[保税物流中心(B型)填报本中心的国内地区代码],其中涉及货物在保税监管场所间流转的,在本栏填报对方保税监管场所代码。

(6)涉及加工贸易货物销毁处置的,填报海关加工贸易货物销毁处置申报表编号。

(7)当监管方式为"暂时进出货物"(代码2600)和"展览品"(代码2700)时,填报要求如下:

①根据《中华人民共和国海关暂时进出境货物管理办法》(海关总署令第233号,简称《管理办法》)第三条第一款所列项目,填报暂时进出境货物类别,如:暂进六,暂出九;

②根据《管理办法》第10条规定,填报复运出境或者复运进境日期,期限应在货物进出境之日起6个月内,如:20180815前复运进境,20181020前复运出境;

③根据《管理办法》第7条,向海关申请对有关货物是否属于暂时进出境货物进行审核确认的,填报《中华人民共和国××海关暂时进出境货物审核确认书》编号,如:〈ZS海关审核确认书编号〉,其中英文为大写字母;无此项目的,无须填报。

上述内容依次填报,项目间用"/"分隔,前后均不加空格。

④收发货人或其代理人申报货物复运进境或者复运出境的:

货物办理过延期的,根据《管理办法》填报《货物暂时进/出境延期办理单》的海关回执编号,如:〈ZS海关回执编号〉,其中英文为大写字母;无此项目的,无须填报。

(8)跨境电子商务进出口货物,填报"跨境电子商务"。

(9)加工贸易副产品内销,填报"加工贸易副产品内销"。

(10)服务外包货物进口,填报"国际服务外包进口货物"。

(11)公式定价进口货物填报公式定价备案号,格式为:"公式定价"+备案编号+"@"。对于同一报关单下有多项商品的,如某项或某几项商品为公式定价备案的,则备注栏内填报:"公式定价"+备案编号+"♯"+商品序号+"@"。

(12)进出口与《预裁定决定书》列明情形相同的货物时,按照《预裁定决定书》填报,格式为:"预裁定+《预裁定决定书》编号"(例如:某份预裁定决定书编号为R-2-0100-2018-0001,则填报为"预裁定R-2-0100-2018-0001")。

(13)含归类行政裁定报关单,填报归类行政裁定编号,格式为:"c"+4位数字编号,例如c0001。

(14)已经在进入特殊监管区时完成检验的货物,在出区入境申报时,填报"预检验"字样,同时在"关联报检单"栏填报实施预检验的报关单号。

(15)进口直接退运的货物,填报"直接退运"字样。

(16)企业提供ATA单证册的货物,填报"ATA单证册"字样。

（17）不含动物源性低风险生物制品,填报"不含动物源性"字样。

（18）货物自境外进入境内特殊监管区或者保税仓库的,填报"保税入库"或者"境外入区"字样。

（19）海关特殊监管区域与境内区外之间采用分送集报方式进出的货物,填报"分送集报"字样。

（20）军事装备出入境的,填报"军品"或"军事装备"字样。

（21）申报 HS 为 3821000000、3002300000 的,属于下列情况的,填报要求为:属于培养基的,填报"培养基"字样;属于化学试剂的,填报"化学试剂"字样;不含动物源性成分的,填报"不含动物源性"字样。

（22）属于修理物品的,填报"修理物品"字样。

（23）属于下列情况的,填报"压力容器""成套设备""食品添加剂""成品退换""旧机电产品"等字样。

（24）申报 HS 为 2903890020（入境六溴环十二烷）,用途为"其他（99）"的,填报具体用途。

（25）集装箱体信息填报集装箱号（在集装箱箱体上标示的全球唯一编号）、集装箱规格、集装箱商品项号关系（单个集装箱对应的商品项号,半角逗号分隔）、集装箱货重（集装箱箱体自重＋装载货物重量,千克）。

（26）申报 HS 为 3006300000、3504009000、3507909010、3507909090、3822001000、3822009000,不属于"特殊物品"的,填报"非特殊物品"字样。"特殊物品"定义见《出入境特殊物品卫生检疫管理规定》（国家质量监督检验检疫总局令第 160 号公布,根据国家质量监督检验检疫总局令第 184 号、海关总署令第 238 号、第 240 号、第 243 号修改）。

（27）进出口列入目录的进出口商品及法律、行政法规规定须经出入境检验检疫机构检验的其他进出口商品实施检验的,填报"应检商品"字样。

（28）申报时其他必须说明的事项。

三十一、项号

项号是指所申报货物在报关单中的商品排列序号及该项商品在"加工贸易手册""征免税证明"等备案单证中的顺序编号。项号分两行填报,第 1 行填报报关单中的商品顺序编号;第 2 行填报备案序号,专用于加工贸易及保税、减免税等已备案、审批的货物,填报该项货物在《加工贸易手册》或《征免税证明》等备案、审批单证中的顺序编号。有关优惠贸易协定项下报关单填制要求按照海关总署相关规定执行。其中第 2 行特殊情况填报要求如下:

（1）深加工结转货物,分别按照《加工贸易手册》中的进口料件项号和出口成品项号填报。

(2)料件结转货物(包括料件、制成品和未完成品折料),出口报关单按照转出《加工贸易手册》中进口料件的项号填报;进口报关单按照转进《加工贸易手册》中进口料件的项号填报。

(3)料件复出货物(包括料件、边角料),出口报关单按照《加工贸易手册》中进口料件的项号填报;如边角料对应一个以上料件项号时,填报主要料件项号。料件退换货物(包括料件、不包括未完成品),进出口报关单按照《加工贸易手册》中进口料件的项号填报。

(4)成品退换货物,退运进境报关单和复运出境报关单按照《加工贸易手册》原出口成品的项号填报。

(5)加工贸易料件转内销货物(以及按料件办理进口手续的转内销制成品、残次品、未完成品)填制进口报关单,填报《加工贸易手册》进口料件的项号;加工贸易边角料、副产品内销,填报《加工贸易手册》中对应的进口料件项号。如边角料或副产品对应一个以上料件项号时,填报主要料件项号。

(6)加工贸易成品凭《征免税证明》转为减免税货物进口的,应先办理进口报关手续。进口报关单填报《征免税证明》中的项号,出口报关单填报《加工贸易手册》原出口成品项号,进、出口报关单货物数量应一致。

(7)加工贸易货物销毁,填报《加工贸易手册》中相应的进口料件项号。

(8)加工贸易副产品退运出口、结转出口,填报《加工贸易手册》中新增成品的出口项号。

(9)经海关批准实行加工贸易联网监管的企业,按海关联网监管要求,企业需申报报关清单的,应在向海关申报进出口(包括形式进出口)报关单前,向海关申报"清单"。一份报关清单对应一份报关单,报关单上的商品由报关清单归并而得。加工贸易电子账册报关单中项号、品名、规格等栏目的填制规范比照《加工贸易手册》。

三十二、商品编号

商品编号是指在《协调制度》的基础上,按商品归类规则确定的进出口货物的海关监管商品代码。商品编号由 10 位数字组成,前 8 位为《进出口税则》中的税则号列和《统计商品目录》确定的商品编号,后 2 位数为海关附加编号。进出口货物应填报 10 位海关商品编号。

填报要求如下:

(1)加工贸易货物,报关单商品编号应与加工贸易手册(账册)中备案的商品编号一致。

(2)减免税货物,报关单商品编号应与征免税证明备案数据一致。

(3)加工贸易保税货物跨关区深加工结转的,结转双方的商品编号的前 4 位必须一致。

三十三、商品名称、规格型号

商品名称是指国际贸易缔约双方同意买卖的商品名称。报关单中的商品名称是指进出口货物规范的中文名称。

规格型号是指反映商品性能、品质和规格的一系列指标，如品牌、等级、成分、含量、纯度、尺寸等。

填报要求如下：

(1)"商品名称及规格型号"栏分两行填报。

第1行填报进出口货物规范的中文名称。如果发票中的商品名称为非中文名称，则需要翻译成规范的中文名称填报，必要时加注原文。

第2行填报规格型号。如表6.14所示：

表 6.14　商品名称、规格型号填报示例

商品名称、规格型号
棕榈仁油
H2100G，氢化，碘值 0.21，游离脂肪酸 0.014%

(2)商品名称及规格型号应据实填报，并与合同、商业发票等相关单证相符。商品名称及规格型号通常体现在发票的"Description of Goods""Product and Description""Goods Description""Quantities and Description"栏目。

(3)商品名称应当规范，规格型号应当足够详细，以满足海关归类、审价及许可证件管理要求为准。为了规范进出口企业申报行为，提高申报数据质量，促进贸易便利化，海关制定了《规范申报目录》，进出口货物收发货人或其代理人在报关时应当严格按照《规范申报目录》中关于规范申报商品品名、规格的要求填制报关单并依法办理通关手续。如表6.15所示：

表 6.15　进出口商品申报要素示例

商品编码	商品名称	申报要素
02.03	鲜、冷、冻猪肉	1.品名；2.制作或保存方法(鲜、冷、冻)；3.加工方法(整头及半头、带骨或去骨等)；4.包装规格
1806.1000	加糖或其他甜物质的可可粉	1.品名；2.制作或保存方法(粉末状、加糖或其他甜物质)；3.容器包装或内包装每件净重；4.品牌

例〉ZIPPO 牌打火机用液体燃料，100%石脑油制，125 毫升/支。

商品编码 3606.1000 的申报要素为：

商品编码	商品名称	申报要素
3606.1000	直接灌注香烟打火机及类似打火器用的液体燃料或液化气体燃料，其包装容器的容积不超过 300 立方厘米	1. 品名；2. 用途；3. 包装容器的容积

"商品名称、规格型号"栏应填报为：

打火机液体燃料
ZIPPO 牌打火机用，125 毫升/支

商品规范申报标准：

(1)已备案的加工贸易及保税货物，填报的内容必须与备案登记中同项号下货物的商品名称一致。

(2)对需要海关签发《货物进口证明书》的车辆，商品名称栏填报"车辆品牌＋排气量(注明 cc)＋车型(如越野车、小轿车等)"。进口汽车底盘不填报排气量。车辆品牌按照《进口机动车辆制造厂名称和车辆品牌中英文对照表》中"签注名称"一栏的要求填报。规格型号栏可填报"汽油型"等。

(3)由同一运输工具同时运抵同一口岸并且属于同一收货人、使用同一提单的多种进口货物，按照商品归类规则应当归入同一商品编号的，应当将有关商品一并归入该商品编号。商品名称填报一并归类后的商品名称；规格型号填报一并归类后的商品规格型号。

(4)加工贸易边角料和副产品内销，边角料复出口，填报其报验状态的名称和规格型号。

(5)进口货物收货人以一般贸易方式申报进口属于《需要详细列名申报的汽车零部件清单》(海关总署 2006 年第 64 号公告)范围内的汽车生产件的，按以下要求填报：

商品名称填报进口汽车零部件的详细中文商品名称和品牌，中文商品名称与品牌之间用"/"相隔，必要时加注英文商业名称；进口的成套散件或者毛坯件应在品牌后加注"成套散件""毛坯"等字样，并与品牌之间用"/"相隔。

规格型号填报汽车零部件的完整编号。在零部件编号前应当加注"S"字样，并与零部件编号之间用"/"相隔，零部件编号之后应当依次加注该零部件适用的汽车品牌和车型。汽车零部件属于可以适用于多种汽车车型的通用零部件的，零部件编号后应当加注"TY"字样，并用"/"与零部件编号相隔。与进口汽车零部件规格型号相关的其他需要申报的要素，或者海关规定的其他需要申报的要素，如"功率""排气量"等，应当在车型或"TY"之后填报，并用"/"与之相隔。汽车零部件报验状态是成套散件的，应当在"标记唛码及备注"栏内填报该成

套散件装配后的最终完整品的零部件编号。

(6)进口货物收货人以一般贸易方式申报进口属于《需要详细列名申报的汽车零部件清单》(海关总署 2006 年第 64 号公告)范围内的汽车维修件的,填报规格型号时,应当在零部件编号前加注"W",并与零部件编号之间用"/"相隔;进口维修件的品牌与该零部件适用的整车厂牌不一致的,应当在零部件编号前加注"WF",并与零部件编号之间用"/"相隔。其余申报要求同上条执行。

三十四、数量及单位

报关单上的"数量及单位"栏指进出口商品的成交数量及计量单位,以及海关法定计量单位和按照海关法定计量单位计算的数量。

海关法定计量单位又分为海关法定第一计量单位和海关法定第二计量单位。海关法定计量单位以《统计商品目录》中规定的计量单位为准。例如:天然水为"千升/吨",卷烟为"千支/千克",牛皮为"千克/张",毛皮衣服为"千克/件"。

(一) 填报格式

本栏目分三行填报:

(1)《统计商品目录》列明的法定第一计量单位及数量填报在第 1 行;

(2)《统计商品目录》列明的法定第二计量单位及数量填报在第 2 行,无法定第二计量单位的,第 2 行为空;

(3)买卖双方在交易过程中所确定的成交计量单位及数量填报在第 3 行。

(二) 填报要求

(1)法定计量单位为"千克"的数量填报要求:

①装入可重复使用的包装容器的货物,按货物扣除包装容器后的重量填报,如罐装同位素、罐装氧气及类似品等。

②使用不可分割包装材料和包装容器的货物,按货物的净重填报(即包括内层直接包装的净重重量),如采用供零售包装的罐头、药品及类似品等。

③按照商业惯例以公量重计价的商品,按公量重填报,如未脱脂羊毛、羊毛条等。

④采用以毛重作为净重计价的货物,可按毛重填报,如粮食、饲料等大宗散装货物。

⑤采用零售包装的酒类、饮料、化妆品,按照液体/乳状/膏状/粉状部分的重量填报。

(2)成套设备、减免税货物如需分批进口,货物实际进口时按照实际报验状态确定数量。

(3)具有完整品或制成品基本特征的不完整品、未制成品,根据《商品名称及编码协调制度》归类规则按完整品归类的,按照构成完整品的实际数量填报。

（4）已备案的加工贸易及保税货物，成交计量单位必须与《加工贸易手册》中同项号下货物的计量单位一致，加工贸易边角料和副产品内销、边角料复出口，填报其报验状态的计量单位。

（5）优惠贸易协定项下进出口商品的成交计量单位必须与原产地证书上对应商品的计量单位一致。

（6）法定计量单位为立方米的气体货物，折算成标准状况（即摄氏零度及1个标准大气压）下的体积进行填报。

三十五、单价、总价、币制

单价是指进出口货物实际成交的商品单位价格的金额部分。

总价是指进出口货物实际成交的商品总价的金额部分。

币制是指进出口货物实际成交价格的计价货币的名称。

填报要求：

第一，"单价"栏填报同一项号下进出口货物实际成交的商品单位价格的数字部分。无实际成交价格的，填报单位货值。

第二，"总价"栏填报同一项号下进出口货物实际成交的商品总价的数字部分。无实际成交价格的，填报货值。

第三，"币制"栏根据实际成交情况按海关规定的"货币代码表"选择填报相应的货币名称或代码。常用货币代码可参见表6.16。如"货币代码表"中无实际成交币种，须将实际成交币种按照申报日外汇折算率折算成"货币代码表"列明的货币填报。

表6.16 常用货币代码表

货币代码	货币符号	货币名称	货币代码	货币符号	货币名称	货币代码	货币符号	货币名称
110	HKD	港币	116	JPY	日本元	132	SGD	新加坡元
142	CNY	人民币	133	KRW	韩国元	300	EUR	欧元
302	DKK	丹麦克朗	303	GBP	英镑	330	SEK	瑞典克朗
331	CHF	瑞士法郎	344	RUB	俄罗斯卢布	501	CAD	加拿大元
502	USD	美元	601	AUD	澳大利亚元	609	NZD	新西兰元

三十六、原产国（地区）/最终目的国（地区）

原产国（地区）是指进口货物的生产、开采或加工制造的国家或地区。

最终目的国(地区)是指已知的出口货物最后交付的国家或地区,也即最终实际消费、使用或做进一步加工制造的国家或地区。

进口报关单"原产国(地区)"栏目按"国别(地区)代码表"选择填报相应的国家(地区)名称或代码,出口报关单"最终目的国(地区)"栏目按"国别(地区)代码表"选择填报相应的国家(地区)名称或代码。

(一)"原产国(地区)"栏目的一般填报要求

(1)原产国(地区)应依据《原产地条例》《中华人民共和国海关关于执行〈非优惠原产地规则中实质性改变标准〉的规定》及海关总署关于各项优惠贸易协定原产地管理规章规定的原产地确定标准填报。

在原始单据(发票或原产地证明书)上原产国(地区)一般表示为"Made in..."(在……制造)或"Origin / Country of Origin:×××"(原产于:×××)。

(2)同一批货物的原产地不同的,应当分别申报原产国(地区)。

(3)进口货物原产国(地区)无法确定的,填报"国别(地区)不详"(701)。中性包装进口货物,原产国(地区)确实不详的,应填报"国别(地区)不详"(701)。

(二)"最终目的国(地区)"栏目的一般填报要求

(1)最终目的国(地区)填报已知的出口货物的最终实际消费、使用或进一步加工制造的国家(地区)。

(2)同一批出口货物的最终目的国(地区)不同的,应分别填报最终目的国(地区)。

(3)不经过第三国(地区)转运的直接运输货物,以运抵国(地区)为最终目的国(地区);经过第三国(地区)转运的货物,以最后运往国(地区)为最终目的国(地区)。

(4)出口货物不能确定最终目的国(地区)时,以尽可能预知的最后运往国(地区)为最终目的国(地区)。

(三)加工贸易报关单特殊情况填报要求

(1)料件结转货物,进口报关单原产国(地区)为原进口料件生产国(地区),出口报关单最终目的国(地区)填报"中国"(142)。

(2)深加工结转货物,进出口报关单原产国(地区)和最终目的国(地区)均为"中国"(142)。

(3)料件复运出境货物,填报实际最终目的国(地区);加工出口成品因故退运境内的,原产国(地区)填报"中国"(142),复运出境的货物填报实际最终目的国(地区)。

(4)加工贸易剩余料件内销,原产国(地区)填报料件的原实际生产国(地区);加工贸易成品(包括半成品、残次品、副产品)转内销,原产国(地区)均填报"中国"(142)。

(5)海关特殊监管区域运往区外,未经加工的进口货物,填报货物原进口时的原产国(地区);经加工的成品或半成品,按现行原产地规则确定原产国(地区)。区外运入区内的货物,最终目的国(地区)为中国。

三十七、境内目的地/境内货源地

境内目的地填报已知的进口货物在国内的消费、使用地或最终运抵地,其中最终运抵地为最终使用单位所在的地区。最终使用单位难以确定的,填报货物进口时预知的最终收货单位所在地。

境内货源地填报出口货物在国内的产地或原始发货地。出口货物产地难以确定的,填报最早发运该出口货物的单位所在地。

海关特殊监管区域、保税物流中心(B型)与境外之间的进出境货物,境内目的地/境内货源地填报本海关特殊监管区域、保税物流中心(B型)所对应的国内地区。

按海关规定的《国内地区代码表》选择填报相应的国内地区名称及代码。境内目的地还需根据《中华人民共和国行政区划代码表》选择填报其对应的县级行政区名称及代码。无下属区县级行政区的,可选择填报地市级行政区。

三十八、征免

征免是指海关依照《海关法》《关税条例》及其他法律、行政法规,对进出口货物进行征税、减税、免税或特案处理的实际操作方式。

同一份报关单上可以填报不同的征减免税方式。

(一)主要征减免税方式

(1)照章征税:对进出口货物依照法定税率计征各类税、费。

(2)折半征税:依照主管海关签发的征免税证明或海关总署的通知,对进出口货物依照法定税率折半计征关税和增值税,但照章征收消费税。

(3)全免:依照主管海关签发的征免税证明或海关总署的通知,对进出口货物免征关税和增值税,但消费税是否免征应按有关批文的规定办理。

(4)特案减免:依照主管海关签发的征免税证明或海关总署通知规定的税率或完税价格计征各类税、费。

(5)随征免性质:对某些特定监管方式下进出口的货物按照征免性质规定的特殊计税公式或税率计征税、费。

(6)保证金:经海关批准具保放行的货物,由担保人向海关缴纳现金的一种担保形式。

(7)保函:担保人根据海关的要求,向海关提交的订有明确权利义务的一种担保形式。

（二）填报要求

（1）根据海关核发的征免税证明或有关政策规定，对报关单所列每项商品选择填报海关规定的"征减免税方式代码表"中相应的征减免税方式的名称。征免代码表可参见表 6.17。

（2）加工贸易报关单应根据登记手册中备案的征免规定填报。加工贸易手册中备案的征免规定为"保金"或"保函"的，不能按备案的征免规定填报，而应填报"全免"。

表 6.17　征免代码表

代码	名称	代码	名称
1	照章征税	5	随征免性质
2	折半征税	6	保证金
3	全免	7	保函
4	特案		

三十九、特殊关系确认

本栏目填报确认进出口行为中买卖双方是否存在特殊关系，有下列情形之一的，应当认为买卖双方存在特殊关系，在本栏目应填报"是"，反之则填报"否"：

（1）买卖双方为同一家族成员的；

（2）买卖双方互为商业上的高级职员或者董事的；

（3）一方直接或者间接地受另一方控制的；

（4）买卖双方都直接或者间接地受第三方控制的；

（5）买卖双方共同直接或者间接地控制第三方的；

（6）一方直接或者间接地拥有、控制或者持有对方 5% 以上（含 5%）公开发行的有表决权的股票或者股份的；

（7）一方是另一方的雇员、高级职员或者董事的；

（8）买卖双方是同一合伙的成员的。

买卖双方在经营上相互有联系，一方是另一方的独家代理、独家经销或者独家受让人，如果符合前款的规定，也应当视为存在特殊关系。

出口货物免予填报，加工贸易及保税监管货物（内销保税货物除外）免予填报。

四十、价格影响确认

本栏目填报确认进出口行为中买卖双方存在的特殊关系是否影响成交价格，纳税义务人如不能证明其成交价格与同时或者大约同时发生的下列任何一款价格相近的,应当视为特殊关系对进出口货物的成交价格产生影响,在本栏目应填报"是",反之则填报"否":

(1)向境内无特殊关系的买方出售的相同或者类似进出口货物的成交价格;

(2)按照《审价办法》倒扣价格估价方法的规定所确定的相同或者类似进出口货物的完税价格;

(3)按照《审价办法》计算价格估价方法的规定所确定的相同或者类似进出口货物的完税价格。

出口货物免予填报,加工贸易及保税监管货物(内销保税货物除外)免予填报。

四十一、支付特许权使用费确认

本栏目根据《审价办法》第11条和第13条,填报确认买方是否存在向卖方或者有关方直接或者间接支付与进口货物有关的特许权使用费,且未包括在进口货物的实付、应付价格中。

特许权使用费是指进出口货物的买方为取得知识产权权利人及权利人有效授权人关于专利权、商标权、专有技术、著作权、分销权或者销售权的许可或者转让而支付的费用。如果进出口行为中买方存在向卖方或者有关方直接或者间接支付特许权使用费的,在本栏目应填报"是",反之则填报"否"。

买方存在需向卖方或者有关方直接或者间接支付特许权使用费,且未包含在进口货物实付、应付价格中,并且符合《审价办法》第13条的,在"支付特许权使用费确认"栏目填报"是"。

买方存在需向卖方或者有关方直接或者间接支付特许权使用费,且未包含在进口货物实付、应付价格中,但纳税义务人无法确认是否符合《审价办法》第13条的,填报"是"。

买方存在需向卖方或者有关方直接或者间接支付特许权使用费且未包含在实付、应付价格中,纳税义务人根据《审价办法》第13条,可以确认需支付的特许权使用费与进口货物无关的,填报"否"。

买方不存在向卖方或者有关方直接或者间接支付特许权使用费的,或者特许权使用费已经包含在进口货物实付、应付价格中的,填报"否"。

纳税义务人在货物申报进口时未支付应税特许权使用费的,应在每次支付后的30日内向海关办理申报纳税手续,并填写《应税特许权使用费申报表》。报关单"监管方式"栏目填报"特许权使用费后续征税"(代码9500),"商品名称"栏目填报原进口货物名称,"商品编码"栏目填报原进口货物编码,"法定数量"栏目填报"0.1","总价"栏目填报每次支付的应税特许权使用费金额,"毛重"和"净重"栏目均填报"1"。

海关按照接受纳税义务人办理特许权使用费申报纳税手续之日货物适用的税率、计征汇率,对特许权使用费征收税款。

出口货物免予填报,加工贸易及保税监管货物(内销保税货物除外)免予填报。

纳税义务人在货物申报进口时已支付应税特许权使用费的,已支付的金额应填报在报关单"杂费"栏目,无须填报在"总价"栏目。海关按照接受货物申报进口之日适用的税率、计征汇率,对特许权使用费征收税款。

四十二、自报自缴

进出口企业、单位采用"自主申报、自行缴税"(自报自缴)模式向海关申报时,填报"是";反之则填报"否"。

四十三、申报单位

自理报关的,填报进出口企业的名称及编码;委托代理报关的,填报报关企业名称及编码。编码填报 18 位法人和其他组织统一社会信用代码。

报关人员填报在海关备案的姓名、编码、电话,并加盖申报单位印章。

四十四、海关审单批注放行日期(签章)

本栏目共分 6 项,分别为审单、审计、征税、统计、查验、放行,是海关内部作业时签注的总栏目,由上述各项的经办海关人员完成本项任务后将本人姓名或代码手工填制在预录入报关单上。其中,"放行"栏一般填写(签注)海关对接受申报的进出口货物完成上述各项任务作出放行决定的日期(包括经办人员的姓名、日期)。

第三节　进出口货物报关单检务申报项目填报

根据中国国际贸易"单一窗口"标准版货物申报系统的要求,企业向海关申报时,除按照《报关单填制规范》的要求填制相关栏目外,还需要录入报检申报项目,实现申报人通过电子口岸平台一点接入、一次性提交满足口岸管理和国际贸易相关部门要求的标准化单证和电子信息,相关部门通过电子口岸平台共享数据信息、实施职能管理,处理状态(结果)统一通过"单一窗口"反馈给申报人。

一、境外收发货人代码

境外收发货人通常指签订并执行出口贸易合同中的买方或合同指定的收货人,境外发货人指签订并执行进口贸易合同中的卖方。

对于 AEO 互认国家（地区）企业的，编码填报 AEO 编码，填报样式按照海关总署发布的相关公告要求填报，如新加坡 AEO 企业填报样式为：SG123456789012，韩国 AEO 企报样式为 KR123456789012。

二、境外收发货人名称（外文）

境外收货人通常指签订并执行出口贸易合同中的买方或合同指定的收货人，境外发货人通常指签订并执行进口贸易合同中的卖方。

名称一般填报英文名称，检验检疫要求填报其他外文名称的，在英文名称后填报，以半角括号分隔。

三、检验检疫编码

13 位数字组成的商品编号中，前 8 位为《中华人民共和国进出口税则》和《中华人民共和国海关统计商品目录》确定的编码；9—10 位为监管附加编号，11—13 位为检验检疫附加编号。例如：申报进口商品"活龙虾"，需先在"商品编号"栏录入"0306329000"10 位数编号，再在"检验检疫编码"栏下拉菜单的"101 活虾""102 鲜活或冷的带壳或去壳的龙虾（养殖）"和"103 鲜活或冷的带壳或去壳的龙虾（野生的）"中，选择"101 活虾"检验检疫附加编号。

该项目为原报关项目"商品编号"和原报检项目的"货物 HS 编码"，原报关项目"商品编号"填报 10 位数字，原报检项目的"货物 HS 编码"填报 13 位数字，现合并为 13 位"商品编号"。

四、入境/离境口岸

入境口岸按海关规定的《国内口岸编码表》选择填报进境货物从跨境运输工具卸离的第一个境内口岸的中文名称及代码；采取多式联运跨境运输的，填报多式联运货物最终卸离的境内口岸中文名称及代码；过境货物填报货物进入境内的第一个口岸的中文名称及代码；从海关特殊监管区域或保税监管场所进境的，填报海关特殊监管区域或保税监管场所的中文名称及代码。其他无实际进境的货物，填报货物所在地的城市名称及代码。

出境口岸按海关规定的《国内口岸编码表》选择填报装运出境货物的跨境运输工具离境的第一个境内口岸的中文名称及代码；采取多式联运跨境运输的，填报多式联运货物最初离境的境内口岸中文名称及代码；过境货物填报货物离境的第一个境内口岸的中文名称及代码；从海关特殊区域或保税监管场所出境的，填报海关特殊区域或保税监管场所的中文名称及代码。其他无实际出境的货物，填报货物所在地的城市名称及代码。

提醒注意：入境/离境口岸类型包括港口、码头、机场、机场货运通道、边境口岸、火车站、车辆装卸点、车检场、陆路港、坐落在口岸的海关特殊监管区域等。

五、货物存放地点

货物存放地点是指货物进境后存放的场所或地点，包括海关监管作业场所、分拨仓库、定点加工厂、隔离检疫场、企业自有仓库等。

六、企业资质类别

按进出口货物种类及相关要求，须在本栏选择填报货物的生产商进出口商或代理商必须取得的资质类别。多个资质的须全部填写。包括：

（1）进口食品、食品原料类填写：进口食品境外出口商代理商备案、进口食品进口商备案；

（2）进口水产品填写：进口食品境外出口商代理商备案、进口食品进口商备案、进口水产品储存冷库备案；

（3）进口肉类填写：进口肉类储存冷库备案、进口食品境外出口商代理商备案、进口食品进口商备案、进口肉类收货人备案；

（4）进口化妆品填写：进口化妆品收货人备案；

（5）进口水果填写：进境水果境外果园/包装厂注册登记；

（6）进口非食用动物产品填写：进境非食用动物产品生产、加工、存放企业注册登记；

（7）饲料及饲料添加剂填写：饲料进口企业备案、进口饲料和饲料添加剂生产企业注册登记；

（8）其他：进境植物繁殖材料隔离检疫圃申请、进出境动物指定隔离场使用申请、进境栽培介质使用单位注册、进境动物遗传物质进口代理及使用单位备案、进境动物及动物产品国外生产单位注册、进境粮食加工储存单位注册、境外医疗器械捐赠机构登记、进出境集装箱场站登记、进口棉花境外供货商登记注册、对出口食品包装生产企业和进口食品包装的进口商实行备案。

七、企业资质编号

按进出口货物种类及相关要求，须在本栏填报货物生产商、进出口商、代理商必须取得的资质对应的注册或备案编号。有多个资质的须全部填写。

八、启运日期

启运日期是指装载入境货物的运输工具离开启运口岸的日期。

本栏目为 8 位数字,顺序为年(4 位)、月(2 位)、日(2 位),格式为"YYYY‐MM‐DD"

九、UN 编码

进出口货物为危险货物的,须按照"关于危险货物运输的建议书",在"危险货物信息"中填写危险货物对应的 UN 编码。

十、危险货物名称

进出口货物为危险货物的,须在"危险货物信息"项下的"危险货物名称"中,填写危险货物的实际名称。

十一、货物属性代码

根据进出口货物的 HS 编码和货物的实际情况,按照海关规定的"货物属性代码表"在本栏下拉菜单中勾选货物属性的对应代码(见表 6.18)。有多种属性的要同时选择。

表 6.18　货物属性代码表

代码	中文名称
11	3C 目录内
12	3C 目录外
13	无需办理 3C 认证
14	预包装
15	非预包装
16	转基因产品
17	非转基因产品
18	首次进出口
19	正常
20	废品
21	旧品
22	成套设备
23	带皮木材/板材
24	不带皮木材/板材
25	A 级特殊物品
26	B 级特殊物品
27	C 级特殊物品

（续表）

代码	中文名称
28	D 级特殊物品
29	V/W 非特殊物品
30	市场采购

（1）入境强制性产品认证产品：必须在入境民用商品认证（11 目录内、12 目录外、13 无需办理 3C 认证）中勾选对应项。

（2）食品、化妆品是否预包装、是否首次进口，必须在食品及化妆品（14 预包装、15 非预包装、18 首次进口）中勾选对应项。

（3）凡符合原国家质量监督检验检疫总局 2004 年第 62 号令规定含转基因成分须申报的，必须在转基因（16 转基因产品、17 非转基因产品）中勾选对应项。

（4）"成套设备""旧机电"产品，必须在货物属性（18 首次进出口、19 正常、20 废品、21 旧品、22 成套设备）中勾选对应项。

（5）特殊物品、化学试剂，必须在特殊物品（25—28ABCD 级特殊物品、29V/W 非特殊物品）中勾选对应项。

（6）木材（含原木）板材是否带皮，必须在是否带皮木材（23 带皮木材/板材、24 不带皮木材/板材）中勾选对应项。

十二、用途代码

根据进境货物的使用范围或目的，按照海关规定的"货物用途代码表"（见表 6.19）在本栏下拉菜单中填报。例如：进口货物为核苷酸类食品添加剂（HS29349990）时，用于工业时应在本栏选择"工业用途"；用于食品添加剂时，应在本栏选择"食品添加剂"。

表 6.19 货物用途代码表

代码	中文名称
11	种用或繁殖
12	食用
13	奶用
14	观赏或演艺
15	伴侣
16	实验

（续表）

代码	中文名称
17	药用
18	饲用
19	食品包装材料
20	食品加工设备
21	食品添加剂
22	介质土
23	食品容器
24	食品洗涤剂
25	食品消毒剂
26	仅工业用途
27	化妆品
28	化妆品原料
29	肥料
30	保健品
31	治疗、预防、诊断
32	科研
33	展览展示
99	其他

十三、产品许可/审批/备案号码

进出口货物取得了许可、审批或备案等资质时，应在"产品资质"项下的"产品许可/审批/备案号码"中填报对应的许可、审批或备案证件编号。同一商品有多个许可、审批或备案证件号码时，须全部录入。

十四、产品许可/审批/备案核销货物序号

进出口货物取得了许可、审批或备案等资质时，应在"产品资质"项下的"产品许可/审批/备案核销货物序号"中填报被核销文件中对应货物的序号。特殊物品审批单支持导入。

十五、产品许可/审批/备案核销数量

进出口货物取得了许可、审批或备案等资质时，应在"产品资质"项下的"产品许可/审

批/备案核销数量"中,填报被核销文件中对应货物的本次实际进出口数(重)量。特殊物品审批单支持导入。

十六、产品许可/审批/备案类别代码

进出口货物取得了许可、审批或备案等资质时,应在"产品资质"项下的"产品许可/审批/备案类别代码"中填报对应的许可、审批或备案证件类别。

同一商品涉及多个许可、审批或备案证件类别的,须全部录入相应的证件类别。

十七、产品许可/审批/备案名称

进出口货物取得了许可、审批或备案等资质时,应在"产品资质"项下的"产品许可/审批/备案名称"中填报对应的许可、审批或备案证件名称。企业产品许可类别代码如表6.20所示。

同一商品有多个许可、审批或备案证件名称时,须全部录入。

表6.20 企业产品许可类别代码表

代码	中文名称	强制级别	证书类别
000	企业产品许可类别		
100	通关司类		
101	检疫处理单位审批	D	98
102	实施绿色通道制度申请	D	99
103	直通放行申请		98,99
104	检疫处理人员审批		98,99
200	卫生司类		
203	出入境特殊物品卫生检疫审批	A	19,20
300	动植司类		
301	出境水果包装厂注册登记	B	21
302	出境水果果园注册登记	B	99
303	进境水果境外果园/包装厂注册登记	C	21
304	出境水生动物养殖场/包转场检验检疫注册登记	A	99
305	出口饲料和饲料添加剂生产、加工、存放企业注册登记	C	99
306	进口饲料和饲料添加剂生产企业注册登记	C	98
307	进境非食用动物产品生产、加工、存放企业注册登记	C	98
308	出境货物木质包装除害处理标识加施资格申请	B	99

代码	中文名称	强制级别	证书类别
309	出境种苗花卉生产经营企业注册登记	B	99
310	出境竹木草制品生产企业注册登记	C	99
311	出口植物产品生产、加工、存放企业注册登记	C	99
312	进境植物繁殖材料隔离检疫圃申请	C	98
315	供港澳陆生动物饲养场、中转场检验检疫注册	C	12
317	进出境动物指定隔离检疫场使用申请	C	98,99
318	出境动物及其非食用动物产品生产、加工、存放企业注册登记	C	99
319	进境栽培介质使用单位注册	C	98
320	进境动物遗传物质进口代理及使用单位备案	A	98
321	进境动物及动物产品国外生产单位注册	C	98
322	饲料进口企业备案	B	98
323	饲料出口企业备案	C	99
324	出境货物木质包装除害处理合格凭证	C	99
325	进境动植物检疫许可证	A	17
326	进境粮食加工储存单位注册	C	98
400	检验司类		
401	进出口商品免验	A	98,99
402	进口旧机电产品备案	C	39
404	出口产品型式试验	B	32
408	汽车预审备案	C	98
409	免予强制性认证特殊用途进口汽车检测处理程序车辆	C	98
410	免予办理强制性产品认证	C	40
411	强制性产品（CCC）认证	C	40
412	进口涂料备案	C	98
413	进口可用作原料的固体废物国内收货人注册登记	D	98
414	进口可用作原料的固体废物国外供货商注册登记	D	98
415	进出境集装箱场站登记	C	98,99
416	进口棉花境外供货商登记注册	B	98
417	出口玩具质量许可（注册登记）	A	11
418	对出口食品包装生产企业和进口食品包装的进口商实行备案	B	21

（续表）

代码	中文名称	强制级别	证书类别
419	输美日用陶瓷生产厂认证	A	99
421	进出口商品检验鉴定机构许可	B	98,99
422	进口废物原料装运前检验证书	C	33
423	进口旧机电产品装运前检验证书	C	27
500	食品局类		
501	出口肉类产品养殖场备案	A	99
502	出口蛋禽养殖场备案	B	99
503	出口蜂产品养蜂基地备案	C	99
504	出口食品原料种植场备案	C	99
505	供港澳蔬菜生产加工企业备案	C	99
506	供港澳蔬菜种植基地备案	C	99
507	出口粮谷豆类生产加工企业注册登记	C	99
508	进口食品境外出口商代理商备案	C	98
509	进口食品进口商备案	C	98
510	进口肉类收货人备案	C	98
511	进口肉类存储冷库备案	C	98
512	出口加工用水产养殖场备案	A	99
513	进口水产品存储冷库备案	C	98
514	出口化妆品生产企业备案	C	99
515	进口化妆品收货人备案	C	98
516	进口化妆品产品备案	A	98
517	进口预包装食品标签备案	A	25
518	出口食品生产企业备案	A	15
519	进口食品境外生产企业注册	A	16
520	出口食品生产企业境外注册	A	14
522	水果冻肉预检验证书	C	98
523	进口化妆品产品套装备案	A	25
600	综合类		18
601	进口其他证书	D	98
602	出口其他证书	A	99

代码	中文名称	强制级别	证书类别
700	认监委类		
800	准入肉类名单		17
900	进口肉类名录		17

十八、集装箱商品项号关系

当使用集装箱装载货物时，需填报集装箱体信息，包括集装箱号、集装箱规格、集装箱商品项号关系和集装箱货重。

其中，集装箱商品项号关系信息填报单个集装箱对应的商品项号，以半角逗号分隔。例如："APJU4116601"箱号的集装箱中装载了项号为1、3和5的商品时，应在"商品项号关系"录入"1,3,5"。

十九、集装箱货重

当使用集装箱装载货物时，需填报集装箱体信息，包括集装箱号、集装箱规格、集装箱商品项号关系和集装箱货重。

其中，集装箱货重录入集装箱箱体自重（千克）和装载货物重量（千克）。例如：集装箱重量和箱内装载的200箱商品重量合计为155千克时，在本栏录入"155千克"。本栏只能填报以"千克"为单位的重量数字，其他计量单位应该转换为"千克"后填报。

二十、关联号码及理由

进出口货物报关单有关联报关单时，在本栏中填报相关关联报关单号码，并在下拉菜单中选择关联报关单的关联理由。关联理由代码如表6.21所示：

表 6.21 关联理由代码表

代码	中文名称
1	通关单超过有效期
2	换证凭单/条超过有效期
3	进口复出口
4	出口复进口
5	出境预检

（续表）

代码	中文名称
6	登检换证
7	与其他报检批拼箱
8	保税出库
9	进口车辆换证

二十一、检验检疫签证申报要素

填报"所需单证"项下"检验检疫签证申报要素"时,在确认境内收发货人名称(外文)、境外收发货人名称(中文)、境外收发货人地址、卸毕日期和商品英文名称后,根据现行相关规定和实际需要,勾选申请单证类型,确认申请单证正本数和申请单证副本数后保存数据。

二十二、VIN 信息

申报进口已获 3C 认证的机动车辆时,填报机动车车辆识别代码,包括:VIN 序号、车辆识别代码(VIN)、单价、底盘(车架号)、发动机号或电机号、发票所列数量、品名(英文名称)、品名(中文名称)、提运单日期、型号(英文)、质量保质期等 11 项内容。

(1)车辆识别代码(VIN)一般与机动车的底盘(车架号)相同;

(2)支持导 VIN 码信息导入。

二十三、关联报关单

关联报关单是指与本报关单有关联关系的,同时在业务管理规范方面又要求填报的报关单编号。

保税间流转、加工贸易结转类的报关单,应先办理进口报关,并将进口报关单号填报在出口报关单的"关联报关单"栏。

办理进口货物直接退运手续的,除另有规定外,应先填制出口报关单,再填制进口报关单,并将出口报关单号填报在进口报关单的"关联报关单"栏。

减免税货物结转出口(转出),应先办理进口报关,并将进口(转入)报关单号填报在出口(转出)报关单的"关联报关单"栏。

二十四、集装箱号

集装箱号是在每个集装箱箱体两侧标示的全球唯一的编号。其组成规则是:箱主代号

(3位字母)＋设备识别号"U"＋顺序号(6位数字)＋校验码(1位数字)。例如 CRCU568236 份报关单有多个集装箱的,则在本栏分别填报集装箱号。

二十五、集装箱规格

使用集装箱装载进出口商品的,在填报集装箱号后,在本栏按照"集装箱规格代码表" (见表6.22)选择填报集装箱规格。例如:装载商品的集装箱规格为"普通2标准箱(L)",在本栏下拉菜单选择"11－普通2＊标准箱(L)"。

表6.22　集装箱规格代码表

代码	中文名称
11	普通2＊标准箱(L)
12	冷藏2＊标准箱(L)
13	罐式2＊标准箱(L)
21	普通标准箱(S)
22	冷藏标准箱(S)
23	罐式标准箱(S)
31	其他标准箱(S)
32	其他2＊标准箱(L)
N	非集装箱

二十六、特殊业务标

属于国际赛事、特殊进出军工物资、国际援助物资、国际会议、直通放行、外交礼遇、转关等特殊业务的,根据实际情况勾选。

不属于以上情况的无须勾选。

二十七、B/L 号

B/L 号是指入境货物的提货单或出库单号码。运输方式为"航空运输"时无须填写。

二十八、原箱运输

申报使用集装箱运输的货物,根据是否原集装箱原箱运输,勾选"是"或"否"。

二十九、使用单位联系人

使用单位联系人填报进境货物销售、使用单位的联系人名字。

三十、使用单位联系电话

使用单位联系电话是指进境货物销售、使用单位的联系人的电话。

三十一、非危险化学品

企业申报的商品 HS 编码可能是危险化学品时,会弹出"危险货物信息"窗口进行提示,企业可在"非危险化学品"栏目选择"是"或"否"。

三十二、危包规格

进出口货物为危险货物的,须根据危险货物包装规格实际情况,按照海关规定的"危险货物包装规格代码表"(见表 6.23)在"危险货物信息"项下的"危包规格"中,选择填报危险货的包装规格代码。

表 6.23　危包规格代码表

代码	中文名称	中文简称
1A1	钢制不可拆装桶顶圆桶	闭口钢桶
1A2	钢制可拆装桶顶圆桶	开口钢桶
1B1	铝制不可拆装桶顶圆桶	闭口铝桶
1B2	铝制可拆装桶顶圆桶	开口铝桶
1D	胶合板圆桶	胶板圆桶
1G	纤维圆桶	纤维圆桶
1H1	塑料不可拆装桶顶圆桶	闭口塑料圆桶
1H2	塑料可拆装桶顶圆桶	开口塑料圆桶
2C1	塞式木琵琶桶	木琵琶桶
2C2	非水密型木琵琶桶	木琵琶桶
3A1	钢制不可拆装罐顶罐	闭口钢罐
3A2	钢制可拆装罐顶罐	开口钢罐
3B1	铝制不可拆装罐顶罐	闭口铝罐
3B2	铝制可拆装罐顶罐	开口铝罐

代码	中文名称	中文简称
3H1	塑料制不可拆装罐顶罐	闭口塑料罐
3H2	塑料制可拆装罐顶罐	开口塑料罐
4A	钢箱	钢箱
4B	铝箱	铝箱
4C1	大木箱	大木箱
4C2	箱壁防撒漏木箱	防漏木箱
4D	胶合板箱	胶合板箱
4F	再生木木箱	再生木木箱
4G	纤维板箱	纤维板箱
4H1	膨胀的塑料箱	塑料箱
4H2	硬质的塑料箱	塑料箱
5H	塑料编织袋	塑料编织袋
5H1	塑料编织无内衬或涂层的袋	塑料编织袋
5H2	塑料编织防撒漏的袋	塑料编织袋
5H3	塑料编织防水的袋	塑料编织袋
5H4	塑料薄膜袋	塑料薄膜袋
5L1	无内衬或涂层的纺织品编织袋	纺织品编织袋
5L2	纺织品防撒漏的纺织品编织袋	纺织品编织袋
5L3	纺织品防水的纺织品编织袋	纺织品编织袋
5M1	多层的纸袋	纸袋
5M2	多层防水纸袋	纸袋
6HA1	塑料容器在钢桶内复合包装	钢桶塑料复包
6HA2	塑料容器在钢条或钢皮箱内复合包装	钢皮箱塑料复包
6HB	塑料容器在铝桶内复合包装	铝桶塑料复包
6HB2	塑料容器在铝条或铝皮箱内复合包装	铝皮箱塑料复包
6HC	塑料容器在木箱内复合包装	木箱塑料复包
6HD1	塑料容器在胶合板桶内复合包装	胶板桶塑料复包
6HD2	塑料容器在胶合板箱内复合包装	胶板箱塑料复包
6HG1	塑料容器在纤维桶内复合包装	纤维桶塑料复包
6HG2	塑料容器在纤维板箱内复合包装	纤维板箱塑料复包

（续表）

代码	中文名称	中文简称
6HH1	塑料容器在塑料桶内复合包装	塑料桶塑料复包
6HH2	塑料容器在硬塑料箱内复合包装	硬塑料箱复包
6PA1	玻璃、陶瓷、粗陶器在钢桶内复合包装	玻璃钢桶复包
6PA2	玻璃、陶瓷、粗陶器在钢条或钢皮箱内复合包装	玻璃陶瓷钢皮箱复包
6PB1	玻璃、陶瓷、粗陶器在铝桶内复合包装	玻璃陶瓷铝桶复包
6PB2	玻璃、陶瓷、粗陶器在铝条或铝皮箱内复合包装	玻璃陶瓷铝皮箱复包
6PC	玻璃、陶瓷、粗陶器在木箱内复合包装	玻璃陶瓷木箱复包
6PD1	玻璃、陶瓷、粗陶器在胶合板内复合包装	玻璃陶瓷胶板复包
6PD2	玻璃、陶瓷、粗陶器在柳条筐内复合包装	玻璃陶瓷柳条筐复包
6PG1	玻璃、陶瓷、粗陶器在纤维桶内复合包装	玻璃陶瓷纤维桶复包
6PG2	玻璃、陶瓷、粗陶器在纤维板箱内复合包装	玻璃陶瓷纤维板复包
6PH1	玻璃、陶瓷、粗陶器在膨胀塑料包装内复合包	玻璃陶瓷膨塑复包
6PH2	玻璃、陶瓷、粗陶器在硬塑料包装内复合包装	玻璃陶瓷硬塑复包

三十三、危包类别

进出口货物为危险货物的，须按照《危险货物运输包装类别划分方法》，在"危险物信息"项下的"危包类别"中，勾选危险货物的包装类别。

危险货物包装根据其内装物的危险程度划分为3种包装类别，分别是：

一类：盛装具有较大危险性的货物；

二类：盛装具有中等危险性的货物；

三类：盛装具有较小危险性的货物。

三十四、所需单证

进出口企业申请出具检验检疫证单时，应根据相关要求，在"所需单证"项下的检验检疫签证申报要素"中，勾选申请出具的检验检疫证单类型。申请多个的可多选。

三十五、检验检疫货物规格

在"检验检疫货物规格"项下，填报"成分/原料/组分""产品有效期""产品保质期""境外生产企业""货物规格""货物型号""货物品牌""生产日期""生产批次"等栏目。

（1）品牌以合同或装箱单为准,需要录入中英文品牌的,录入方式为"中文品牌/英文品牌"。

（2）境外生产企业名称默认为境外发货人。

（3）特殊物品、化妆品、其他检疫物等所含的关注成分或者其他检疫物的具体成分、食品农产品的原料等,在"成分/原料/组分"栏填报。

三十六、集装箱拼箱标识

进出口货物装运集装箱为拼箱时,在本栏下拉菜单中选择"是"或"否"。

另外,还需要填报领证机关、口岸检验检疫机关、目的地检验检疫机关等项目。

三十七、原产地区

入境货物填写在原产国(地区)内的生产区域,如州、省等。例如:申报原产于美国纽约的樱桃,在本栏录入"840097－美国纽约"。

三十八、检验检疫受理机关

填报提交报关单和随附单据的检验检疫机关。

该项目为原报检项目的"报检机关",录入要求无变化。

三十九、口岸检验检疫机关

填报对入境货物实施检验检疫的检验检疫机关。

该项目为原报检项目的"口岸机构",录入要求无变化。

四十、目的地检验检疫机关

需要在目的地检验检疫机关实施检验检疫的,在本栏填写对应的检验检疫机关。

提醒注意:不需目的地机构实施检验检疫的无须填写。

该项目为原报检项目的"目的地机构",现改名为"目的地检验检疫机关",录入要求无变化。

四十一、领证机关

填报领取证单的检验检疫机关。

该项目为原报关项目的"领证地",录入要求无变化。

第四节 其他进出境报关单证

其他进出境报关单证指除了报关单填制规范所规定的报关单格式以外,专用于海关特殊监管区域、特定货物及特定运输方式的进出境报关单。

一、核注清单

保税核注清单是金关二期保税底账核注的专用单证,属于办理加工贸易及保税监管业务的相关单证。

加工贸易及保税监管企业已设立金关二期保税底账的,在办理货物进出境、进出海关特殊监管区域、保税监管场所,以及开展海关特殊监管区域、保税监管场所、加工贸易企业间保税货物流(结)转业务的,相关企业应按照金关二期保税核注清单系统设定的格式和填制要求,向海关报送保税核注清单数据信息,再根据实际业务需要办理报关手续。

为简化保税货物报关手续,在金关二期保税核注清单系统启用后,企业办理加工贸易货物余料结转、加工贸易货物销毁(处置后未获得收入)、加工贸易不作价设备结转手续的,可不再办理报关单申报手续;海关特殊监管区域、保税监管场所间或与区(场所)外企业间进出货物的,区(场所)内企业可不再办理备案清单申报手续。

海关特殊监管区域、保税监管场所、加工贸易企业间加工贸易及保税货物流转,应先由转入企业报送进口保税核注清单,再由转出企业报送出口保税核注清单。

二、过境货物报关单

过境货物报关单是指由过境货物经营人向海关递交申请过境货物进(出)境的法律文书,是海关依法监管货物过境的重要凭证。

三、进(出)境快件报关单

进(出)境快件报关单是指进出境快件运营人向海关提交的申报以快件运输方式进出口货物、物品的报关单证。

进(出)境快件报关单包括 KJ1 报关单、KJ2 报关单和 KJ3 报关单。

四、ATA 单证册

ATA 单证册是指由世界海关组织通过的《伊斯坦布尔公约》及其附约 A 和《ATA 公约》中规定的,用于替代各缔约方海关暂准进出口货物报关单和税费担保的国际统一通用的海关报关单证。

由于我国目前只加入了展览品暂准进口使用 ATA 单证册的有关国际公约,因此,目前只接受属于展览品范围的 ATA 单证册。有关单位向海关递交 ATA 单证册时,应递交中文或英文填报的 ATA 单证册。如递交英文时,应提供中文译本;用其他文字填写的,必须同时递交忠实于原文的中文或英文译本。

五、集中申报清单

集中申报是指经向海关备案,进出口货物收发货人在同一口岸多批次进出口属于《中华人民共和国海关进出口货物集中申报管理办法》规定范围内的货物,可以先以"海关进(出)口货物集中申报清单"申报货物进出口,然后在海关规定的期限内再以进(出)口货物报关单集中办理海关申报手续的特殊通关方式。

---本章小结---

进出口报关单是办理通关手续的法律文书,不仅为国家宏观经济决策、对外贸易发展及海关管理工作提供重要信息,也是进出口企业贸易合规工作的信息源头。2018 年国家对国际贸易"单一窗口"报关报检业务同步进行整合改革,推出了"单一窗口"关检融合统一申报系统,将改变企业原有报关流程和作业模式,实现报关报检"一张大表"货物申报,反映了我国海关监管手段、技术和理念的不断发展更新。

通过本章的学习,要求了解进出口货物报关单的基本常识,理解关检融合后报关单改革的内容;重点要求掌握海关总署 2018 年第 60、61 号公告的《中华人民共和国进出口货物报关单填制规范》规定的最新报关单栏目设置要求及应注意的事项,为报关单填制和审核打下坚实基础。

思考题

1. 关检融合统一申报改革的主要内容有哪些?

2. 报关单的含义是什么?

3. 报关单填制的一般要求有哪些?

4. 报关单证有哪些种类?

5. 什么情况下报关单需要分单填报?什么情况下需要分商品填报?

6. 贸易国、启运国、运抵国、原产国、最终目的国栏目之间的有哪些异同?

7. 成交方式、运费、保费、杂费栏目之间有什么逻辑关系?

8.备案号、监管方式、征免性质、征免栏目之间有什么逻辑关系？

9.许可证号与随附单据栏目之间的有什么区别？

10.境内收发货人与消费使用单位、生产销售单位栏目之间有什么异同？

11.简述核注清单的适用范围和作用。

本章附录1 中华人民共和国海关进口货物报关单

中华人民共和国海关进口货物报关单

预录入编号：　　　　　　海关编号：　　　　　　（XX海关）　　　　　　页码/页数：

境内收货人	进境关别	进口日期	申报日期	备案号
境外发货人	运输方式	运输工具名称及航次号	提运单号	货物存放地点
消费使用单位	监管方式	征免性质	许可证号	启运港
合同协议号	贸易国（地区）	启运国（地区）	经停港	入境口岸
包装种类	件数	毛重（千克）	净重（千克）	成交方式	运费	保费	杂费
随附单证及编号							
标记唛码及备注							

项号	商品编号	商品名称及规格型号	数量及单位	单价/总价/币制	原产国（地区）	最终目的国（地区）	境内目的地	征免

报关人员	报关人员证号	电话	兹申明对以上内容承担如实申报、依法纳税之法律责任	海关批注及签章
申报单位			申报单位（签章）	

本章附录2 中华人民共和国海关出口货物报关单

中华人民共和国海关出口货物报关单

（XX海关）

预录入编号： 海关编号： 页码/页数：

境内发货人		出境关别	出口日期	申报日期	备案号
境外收货人		运输方式	运输工具名称及编次号	提运单号	
生产销售单位		监管方式	征免性质	许可证号	
合同协议号		贸易国（地区）	运抵国（地区）	指运港	离境口岸
包装种类	件数	毛皮（千克）	净重（千克）	成交方式	运费	保费	杂费
随附单证及编号							
标记唛码及备注							

项号	商品编号	商品名称及规格型号	数量及单位	单价/总价/币制	原产国（地区）	最终目的国（地区）	境内目的地	征免

报关人员	报关人员证号	电话	兹申明对以上内容承担如实申报、依法纳税之法律责任	海关批注及签章
申报单位			申报单位（签章）	

参考文献

[1]《中国海关通关业务指导》编写组. 中国海关通关业务指导(2019年版)[M]. 北京:中国海关出版社,2019.

[2]《中国海关报关专业教材》编写组. 中国海关报关专业教材(2019年版)[M]. 北京:中国海关出版社,2019.

[3] 世界海关组织,海关总署关税征管司编译. 海关估价纲要[M]. 北京:中国海关出版社,2019.

[4]《中华人民共和国海关法规汇编》编委会. 中华人民共和国海关法规汇编[M]. 北京:中国海关出版社,2019.

[5]"关务通·加贸系列"编委会. 加工贸易及保税监管政策实务[M]. 北京:中国海关出版社,2014.

[6] 徐炜,徐晨. 新报关单填制攻略[M]. 北京:中国海关出版社,2018.

[7] 谷儒堂,等. 进出口税费核算实务[M]. 北京:中国海关出版社,2018.

[8] 郑俊田,徐晨,郜媛莹. 中国海关通关实务(第8版)[M]. 北京:中国商务出版社,2017.

[9] 中国报关协会编. 关务基础知识(2019年版)[M]. 北京:中国海关出版社,2019.

[10] 中国报关协会编. 关务基本技能(2019年版)[M]. 北京:中国海关出版社,2019.